やわらかアカデミズム
〈わかる〉シリーズ

よくわかる

スポーツ人類学

寒川恒夫
［編著］

ミネルヴァ書房

はじめに

本書は，スポーツ人類学の全体像を100の項目によって読者に伝える使命を帯びています。選ばれた100項目が所期の目的を果たすに適切なものであったかについては，読者諸氏の慧眼を俟つところでありますが，編者としてはとても心地よく仕事に当たることができました。

そもそも，スポーツ人類学は新興の学問です。そのためその内容も，スポーツを文化と見てこれを文化人類学とスポーツ科学（体育学）の方法論で研究するということ以外，リジッドなアカデミックの縛りを持たないという発展途上的状況が，本書の全体構想を自由にさせてくれました。

もっとも，母体になる研究が皆無であったと言うのではありません。人類学や民族学の分野では19世紀から今日まで，いわゆる未開社会や伝統的社会（西洋の民俗社会も含まれました）の競技，遊び，舞踊などの調査と研究が盛行し，その情報量は膨大な域に達していました。しかし，それらは人類学や民族学の関心から着手されたもので，いまだスポーツ人類学を意識したものではありませんでした。

文化人類学とスポーツ科学（体育学）の共同研究というアイデンティティーを持つスポーツ人類学は，当然，そうした母体の人類学研究を臍の緒としながらも，これを断ち切ったところに成立する新しい全体像の模索を余儀なくされるもので，この決断が近年のことであったために誰もが独自の像を描く権利を持つのです。心地よくと述べたのは，この自由性の故でした。

もちろん，本書はスポーツ人類学の今日的独自色が出るように構想されました。人類文化史というマクロのアングルと特定社会のフィールドワークというミクロのアングルを駆使しての立論はこれまで気づかれなかった問題を見つけ出し，また時に従来の常識に反省を迫る知見を提供しています。さらに対象をIOC（国際オリンピック委員会）スポーツやスポーツマンガ，観光や心身論，学習にまで広げたのも新鮮なことでした。

ともあれ，編者の構想にお付き合いいただき，相当な無茶ブリの項目にも真摯に原稿を用意してくださった諸先生，また本書出版をお勧めいただき，編者の無理な要望にも辛抱強くお応えいただいたミネルヴァ書房編集部の河野菜穂様に心からお礼を申し上げます。

編著者　寒川恒夫

もくじ

第Ⅲ部 スポーツ人類学のエスノグラフィー

第Ⅰ部

スポーツ人類学への誘い

イントロダクション

スポーツ人類学の言わば基礎部分がいくつかに分けて説明されます。

第一に，スポーツ人類学は何をどのように研究する学問なのかを問うアカデミックな位置づけに関する内容です。スポーツ人類学が二十数年前に現れた新しい領域であり，その上，スポーツ科学（体育学）と文化人類学の共同研究分野として始まったという特殊な誕生経緯が背景にあるため，格別の説明が必要なのです。

第二に，スポーツ人類学とは名乗りませんが19世紀以来，人類学者（民族学者）は盛んにスポーツを研究し（もちろん，いわゆる未開社会や伝統社会におこなわれる伝承的な競技・遊戯・舞踊でしたが），膨大な知的情報を残しています。こうした初期の研究者の関心は，民族誌的記述でなければ，起源や伝播や変容といった通時的関心が中心でした。本書では，スポーツのそうした人類文化史的情報はスポーツ人類学の基礎づけに不可欠であるとの認識から，この第Ⅰ部に収めています。

次に，遊びの論を取り上げました。西洋ではプラトン以来，遊びが人間論として哲学の考察対象となり，これについて論じることが知的伝統として今日まで続いています。遊戯論は，スポーツ（sport）が語源をラテン語の deportare（「遊ぶ，気晴らしする」）に持つことから，スポーツを論じる時に依拠すべきオーソドックスなスタンダードになっています。ここでも，この手続きが尊重されました。

1　スポーツ人類学の視点

スポーツ人類学とはなにか

1 スポーツ人類学の誕生

スポーツ人類学は Anthropology of Sport の翻訳語です。アメリカの人類学者で社会学者のブランチャードと体育学者のチェスカが共同で出版した本（Blanchard, K. and Cheska, A.（1985）*The Anthropology of Sport : An Introduction*, Bergin and Garvey Publishers, Inc.：Massachusetts）[1]の邦訳が1988年に出版され，タイトルが『スポーツ人類学入門』（大林太良監訳／寒川恒夫訳，大修館書店）とつけられ，以来，この言葉が通用しています。

原書出版に先立つ1974年に，アメリカの体育学者と人類学者は協力して遊戯人類学会（The Association for the Anthropological Study of Play）を立ち上げ，活発に活動を展開していましたが，ブランチャードとチェスカもそのメンバーでした。原書はこうした活動の一つの成果ですが，ここでは，Anthropology of Sport が人類学と体育学の双方から期待される２つの学問の境界領域としてスタートしたことに注目したいと思います。

その後，ブランチャードとチェスカに刺激され，日本にもスポーツ人類学研究者があらわれます。そして1988年には日本体育学会に「スポーツ人類学専門分科会」が設けられ，1998年には日本スポーツ人類学会（日本学術会議登録団体）が創立され，2009年には日本，韓国，中国，台湾が参加するアジアスポーツ人類学会が結成され，活動が続いています。ところが，日本スポーツ人類学会とアジアスポーツ人類学会は英語表記を Sport Anthropology としました。ここには，文化とはなにかを問う一方法論としてのスポーツ研究ではなく，スポーツとはなにかを問う方法として人類学を用いるという認識が表明されています。

2 ブランチャードとチェスカのスポーツ人類学構想

ブランチャードとチェスカの共著は，スポーツ人類学という新しい学問分野を提唱するものでした。もっとも，「学」を名乗る著作は早くも1926年のドイツにあらわれています。ボーゲングが編纂した２巻のスポーツ史[2]の第１章が「スポーツの民族学（Ethnologie des Sports）」と名付けられ，ドイツの高名な民族学者のヴォイレ（K. Weule）が担当しました。この章は原始時代のスポーツの記述が期待されていましたので，ヴォイレもスポーツの起源論と原始スポー

▶1　小松和彦・田中雅一・谷泰・原毅彦・渡辺公三編（2004）『文化人類学文献事典』弘文堂，190頁にこの書の解説が見える。

▶2　Bogeng, G. A. E. hrs.（1926）*Geschichte des Sports aller Völker und Zeiten*, Verlag von E. A. Seemann：Leipzig.

ツの概説を書くことでこれに応えました。原始スポーツを概観するには，いわゆる現住未開人のフィールドワークから得られたスポーツ情報が用いられました。ヴォイレがなぜ章題を「スポーツの民族学」としたかは不明ですが，ここに新しい研究分野の提示を見ることは可能です。当時ドイツではAnthropologie は自然人類学の意味に理解され，文化研究にはEthnologieを使うのが普通でした。彼には原始時代が割り当てられたため，その後の諸時代や現代のスポーツ問題は，当然ながら扱われていません[3]。

ヴォイレの60余年後にまとめられたブランチャードとチェスカの書は，その取り扱う対象の広がりにおいてヴォイレを圧倒し（なにしろ現代を含む人類史の全段階のスポーツを視野に収めるというのですから），また学的構築に不可欠な研究対象と研究方法に初めて言及しました。彼らは人類学を自然人類学，考古学，言語学，文化人類学から成る総合人類学（general anthropology）と理解し，そこでAnthropology of Sportもこれら４科学の接近を受けるべきと宣言しますが，同時に，“文化人類学を優先させる”という現実的な対応を見せ，文化人類学（民族学，民俗学）が展開した様々な理論モデルに注意を向けることを忘れませんでした。

3 スポーツ人類学研究の現在

ブランチャードとチェスカのAnthropology of Sportは，人類学と歴史学と社会学を総合するスポーツ研究と言えます。これは理想として望まれるものの，あまりに広いため，日本では，２人が優先させた文化人類学を中心にした研究が展開しています。

上述のように，日本のスポーツ人類学がSport Anthropologyと名乗った背景に，これが体育学やスポーツ科学に足場を置く人類学研究であるという自覚がありました。こうした立場から構想される研究テーマは，当然に，体育学やスポーツ科学で醸成される問題世界から着想されることになります。なにしろ体育学とスポーツ科学は紀元前５世紀のギリシャ人が創ったgymnastike[4]に遡る歴史を持っているのです。gymnastikeはgymnasia（裸体でおこなう運動つまりスポーツ）についてのエピステーメの学[5]（texne）という意味で，今風に言えばスポーツ科学です。プラトンも盛んに論じたほど重要な学問でした。gymnastikeに遡るスポーツのパフォーマンスや技術，教育，健康といった身心に関わる幅広い問題領域が開拓されてきましたが，これらが文化人類学の関心を惹くことはありませんでした。ブランチャードとチェスカのAnthropology of Sportでも，こうした身心の文化問題は扱われませんでした。体育学やスポーツ科学の理論モデルと文化人類学の理論モデルを総合した身心の文化研究が望まれ，現に着手されています。具体と詳細は，本書の諸項目に紹介されています。

（寒川恒夫）

▶3　ヴォイレが担当した章は，のちに体育史家の今村嘉雄によって『スポーツの民族学』のタイトルで翻訳出版された（大修館書店，1954年）。その後，日本では，原始時代のスポーツという過去の問題とは別に，フィールドワークによる現住自然民族のスポーツの社会的機能や象徴論的分析といった研究が進み，これが1976年刊『新修体育大辞典』（不昧堂出版）の「スポーツの民族学」項目にまとめられている。「スポーツ人類学」以前の呼称は，日本においては，「スポーツの民族学」「スポーツ民族学」であったが，もちろん学的構想がなされたわけではなかった。

▶4　he gymnastike texne。岸野雄三（1979）「ヒューマニズム体育の理想と現実――プラトン」岸野雄三・成田十次郎・山本徳郎・稲垣正浩編『体育・スポーツ人物思想史』不昧堂出版，19-63頁；岸野雄三（1966）「ギュムナスティケー成立に関する史的考察」東京教育大学博士学位論文，309-318頁を参照されたい。

▶5　エピステーメは真実の知識の意。臆見や信念を意味するドクサの対語。

おすすめ文献

†K. ブランチャード・A. チェスカ／大林太良監訳／寒川恒夫訳（1988）『スポーツ人類学入門』大修館書店。
†寒川恒夫編（1994）『スポーツ文化論』杏林書院。
†寒川恒夫編（2004）『教養としてのスポーツ人類学』大修館書店。

2 スポーツ人類学の研究対象

1 スポーツとは

スポーツ人類学の研究対象はスポーツです。それでは，スポーツとはなんでしょう。スポーツというカタカナは英語の sport の音写です。ならばスポーツはイギリス生まれの言葉かと言えば，そうではなく，古代ローマ人が使ったラテン語の動詞 deportare に遡ります。この deportare がフランス語で動詞 desporter と名詞 desport を生み，その後，ドーバー海峡を渡ってイギリスに入り，15世紀に sport（動詞，名詞）に変わり，今日にいたりました。問題は語義です。deportare は“移動する，”転じて“労働や苦しいことや悲しいことから離れる，”“気晴らしする，”“遊ぶ”を意味し，以後，今日まで一貫しています。そこで，酒を飲むこと，カードゲーム，チェス，ギャンブル，ビリヤード，ダンス，観劇，狩りや釣り，レスリング，棒術試合，フットボール，闘鶏，牛いじめ，どんちゃん騒ぎ，パブで泥酔，セックス，公開処刑やさらし刑の見物まで，つまり楽しさ面白さや快感を求めるいとなみ，別言すれば真面目（serious）の対にある遊び世界が sport で表現されました。伝統的なキリスト教文化では，こうした遊びは魂ではなく肉体の快楽であるとして永らくマイナス評価されていました。ところが，19世紀後半に変化が起きます。上流層の子弟が通うパブリックスクール，オックスフォード大学，ケンブリッジ大学のエリート学生たちが校内で自主的におこなう様々な運動競技に大英帝国を支える心身陶冶機能を認める文芸運動が起こり，これを政府も認めるに至って，彼らの sport は遊び世界を越え出ます。優勝劣敗の社会進化論も手伝って，優るための努力を貴ぶ athletic sport の語も造られ，後に形容詞の athletic がとれた sport がこうした運動競技の意味で国際語になりました。日本人が理解したのは，この運動競技でした。

2 イーミックとエティック

スポーツのこうした語源研究[1]に照らし，スポーツ人類学が研究対象にするスポーツは最古義の“遊び”と最新義の“運動競技”であると主張するのは正当です。しかし，語義には２つの次元があります。人々が共通理解するイーミック次元と，研究者が研究遂行のため分析概念として自由に意味を付与するエティック次元です。“遊び”と“運動競技”のイーミック次元に対し，スポーツ人類学では体育学・スポーツ科学の立場からエティックの語義として“体育，

▶1　寒川恒夫（2021）「オリンピックの文明論」『現代スポーツ評論』44，18-23頁；Mehl, E.（1966）“Sport kommt nicht von dis-portare, sondern von de-portare,” *Die Leibeserziehung*, 15-7：232-233.

健康”をスポーツに加えます。これらは身体に関わる文化の意味で身体文化と言い換えてよいものです。実際，physical culture や physical education など身体と文化，身体と教育の２つの言葉を結合させた語が19世以来ヨーロッパではイーミック次元で盛んに使われたことがわかっています。もっとも，この場合の文化は文化人類学で言う広義の文化ではなく，祖語 cultura の“育てる，教育する”の意味でしたが，更にエティックに拡大することは可能です。

イーミックとエティックの２つの次元で理解されたスポーツは，様々な視点から様々に分類されます。もっともわかりやすい最小単位は遊び種目や競技種目です。これは遊びです，これは競技ですという合意の下にメタコミュニケーション[2]的に展開するもので，ホイジンガ[3]の言葉を借りれば「社会的な遊び」です。まさに文化そのものです。この種概念の上に，ボールゲームや武道や舞踊や動物スポーツなどといった類概念が発生しますが，これとは別に，過去スポーツ，国際スポーツ，民族スポーツといったカテゴリーも可能で有用です。更に，心身のケア（積極的な Körperübung と消極的な Körperpflege）を目指す身体文化も欠かせません。

3 民族スポーツ，国際スポーツ，身体文化

スポーツ人類学の研究者がとりわけ興味を持ってきたのが民族スポーツと国際スポーツと身体文化でした。

国際スポーツは近代オリンピックとともに IOC（国際オリンピック委員会）主導で形成されたので IOC スポーツと呼んでよいものです。グローバルに展開する組織と競技種目と理念（国際平和）で自身を創っています。これに対し，特定民族，特定地域，特定社会に伝承されるスポーツを民族スポーツと呼びます。これまで，伝統スポーツ，伝承スポーツ，民族伝統体育（中国），traditional games, jeu traditionels, traditionelle Spiele, volkstümliche Spiele, volksspel, indigenous games などと表現されてきたものです。国際スポーツが国際人や国際文化の形成に寄与するのに対し，民族スポーツは，これをおこなう民族や人間集団に独自な民族文化や民族意識の形成に寄与します。近代化を分析するためにウェーバー[4]が「近代」と「伝統」の語を造ったように，民族スポーツという語もグローバル化の中で国際スポーツを相対化するために造語された言葉です。国民国家や，これを統合する国連や EU などの枠組みが民族意識を梃子に揺さぶられ，再構成されようとする時代に生きる我々にとって，その分析に民族スポーツの概念は有用です。身体文化は，体育学やスポーツ科学の学統[5]を汲む概念で，身体の教育・学習・ケアに関わる世界を論じます。本書に取り上げられる「健康のスポーツ人類学」「動きのスポーツ人類学」「からだのスポーツ人類学」「エスノサイエンス身体論」などが，この問題を扱っています。

（寒川恒夫）

▶2　本書「ベイトソンのメタコミュニケーション説」（14-15頁）の項目を参照されたい。

▶3　本書「『ホモ・ルーデンス』の読み方」（32-33頁）の項目を参照されたい。

▶4　Max Weber（1864-1920年）。社会科学の領域にすぐれた貢献をなしたドイツの学者，思想家。

▶5　体育学・スポーツ科学の学統についてのもっともすぐれた著述として，岸野雄三（1973）『体育史』大修館書店；岸野雄三（1977）「スポーツ科学とは何か」水野忠文・朝比奈一男・岸野雄三編『スポーツの科学的原理』大修館書店，77-133頁が挙げられる。また，中村敏雄・高橋健夫・寒川恒夫・友添秀則編集主幹（2015）『21世紀スポーツ大事典』大修館書店，213-243頁（「第６章　スポーツとアカデミズム」）も参照されたい。

おすすめ文献

†寒川恒夫編（2004）『教養としてのスポーツ人類学』大修館書店。
†K. ブランチャード・A. チェスカ／大林太良監訳／寒川恒夫訳（1988）『スポーツ人類学入門』大修館書店。

1　スポーツ人類学の視点

スポーツ人類学の研究方法

1 概念規定

研究は，なにを研究するのか対象を特定することから始まります。定義や概念規定と呼ばれる営みです。スポーツ人類学の研究対象はスポーツであり，その概念は本書「スポーツ人類学の研究対象」（4－5頁）の項目で述べられています。もちろん概念規定は研究対象に対してだけおこなわれるものではありません。研究遂行の様々な場面で，意味を特定させる必要が出た事象について，そのつどおこなわれます。「専門用語」などと言われるものがこれに当たります。概念は研究方法を構成する重要な部分です。スポーツ人類学は人類学（文化人類学）と体育学・スポーツ科学から成るため，用いる概念はこの両分野に亘ります。とりわけ体育学・スポーツ科学が開発した技術に関わる専門用語やマイネル運動学[1]の諸概念は魅力的です。こうした多様性がスポーツ人類学の研究方法を特徴づけます。

2 データ

研究方法の具体は，データと分析に収斂します。スポーツ人類学は社会現象・文化現象としてスポーツを分析するために，基本的に２種類のデータを用います。史料とフィールドワーク情報です。この２つは性格が違います。

フィールドワーク情報は，研究者が実際に調査対象の社会に入り，参与観察によって入手するデータの事で，原則的に調査時点の情報です。たとえ，これは350年前の事ですと説明されても，証明する史料がなければ，絶対年代を持たないオーラルヒストリー[2]の事件として，歴史学的事件とは別物とされます。次に，フィールドワーク情報は，調査地の人たちが自覚する情報と，調査者の解釈情報から成ります。前者の情報をイーミック情報，後者の情報をエティック情報と言って区別します。調査者の解釈は，提供されたイーミック情報に調査者がなんらかの意図を持って別の意味を付与する行為と言えます。土地の人たちが知らなかった新しい意味を発見する営みであり，そのこと自体は決して非難されるものでなく，むしろ研究遂行上不可欠なのですが，その情報がイーミック情報ではないという断りは必須です。

もう一つのデータすなわち史料は，絶対年代が証明された文字情報です。フィールドワークで得られた今の情報を横糸，史料を縦糸にして過去を再構成

▷1　東ドイツの Kurt Meinel が1971年に出版した『Bewegungslehre』で展開した運動論。副題の「教育学の関心からするスポーツ運動の理論研究」が示すように，運動の物理学でなく運動の文化科学を目指している。マイネル，K.／金子明友訳（1981）『マイネルスポーツ運動学』大修館書店；金子明友（2002）『わざの伝承』明和出版；金子明友（2005）『身体知の形成』２巻，明和出版；金子明友（2009）『スポーツ運動学――身体知の分析論』明和出版。

▷2　口頭の会話から再構成される歴史。

▷3　メソポタミアのウルク文化期に使用された文字。

▷4　本書「タイラーの残存起源説」（12-13頁）の項目を参照されたい。

▷5　Firth, R. (1930/1931) “A dart match in Tikopia,” *Oceania*, 1：64-97.

▷6　Hye-Kerkdal, K. (1956) “Wettkampfspiel und Dualorganization bei den Timbira Braziliens,” *Die Wiener Schule der Völkerkunde*, 504-533.

▷7　Krickeberg, W.(1948) “Das mittelamerikanische Ballspiel und seine religiöse Symbolik,” *Paideuma*, 3：118-190.

▷8　例えば，荻原眞子「北方狩猟民のスポーツ」，

していきます。過去の再構成は，歴史学や考古学の仕事ですが，後述のようにスポーツ人類学ではスポーツの起源や伝播や変容といった時系列問題も扱いますので，必要な営みです。次に，史料は書き手の精神活動が直接に表出された陳述資料であり，この意味でとても貴重ですが，人類の最初の文字の出現がウルク原文字[3]の紀元前4000年紀と深度の浅いものです。文字以前，文字以外の情報なら考古学の遺物（物言わぬ非陳述資料）に頼らざるを得ません。史料や遺物はスポーツの過去の再構成には不可欠です。これはスポーツ史学が提供してくれます。

3 分析：理論モデル

データは，立てられた問題に対応して分析されます。これまで人類学（民族学・民俗学）では様々な問題が立てられ，解決が試みられてきましたが，そうした問題の大きな立て方あるいは思考の枠組みを理論モデルと言います。人類学の理論モデルは，通時的理論モデルと共時的理論モデルに分けられます。通時的理論モデルは文化を時間軸に沿って考えるもので，文化の進化，伝播，変容などを論じます。文化の進化の一部であるスポーツの起源についてなら，タイラーが1871年の『原始文化』で発表した残存[4]（survival）モデルが有名です（もちろん反論もあります）。共時的理論モデルは，文化の機能論，構造論，象徴論，認識論，生態論などとして展開しています。スポーツの構造機能論ならティコピアのやり投げ競技を論じたファースの研究[5]，ブラジル・ティンビラ族の丸太担ぎ競走を論じたヒュー・ケルクダルの研究[6]，象徴論ならメソアメリカのボールゲームを論じたクリッケベルクの研究[7]，などが挙げられます。スポーツの生態論研究も試みられています[8]。また1970年代から注目されるようになった新しい理論モデルに観光論があります。伝統文化が観光という他者の好奇の視線にさらされる中でどのように自身を変容させ存続させるのかといった問題が盛んに論じられるようになりました。この問題に民族スポーツから接近した博士論文[9]も日本で多く発表されています。

体育学・スポーツ科学の学統からの理論モデルとして，身体論，学習論，健康論があります。近代西洋医学が提供するものとは異なる身体論・健康論が体育史分野で歴史学的に研究されてきましたが，近年スポーツ人類学ではフィールドワークによるエスノサイエンスの試みが始まりました。エスノサイエンス身体論[10]は，武術や舞踊の学習にとっても，またエスニック健康法（ヨーガや太極拳，伝統マッサージや養生法）にとっても拠るべき身体図式であるのです。人類学でもフランクリンによるニューギニア・キワ族の身体論研究[11]などがおこなわれ，これら人類学モデルとの協力が期待されます。さらにルール論，技術論，スポーツ進化論も重要な理論モデルです。技術論はモースが拓いた身体技法論[12]を，またスポーツ進化論は文化進化論[13]を取り込んだ形での展開が望まれます。

（寒川恒夫）

寒川恒夫「アジア稲作民のスポーツ」，松原正毅「遊牧生活とスポーツ」，矢野敬生「海の民の生活とスポーツ」（寒川恒夫編（1994）「第4章　民族生活とスポーツ」『スポーツ文化論』杏林書院，115-136頁）。

▶9　例えば，馬晟（2011）「苗族武術の観光化変容」早稲田大学博士学位論文；楊長明（2015）「中国朝鮮族シルムのエスノグラフィー」早稲田大学博士学位論文；孟蒙（2016）「清水江苗族龍舟競漕の観光化変容」早稲田大学博士学位論文。

▶10　本書第Ⅱ部Ａ－9「エスノサイエンス身体論」を参照されたい。

▶11　出町一郎（2004）「エスノサイエンスの身体 ―― Kewa 族の例から」寒川恒夫編『教養としてのスポーツ人類学』大修館書店，157-160頁。

▶12　本書「身体技法としてのスポーツ技術」（52-53頁）の項目を参照されたい。

▶13　人類の文化や社会の始まりと展開について論じる学的立場。

おすすめ文献

†K. ブランチャード・A. チェスカ／大林太良監訳／寒川恒夫訳（1988）『スポーツ人類学入門』大修館書店。
†寒川恒夫編（1994）『スポーツ文化論』杏林書院。
†寒川恒夫編（2004）『教養としてのスポーツ人類学』大修館書店。

1　スポーツ人類学の視点

 スポーツ文化複合

スポーツ文化複合とは，スポーツを文化現象として捉えるために創られた概念で，スポーツを様々な文化要素から成る一つの有機的複合体と考えます。

1 サッカーを文化とみるには

サッカーは，それぞれ11人のプレーヤーから成る２つのチームが，長方形のグラウンド上で（キーパー以外は手を使わずに）一個のボールを奪い合い，相手ゴールに蹴り込んだ数を競うゲームです。

この説明の仕方は，競技ルールを持ち出したもので，これでたいていサッカーがイメージできます。しかし，サッカーを文化の問題として論じたいと考える向きには，物足りません。

サッカーを実際におこなうのは人です。どのような形であれ，試合を運営し，ルールを管理する集団・組織が必要です。また，サッカーを肯定する思想（つまりサッカーをやってもよい，やる意義があると実施を認める社会的意味付け）だって必要です。そして現実に，サッカー組織として国際サッカー連盟（FIFA）[1]があり，またサッカーの思想としてオリンピズム[2]があります。

つまりサッカーは，ルール・テクニック・戦術などの技術文化を中心に，これを，組織など人間関係を調整する社会文化とサッカーの実施を保証する精神文化とが支える複合体として在ると言えます。ここまで広げると，サッカーを面白く文化分析することができます。

2 民族スポーツを文化とみるには

こうした見方は，サッカーのような国際スポーツに限らず，スポーツ人類学が中心的に扱う民族スポーツにも当てはまります。

例えば，秋田県大仙（だいせん）市の刈和野（かりわの）で毎年２月10日におこなわれる綱引きは，上町が造った雄綱と下町が造った雌綱を，まず１本に結び合わせてから引き合います。藁で造った綱はおよそ直径80cm，長さは２本で200m，重さも２本で20ｔ，結び合わせるだけで一苦労で「綱合わせ」という特別の技術があります。参加者の数は無制限で毎年数千人が綱にとりつき，相手がギブアップするまで引きます。綱引きを運営するのは刈和野大綱引き保存会です。この組織は，江戸時代から続くこの行事のためだけに創られました。また，上町が勝てば米の値が上がり下町が勝てば米が豊作になる，さらに引っ張る綱は八岐大蛇系の蛇

▶1　1904年結成。フランス，ベルギー，オランダ，スイス，デンマーク，スウェーデン，スペインの7カ国で始まり，その後，サッカーの母国イギリスが遅れて加盟した。今日では200を超える国と地域が加盟している。

▶2　オリンピックの基本理念を意味し，オリンピックの創始者であるクーベルタン（Pierre de Coubertin）の考えに基づいて作成された。IOC と，これを支える国内オリンピック委員会（NOC），各種国際競技連盟（IF）に共有され，そのための普及教育活動がおこなわれる。そこには，スポーツによる人間教育や世界平和の実現，フェアープレーなどが謳われている。

性で，綱引きには大蛇退治の意味も込められていると伝え，こうした伝承が綱引きを毎年実施する根拠になっています。

つまり刈和野綱引きもまた，綱の造り方・結合の仕方・引き方・勝負のつけ方などの技術文化，刈和野大綱引き保存会に顕現する社会文化（この中には，女は生家に戻って引く，つまり男系社会の一時的創出という伝統規範も含まれます），そして大蛇退治神話や年占など綱引きの伝承を担保する精神文化，これら諸要素の複合体という構造を持っているのです。

3 スポーツ文化複合は新しい考え方

このように，スポーツ文化複合は，それがどのようなスポーツであるかを問わず，技術文化，精神文化，社会文化の諸要素が有機的に織りなして創る一種の構造的複合体であると言えます。これは，別言すれば，スポーツを当該社会の文化の全体的在り方の中に位置付けて考える立場と言えます。技術文化，精神文化，社会文化にこだわるのは，全体文化の三分法に倣ったものです[3]。もちろん取り上げる社会とスポーツによって，諸要素個々の具体的な内容と関係性・重要性は，違ってきます。

この差は，とりもなおさず文化の差と言えます。差をもたらしたのは何か，といった問題も魅力的です。スポーツ文化複合概念は，古代オリンピックと近代オリンピック，節会相撲とモンゴル相撲，サッカーと龍舟競漕など，時と場所を越えてスポーツを比較したい時の青写真になります。もちろん，フィールドワークする時の青写真でもあります。

文化複合という概念は，民族学や文化人類学では古くから用いられていました。特に文化を時系列で論じる分野で重宝されたもので，平原インディアンの騎馬文化複合，東南アジアの焼畑文化複合などが設定され，その複合の形成過程や伝播問題などが論じられました。スポーツを取り上げたものもあります。フランス人のアルシャンボーは『ラオスのボートレース：一つの文化複合[4]』を1972年に出版しました。蛇性の水神ナーガを象った20mを超す狭長独木舟の競漕を，王の統治権（王国の守護精霊や建国に関わる神話と儀礼，王・地方・先住民三者の秩序再生産儀礼など）と稲作（ナーガの季節的循環儀礼など）をめぐる民族宗教色の濃い文化複合として描いています。

こうした民族学や文化人類学の文化複合概念は，研究者個々の研究関心に導かれて選別された特定文化要素の集合体であって，特段，当該複合を当該社会の全体文化に関連させる意図を持ったものではありませんでした。この意味で，たえず全体文化との関わりを意識するホリスティック（holistic）なスポーツ文化複合概念は新しい考えと言えます[5]。 （寒川恒夫）

▶3　ある社会の文化を全体として捉えるのは難しい。ベネディクト（Ruth Fulton Benedict）のアポロ型（プエブロ族の文化）やディオニソス型（クワキウトル族の文化）などの“文化の型”の発想はその例だが，これとは別に，いくつかに分けて側面的に接近する方法が考えられてきた。物質文化と非物質文化の二分法，技術文化・社会文化・精神文化の三分法などである。分け方は便宜にすぎないが，それぞれの側面が更にいくつもの要素から成ると見ることで，対象をより詳細かつ具体的に捉えられる利点がある。

▶4　Archaimbault, C. (1972) *La cource de pirogues au Laos : Un complexe culturel,* Artibus Asiae・Publishers：Ascona.

▶5　新しいと言っても，全体文化の三分法に基づいてスポーツを文化の1項目と理解することは既にスポーツ科学や体育学でおこなわれていることを述べておく（例えば，佐伯聰夫（1984）「遊びと文化」『現代体育・スポーツ体系』1，講談社，239頁）。

おすすめ文献

†大林太良（1965）「歴史民族学の諸問題」『民族学研究』30-2：109-126頁。

†寒川恒夫（1991）「スポーツ文化複合」『体育の科学』41-2：139-145頁。

†Archaimbault, C. (1972) *La cource de pirogues au Laos : Un complexe culturel,* Artibus Asiae・Publishers：Ascona.

2　スポーツの起源

起源の探り方

文化はすべて始まりを持ちます。スポーツにも始まりがあります。それでは，スポーツの始まりを知るには，どうすればよいでしょう。

1　起源を探る前提条件

始まりを探るに先立って，あらかじめ考えておかなければならないことがあります。これからその始まりを明らかにしようとする対象の特定です。たいていの言葉は複数の意味を持っていて，その中のどれについて始まりを知りたいのか，絞り込んでおく必要があります。

スポーツの意味なら語源の「遊ぶ，遊ぶこと」と近代的語義の「運動競技」が第1ですが，研究者が用いる分析概念なら「体育」や「身体文化」などが加わります。これらはそれぞれに中身をちがえており，それぞれ独自の起源を持ちます。さらに「運動競技」なら，サッカーや柔道やマラソンなど種目のことなのか，それとも種目の上位概念である類概念の「競い合い」のことなのか，決めておく必要があります。対象をなににするか，起源を問う試みはこの作業から始まります。

2　過去を知る方法

始まりは過去に生じた現象です。過去を知るにはどんな方法があるのでしょう。“自分史を調べてきなさい”という宿題が出されれば，まずは記憶を手がかりに昔の自分のことを思い出します。記憶が不確かなところはお父さんやお母さんに尋ね，更に日記をつけていれば，そこに書かれた内容が頼りになります。写真や自分の描いた絵も利用することができます。記憶，日記，写真・絵，これらによって自分の昔の様子が明らかになってきます。

こうした自分の過去を知る方法は，研究者が人類の過去を明らかにしてゆく方法とまったく同じです。日記は文字を使って書かれています。文字で記録された資料は史料と言います。また書かれた内容は書いた人の意思の表出ですので，内容のウソホントにかかわらず，陳述資料と言います。また史料は書かれた年代がたいていわかっています。こうした史料を使って柔道は嘉納治五郎によって1882年に始められたこと，サッカーは1863年にイギリスで結成されたFootball Associationが定めたルールでおこなったassociation football（association が後に assoccer と短縮され，更に soccer と転じました）が起源であることがわかります。

これで一応は満足できますが，しかし柔道は江戸時代の柔術を，そして柔術は更に中世の組討稽古を母体にしています。サッカーも，ルールは同じではありませんがfootballの名で1863年以前のパブリックスクールで何世紀も盛んにおこなわれていましたし，footballと訳せる“足とボール”の2語から成るゲーム名なら更に古く，例えば1314年4月13日にロンドン市長が出したpelotes de pee（足のボール）禁止令の史料があります[1]。柔道の起源を1882年，サッカーの起源を1863年とするのは，今日の形にもっとも合ったものの始まりを見つけたという意味であって，これに満足しない人は先祖を探し続けます。柔道と柔術は似て非なるものですが，柔道が柔術の改良形であることは確かです。柔術が柔道の先祖なら柔道の起源を柔術に，また同じ理屈で，更に古い組討稽古に起源を求めるのは正当なのです。起源は，つまり，これを探す人の目的如何，考え方次第で変わると言えます。

起源をこのように先祖，先祖と追いかけていくのに史料はとても役立つ確かな手がかりですが，時代を遡るにつれて史料の数は減じ，紀元前4000年紀のウルク原文字で途絶えてしまいます。無文字時代について威力を発揮するのが遺物です。これは自分史を再構成するのに用いた写真や絵に相当します。昔の人が造って残した“物”が我々に当時の様子を教えてくれます。しかし，問題があります。旧石器時代の地層から弓矢が見つかっていますが，狩猟採集で生きた当時の人たちがこれを使って遊んだり競技をしたりしたかはわからないのです。遺物の用途を知るには解釈に頼るしかありません。解釈の根拠になるのは第1に史料ですが，無文字時代についてはお手上げです。無文字時代のスポーツの様子を知るのに役立つのが，いわゆる未開民族の文化や習俗です。15世紀に始まる大航海時代以来，世界の狩猟採集民の生活を現地調査し，これを記録し残すことが続けられてきました。膨大に蓄積されたこれら民族誌が遺物の用途解釈に当てられました。民族誌が衣食住から宗教，社会組織，教育，娯楽など人々の日常生活のすべての分野を記述したのも強みでした。民族誌には世界各地の狩猟採集民が盛んに遊び，盛んに競技をする様子が記録されていて，スポーツの起源を考えるのにとても有用なことがわかりました。ただし民族誌を利用する時の注意として，そこに記された文化や習俗がいかに古く見えようとも，それらは遺物と違って今から3万5000年前といった絶対年代を特定されない情報であることは述べておく必要があります。

3 起源を人類史に位置付ける

史料，遺物，民族誌はスポーツの起源を人類史上に位置付けて考えるのに不可欠なデータですが，それぞれに有効性と限界を持ちます。それぞれの特性を考慮しつつ，総合して用いることが必要です。　（寒川恒夫）

▶1　Marples, M. (1954) *A history of football*, Secker and Warburg, p. 24.

おすすめ文献

†寒川恒夫（2004）「スポーツの起源と伝播」寒川恒夫編著『教養としてのスポーツ人類学』大修館書店，22-28頁。

2　スポーツの起源

タイラーの残存起源説

“サイコロは，今でこそスゴロク遊びやギャンブルの道具ですが，もともとは神様の考えを占う祭具でした。” こんな話をみなさんは聞いたことがありますか。同じ物なのに今と昔では意味が違う，しかも元は遊びでなかったなんて。

こうした場合，遊び道具のサイコロは祭具のサイコロの残存（survival）であると言います。イギリスの人類学者タイラー（E. B. Tylor）が考えました。

1 タイラー

タイラーは「文化人類学の父」と称される影響力の大きいイギリスの人類学者です。今日の文化人類学が用いる文化概念を創ったのも彼でした。その数多い研究の中でも，1871年に出版された『原始文化（*Primitive Culture*）』に「残存」概念がでます。本の副題は「神話，哲学，宗教，言語，芸術および慣習の発達に関する研究」と書かれ，人類文化の起源と進化を再構成するのが目的でした。「残存」概念はそのための方法論でした。初め社会の中で有用な働きをしていた文化も，後に社会状況が変わると，あるいは別の社会に移ると，元々の意味や機能が捨てられまた忘れられ，あたかも退化器官の盲腸のように形骸化して生き続けるものが山ほどある，と言うのです。形骸化して生き残った文化を「残存」と名付けました。この「残存」を使えば，資料がなくて困っている遠い過去も知ることができると考えました。

「残存」概念は遊びやゲームの起源研究のために考案されたものではありませんが，遊びやゲームは「残存」のよい例であると言います。人類が採集狩猟で暮らしていた当時，槍や弓矢は食料の動物を狩ったり戦争になくてはならない道具でしたが，今日ではすっかり子供の玩具か大人のスポーツ用具となっています。またココヤシの実や棒きれを投げて神意を占った儀礼も，やがて世俗的なギャンブルに変身して生き延びます。タイラーは古今東西の史料と民族誌に記された情報を基に，しかしごく慎重に，「真面目な行為（serious practice）が先にあって，後に，それが遊びに残存する可能性がある」[1]と言いました。

▶1　Tylor, E. B. (1871) *Primitive Culture : Researches into the development of mythology, philosophy, religion, language, art, and custom,* John Murray : London, p. 78.

2 タイラーの影響

『原始文化』が出版されると「残存」概念は人々の強い関心を引き，その結果，遊びや競技のルーツを未開人や古代人の「真面目ごと」に探る試みが大変な勢いで始められました。わけてもルーツには宗教的儀礼が好まれました。イギリスに伝わる子供の遊びを丹念に集め，人類学的に分析したゴム（A. Gomme）の２巻の大著は初期の代表で，有名な“ロンドン橋落ちた”は架橋のための人柱習俗に始まると見立てられました[2]。北米先住民の伝統的ゲームについて，運任せの遊びから腕前がものを言う競技までを網羅した大部のキューリンの書も，その序で「一般的に言って，ゲームは神々を慰撫するための儀礼としておこなわれたように思える[3]」と述べています。

日本も例外ではありません。日本民俗学を主導した柳田國男は「我国在来の運動競技は，殆ど其全部が此種祭の日の催しに始まって居る[4]」と概観しました。

当然の事ながら，影響は体育学やスポーツ科学にも及びました[5]。今でも体育・スポーツ系の学部ではスポーツの「残存」起源が普通に講義されています。実用術から遊び（スポーツ）へという発想も同様です。

3 「残存」概念の有効性と限界

遊びの残存起源証明は遊びの種目について試みられたもので，具体的な個々の遊びあるいはそれとどこか似ている行動をかつての歴史社会や現住未開人社会の「真面目な行為」の中に探し出す仕方で進められました。当然の事ながら，遊びは「真面目な行為」ではないとの前提に立って非「遊び」から「遊び」の発生が語られましたが，不思議なことに，非「遊び」から「遊び」への質の変容経緯は一切問題にされませんでした。

更に，トンガの民族誌にココヤシの実を使った卜占（ぼくせん）と遊びが共存する事例について，タイラーは卜占をより古いと認定しますが，根拠が示されません。土着のボールゲームが同じ部族の中で遊びと宗教の２つの文化文脈に現れる事例も世界各地に見られますが，こうした状況は，ボールゲームがもともと儀礼として発明されたという見方と，いやむしろ後になって宗教文脈に取り込まれたという逆の見方を許します。「遊び」から「儀礼」へという「残存」とは逆の過程は，早くも心理学者で哲学者のグロース（K. Groos）が指摘したところでした[6]。「真面目な行為」と「遊び」が共存する状況には，もっと注意が払われるべきでした。

もっとも，「真面目な行為」が「遊び」になる現象は，今でも確認できます。伝統的な生活が近年急激に消滅する中で，例えば干潟のムツゴロウ釣りのガタ板操作がガタリンピックの競技種目となっている例などです。ニュースポーツやご当地スポーツ[7]には，このように改造された種目が数多くあります。スポーツは，かつての「真面目な」生活行動を変形させて貪欲にとりこみ，膨らみ続けています。この点で残存過程は支持されます。しかし「真面目な行為」を一元的に遊びの起源と見るのは危険です。それにそもそも，起源を考えるのに「遊び」と「真面目な行為」を二項対立させ，一方を他方に還元させる発想（単線的進化と言えましょうか）こそ再考される必要がありそうです。（寒川恒夫）

▶2　Gomme, A. (1894, 1898) *The traditional games of England, Scotland and Ireland*, 2 vols.

▶3　Culin, S. (1907) *Games of the North American Indians*, the Government Printing Office, p. 34.

▶4　柳田國男（1956）『日本の祭り』角川書店，114頁。

▶5　あまりに例が多い。例えば Diem, C. (1960) *Weltgeschichte des Sports und der Leibeserziehung*: Stuttgart, 2Bde.

▶6　Groos, K. (1899) *Die Spiele der Menschen*.

▶7　本書「ご当地スポーツ」（162-163頁）の項目を参照されたい。

おすすめ文献

†Tylor, E. B. (1871) *Primitive Culture : Researches into the development of mythology, philosophy, religion, language, art, and custom*, John Murray : London.

2　スポーツの起源

3 ベイトソンのメタコミュニケーション説

スポーツや遊びの起源については，タイラーが1871年に発表した残存説が今日なお用いられていますが[1]，これとまったく質の異なる説明の仕方を我々はグレゴリー・ベイトソン（1904-80年）のメタコミュニケーション概念の中に見出します。ベイトソンはすぐれた人類学者であるとともに，精神病理学や情報理論においても重要な貢献をおこなった研究者でした。1972年に出版された『精神の生態学』[2]にメタコミュニケーションとしての遊び（play）理解が示されています。

▶1　本書「タイラーの残存起源説」（12-13頁）の項目を参照されたい。

▶2　Bateson, G. (1972) *Steps to an ecology of mind*, Chandler Publishing Company : San Francisco（＝2000，佐藤良明訳『精神の生態学』新思索社）.

1 猿はなぜ遊ぶことができるのか

ベイトソンは，1952年にサンフランシスコのフライシュハッカー動物園の猿についておこなった観察を次のように記しています。

「私が動物園で遭遇したのは，だれでもがよく知っている現象であった。私は２匹の若い猿が遊ぶのを見た。つまり，２匹は個々の行為あるいは信号がけんかの場合と似てはいるが同一でない一連の相互行為に従事していたのである。人間の側から見ても，その一連の相互行為が全体としてけんかでないこと，また，当の猿たちにとってもこれが喧嘩でないことは明らかであった[3]」。

▶3　ブランチャード，K.・チェスカ，A.／大林太良監訳／寒川恒夫訳（1988）『スポーツ人類学入門』大修館書店，47頁。

これはいわゆる猿のケンカごっこ，じゃれあい遊びです。この時，２匹がごっこで遊べるためには，あらかじめ互いに，“我々がしているのは本物のケンカにみえて実はそうではないのですよ”というパラドキシカルなコミュニケーションがとられている必要があります。嚙まれると痛い本当の嚙みつきと甘嚙みとを区別し，そのズレの差を楽しむ，こうした複雑なコミュニケーションのためのコミュニケーションをメタコミュニケーションと言います。猿たちは，別言すれば，他者の発する行動に対して単に生理的・機械的に反応する次元を越えたコミュニケーション行動をしていたのです。

ベイトソンは，メタコミュニケーションがとれる動物に限って遊びが可能になると考えました。

2 タイラーの残存説とのちがい

遊びがメタコミュニケーションによって初めて可能になるという説明は個体発生における遊びの始まりを説明するとともに，系統発生や進化上における遊びの発生説明にも有用です。ベイトソンは動物のコミュニケーション進化上におけるメタコミュニケーションの出現を画期的と評価しましたが，彼に依拠すれば，遊びは人間から始まるのではなく，メタコミュニケーション能力を獲得した動物段階に遡ります。人間の遊びは，先行する（その意味で根源的と言える）動物の遊びを継承するものなのです。

タイラーと比較すると，タイラーが人の“遊びの種目”の発生を論じたのに対し，ベイトソンは人や動物が“遊ぶ”ことの発生を論じたと言えます。またタイラーが真面目と遊びを区別し，真面目からの遊びの発生を説いたのと違って，ベイトソンのメタコミュニケーション説では真面目と遊びの先後関係を問題にする必要がないのです。

また，メタコミュニケーションは競技としてのスポーツの起源説明にも有効です。もちろん競技の種目ではなく“競い合う”ことの発生説明です。

例えばライオンは群れの所有をめぐって雄どうしが闘います。牙をむき，時に流血を見ることはあっても，一方が負けを認めればつまり逃げ出せば，それで闘いは止みます。敗者を追いかけてしとめるという行動はとりません。ここには，我々が今，闘っているのはどちらが群れの所有者にふさわしいかを見極めるためであって，決してあなたを殺すことが目的ではありませんというコミュニケーションがとられているのです。シマウマを捕食する狩という闘いとは区別された闘いが，そこにはあります。同様の行動はライオンのような肉食動物に限りません。鹿など草食動物のカップリングをめぐる闘いなど，広く見られるところです。

命の安全を保障するこうした秩序ある闘いを，我々がおこなうルールを持つ競技の母体と見るのは妥当です。しばしば耳にする“スポーツは戦争や狩から生まれた”という血なまぐさい起源の語りとちがってメタコミュニケーション説は逆に，スポーツは生命を尊重する平和な問題解決の英知に遡るという言説を提供してくれます。

3 メタコミュニケーション説の先達

ベイトソン以前にも動物が遊ぶことを指摘する研究者はいました。ドイツの哲学者で心理学や民族学にも造詣が深かったグロースは1896年に『動物の遊び』[4]を著しています。しかしそこで論じられたのは，子供の遊びは成獣になった時に必要な生きるための技術を獲得する訓練であるというプラトン以来の機能論でした。遊戯論でおなじみのオランダの碩学ホイジンガは1938年の『ホモ・ルーデンス』[5]の第１章の冒頭で，動物が遊ぶこと，そしてその遊びは意識的に“ふり”としておこない楽しんでいること，つまりごっこ遊びができることを説いています。結局のところホイジンガは動物の遊びをベイトソンのように積極的にコミュニケーション論としては展開しませんでしたが，本質部分はさすがに注意深く見抜いていました。（寒川恒夫）

▶4　Groos, K. (1896) *Spiele der Tiere.*

▶5　本書「『ホモ・ルーデンス』の読み方」(32-33頁）の項目を参照されたい。

おすすめ文献

†G. ベイトソン／佐藤良明訳（2000）『精神の生態学』新思索社。

3　スポーツの伝播と変容

なぜ同じ遊びが存在するのか：鬼ごっこ“子とろ子とろ”

1 同じ遊びの存在はどう説明する

世界に同じような遊びがある時，その説明の仕方は，基本的に２つあります。一つは，お互いに関係なく独立に発生したというもの，もう一つは，あるところで発生したものが別のところに伝わったというものです。前者を独立発生説，後者を伝播説と呼びます。独立発生説を支える思想として，ドイツの民族学者バスティアン（Adolf Bastian）が説いた人類心理の基本的同一性を言う原質思念（Elementargedanke），またスイスの心理学者ユング（Carl Gustav Jung）が言う人類共通の無意識である元型（Archetypus）を挙げることができます。もちろん，この２人の説は証明済みと言うものではありませんが，今日では，農耕でも神話でもなんでも同様な文化の地理的分布は，独立発生説と伝播説を組み合わせて説明するのがふつうになっています。

2 “子とろ子とろ”の遊び方

子とろ子とろは鬼ごっこの一種ですが，少し変わっています。鬼が１人，これに対面して親が１人，他の子は（何人でもよいです）親の後ろに隠れるように前の人の身体や服をつかんで離れないように一列を作ります。隊列が整うと，鬼と親の間で問答が始まります。台湾の漢民族では，鬼は米売りの鷹で，「米はいかが」と鶏のお母さんに問いかけます。お母さんは「１斤いくら」と答えます。「20元」「高い高い」「15元」「まだ高い」……と値段交渉がしばらく続いた後，お母さんが米をこぼしてしまいます。すると「弁償しなさい」「なんで弁償しましょう」「お金で」「お金はないわ」と続き，最後に鷹が「それならおまえの子をもらう」と宣言し，これを合図にゲームが始まります。鬼は駆け出し，列の最後の子にタッチします。子を守るため，親は鬼の動きに合わせ，両手をいっぱい広げて後ろに回らせないようつとめます。

3 伝播と変容

この遊びは図１に示すように旧大陸全体に分布し，鬼，親，子の名前や問答の内容はそれぞれ様々ですが，問答の後で追っかけっこになる流れは共通しています。日本では，15世紀の『三国伝記』に天台僧の恵心僧都が閻羅天子故志王経によって創作したと記され[1]，これがそのまま今日まで流布していますが[2]，

▶1　玄棟作と伝わるこの説話集では，日本に地獄の思想を定着させた恵心僧都が地蔵の慈悲を伝えるために創作し，配役を地獄の鬼・地蔵・亡者とし，鬼と地蔵の間で慈悲の問答を交わさせ，追っかけっこをさせたと記している。寒川恒夫（1983）「比比丘女の起源に関する民族学的研究」『体育学研究』28-3：185-197頁。

▶2　日本では永らく恵心僧都創作説がおこなわれたが，これを多田道太郎（多田道太郎（1978）『遊びと日本人』筑摩書房，148-149頁）が初めて疑い，世界の同様の遊びに目を向けたが，着想の段階で終わっている。寒川，前掲論文，186頁。

攻防モチーフ
1．野生動物対家畜（○鶏，⦶羊または山羊，◎牛）
2．上掲以外あるいは攻防モチーフは不明（×）

図1　子とろ子とろ分布図

（出典：寒川恒夫（1983）「比比丘女の起源に関する民族学的研究」『体育学研究』28-3：185-197頁）

ここでは，伝播の立場から検討してみましょう。

伝播の可能性を見るために20世紀の歴史民族学（あるいは文化史）が用いた方法に質基準（Qualitätskriterium）があります。同じような文化が地理的に隔たった所に見つかる場合，その同じと言うところがその文化にとって二義的であればあるほど，つまりどうでもよいところが似ていれば似ているほど，一方から他方に移った蓋然性は高いと考えるものです。“子とろ子とろ”ゲームは，取り役，守り役，取られ役の三役構造であるところが本質で，これから見れば，三役の名称は二義的と言えます。それでは，この三役の名称になにか共通性はあるのでしょうか。各地の三役名称を攻（鬼）と防（親・子）の対立視点から見ると，若干の例を除いて，全体は野生動物が家畜を襲うというモチーフにしたがっていることがわかります。ネーミングのしかた，つまりモチーフは，それこそ様々な形が考えられるのに，一定の原理に則っているのです。質基準は成り立ち，各地の存在は伝播の結果と考えてよいでしょう。それでは，この遊びはどこで始まったのでしょう。伝播問題は起源問題でもあります。

野生動物としては鳶，鷹，狼，狐，ヒョウなどが，家畜には鶏，山羊，羊，牛などが登場しますが，取られ役に注目すると，もっとも広い分布を持つのが鶏，次に羊・山羊です。歴史民族学では，古い時代においては，同様な文化の場合，分布の大きい方がより古いと考えます。この考えを導入すると，この遊びは鶏が家畜化された南アジアにおいて発生し，鶏の伝播とともに分布を広げ，羊や山羊の牧畜を発達させていた所（遊牧地帯を含みます）において羊，山羊，牛に変わり，また別の所，例えば日本では仏教的に変容して地獄の鬼対地蔵・亡者（後に鬼対親・子）の形を得たと言えます。変容しても，鬼は人間の側に立たない存在として野生動物に，地蔵・亡者・親は人間の側にある存在として家畜に対応する形で原モチーフを維持していると言えます。新大陸へは，コロンブス以後にヨーロッパから持ち込まれました。[3]

（寒川恒夫）

▷3　寒川，前掲論文，195頁，注11。

おすすめ文献

†寒川恒夫（1983）「比比丘女の起源に関する民族学的研究」『体育学研究』28-3：185-197頁。
†多田道太郎（1978）『遊びと日本人』筑摩書房。
†寒川恒夫（2003）『遊びの歴史民族学』明和出版。

3　スポーツの伝播と変容

サッカーのグローカリゼーション

1 それぞれの文化，それぞれのサッカー

デズモンド・モリスの著作の中で，『サッカー人間学』[1]は『裸のサル』[2]ほどには知られていないかもしれません。この本で，モリスは人類学者よろしく，サッカーに熱狂する集団を部族と見立てて観察をおこなっています。『サッカー人間学』はモリス流のユーモアに溢れた著作になっていますが，ここでは彼に倣いつつ，更なる人類学的関心ごととしてサッカーを取り上げてみたいと思います。スポーツ人類学では，あるスポーツの伝播と受容，そして土着化の過程に注目します。これは広く言って「文化変容（acculturation）」についての研究と言えます。サッカーのグローカリゼーションをテーマにするここでは，いくつかの事例を取り上げて，グローバルな文化であるサッカーが，ローカルな文脈においてどのように受容され，土着化されているのかを問題にしてみます。

2 サッカーと宗教世界

特別な才能を持った選手が神のように崇め奉られる。スポーツの世界ではしばしば起こることです。しかし，マンチェスター・ユナイテッドやイングランド代表で活躍したデイヴィッド・ベッカムは仏教寺院に奉られた唯一の選手かもしれません。その仏教寺院は東南アジアのタイ王国にあります。この国の人々の約95％は仏教を信仰していて，現在でも寺院は街や村々の生活の中心にあります。悩み事があれば，タイの人々は仏像の前で静かに手を合わせるのです。

首都バンコクのパリワット寺院には，ベッカムのミニチュア像が，本尊を支えるように設置されています。30㎝ほどの大きさで，金箔を施されており，胸には当時のマンチェスター・ユナイテッドのスポンサーであったSHARPの文字も見えます（図1）。華麗なフリーキックでゴールを奪い，チームを勝利に導くベッカムの姿は，タイの人々にとって衆生を導く仏に見えているのかもしれません。一人のサッカー選手が単なるアスリートを超える存在として，仏教文化の中に取り込まれた例と言えるでしょう。

「コートジボワール 警戒すべきは呪術」「呪術を恐れて有力選手が国外流出」。ワールドカップの開催が近づくと，こうした奇妙なニュースがまことしやかに報道されます。アフリカの多くの国では，呪術師の存在は現在でも重要です。

▶1　モリス，デズモンド／白井尚之訳（1983）『サッカー人間学』小学館。

▶2　『裸のサル』はデズモンド・モリスの代表作である。裸のサルとは人間のことで，本書の中でモリスは動物行動学の視点からヒトの様々な行動を分析した。

図1　タイ仏教寺院のベッカム像

（出典：Karin, Guggeis (2006) *FOOTBALL One Game-Many Worlds*, ARNOLDSCHE, p. 143）

▶3　本書「ブラジルのカポエイラ」（198-199頁）の項目を参照されたい。

▶4　この点についてブラジル文化を研究する文化人類学者の北森絵里は，「20

サッカーというスポーツに熱狂するあまり，呪術師にその結果を占ってもらわないと心配でたまらなくなる人々がいます。

呪術は迷信ではなく，特定の民族社会で保有されている認知システム（エスノサイエンス）であると文化人類学では考えます。そして，ある社会やある民族の実践するエスノサイエンスの総体を「宇宙論（cosmology）」と呼びます。一つの世界で起こっているように見える出来事の因果関係も，民族が違えば，それぞれの民族の宇宙論によって説明されます。我々の生活を支えているサイエンス（いわゆる科学）もまた，そうした視点から見れば，ヨーロッパで発達した一つの認知システムであると言えるでしょう。

とすれば，アフリカの人々がサッカーに呪術の力を見るのは，サッカーというスポーツの試合に働く因果関係に対して，科学の理屈ではなく，呪術の理屈を持ってきて解釈し，意味付けをおこなっているというように考えることができるでしょう。いかにグローバルなスポーツとして発展したサッカーの試合でも，それを受容する人々の精神世界の有り様が異なれば，意味する内容も違ってきます。

3 サッカーとスタイル

「マリーシア（抜け目なさ）」や「マランドロ（ずる賢さ）」という言葉があります[3]。これらは今や「王国」と形容されるまでにサッカーが根付いたブラジルの，そのプレースタイルを象徴する言葉として用いられます。ブラジルらしいサッカーについて，即興的なプレーで相手を出し抜くような，したたかで意外性に富んだスタイルなどと評されるのを聞いたことはないでしょうか。マリーシアやマランドロは，サッカーを生んだヨーロッパのエリート層が理想とする規律，忍耐強さ，そしてフェアネスなどとは真逆の概念です。

では，なぜこのような，どちらかと言えばスポーツ精神に反するようなスタイルを自国のスタイルにしたのでしょうか。そこにはブラジルという国家の文化的統合を目指すエリートたちの思惑が介在していました。20世紀前半，支配者側にいた白人エリートも，また被支配者側にいた黒人や混血も，みんなブラジル人なんだというナショナル・アイデンティティーが構築されつつありました。その過程において，エリートたちが，一部の黒人や混血たちがサッカーで見せる機敏さや即興性をブラジルらしい文化として発見したのです[4]。実際，この時代に形成され始めたこのブラジリアン・スタイルは日本や他の国々にも伝わりました。これもまた，サッカーの土着化，サッカーにおける別のスタンダードの形成だと言えるでしょう。

以上のように，サッカーのグローカリゼーションを通して我々が目にするのは，スポーツの実践が埋め込まれたそれぞれの社会の個別具体的な文化文脈とその背後にある多様な意味世界なのです。　（小木曽航平）

世紀初頭，『ブラジル的』すなわち『ブラジルらしさ』は，支配的なヨーロッパ系エリートが黒人や混血を社会的に排除しつつ，文化的にはその価値を見出して取りこむ，という矛盾を抱えこみながら生成された」と述べている（北森絵里（2006）「サッカーのブラジリアン・スタイルとナショナル・アイデンティティ」国立民族学博物館『季刊民族学』117：52-55頁）。このようにして創られた伝統のブラジリアン・スタイルは，「両刃の剣」であった。1950年W杯決勝でブラジルがウルグアイに敗れると，黒人や混血の選手の規律の欠如や身勝手なプレーが敗因で，これがブラジルの後進性としての黒人や混血と重ね合わされて非難されるという事件が起こった。しかし，1958年と1962年にブラジルがW杯を連覇すると，再びブラジリアン・スタイルは肯定され，その正当性が認知されることになった。

おすすめ文献

†国立民族学博物館（2006）「ワールドサッカー——ふたつのフィールド」『季刊民族学』117：30-65頁。
†ロベルト・ダ・マータ（1983）「社会の〈内なる〉スポーツ——国民劇・国民祭としてのフットボール」ヴィクター・ターナー，山口昌男編『見世物の人類学』三省堂，246-287頁。
†Guggeis, Karin (2006) *FOOTBALL One Game-Many Worlds,* ARNOLDSCHE.

3　スポーツの伝播と変容

世界を駆ける柔術

1 柔術の衝撃：グラント将軍と柔術[1]との出会い

柔術とは徒手の格闘を主体にし，様々な武器術をも訓練する総合武術です。柔術には竹内流（1532年成立）のように戦国時代に成立した流派もありますが，多くは江戸時代に成立しました。今日，オリンピック種目にまで発展した柔道も，江戸時代に成立した起倒流[2]と天神真楊流という柔術をもとに教育者・嘉納治五郎が近代教育の理念である三育主義[3]にかなうよう再編成したものでした。

ところで，日本には戦国時代以来，剣術，弓術など様々な武術流派が成立しましたが，柔術はその中でももっとも低級な部類に入るとみなされていました。こうした状況は明治時代以後，徐々に変わっていきます。そのきっかけの一つに，元アメリカ大統領で南北戦争の北軍を指揮したグラント将軍の1879（明治12）年の来日があります。

グラントを接待した渋沢栄一[4]は，余興の一つとして各種武術の演武を催しました。剣術や鎖鎌術などが披露される中，グラントの目をひときわ惹きつける武術がありました。それが柔術だったのです。グラントは柔術のすごさが体力によるものなのか，巧みな身体の使い方によるものなのかを渋沢に熱心に尋ねたと言います。彼の質問からは，柔術の実用性を超えて技の根本にまで関心が及んでいる様子がうかがえます。元軍人でレスリングの素養もあったグラントの目には，柔よく剛を制す柔術家の身体の使い方が新奇に映ったのでしょう。

日本人には陳腐にみえても，欧米の人々には驚きをもって迎え入れられた柔術。我々が普段気づかないでいる我々の文化の価値に外国人が気づく可能性をグラントの驚きは示している[5]ように思われます。この後，柔術は世界各地に伝播しますが，その成功はグラントの驚きに暗示されていたのでした。

2 柔道に先駆けた柔術の海外伝播[6]

柔術は欧米の人々を惹きつける魅力を持っていました。確かに，歴史的にも各種武道に先駆けて海外に伝播したのは柔術でした。『オックスフォード英語辞典（*OED*）』が柔術の初出として挙げる用例は1875年の記事です。この辞典に載った語は国際語とみなされると言われていますが，柔道は1889年の用例が最初です[7]。我々が気づかないところで柔術は柔道よりも国際語としての長い伝統を持っているのです。

▶1　中嶋哲也（2015）「術から文化へ――元米国大統領グラントの演武鑑賞と柔術」『鹿児島大学教育学部研究紀要　人文・社会科学編』66：77-92頁。

▶2　起倒流は，17世紀に成立した柔術流派の一つである。投技を主体とした技法体系を持ち，幕末には試合などもおこなっていた。柔道には「古式の形」としてその技法が継承されている。

▶3　イギリスの社会学者，ハーバート・スペンサーが唱えた知育・徳育・体育の3つを教育の要とする考え方である。

▶4　渋沢栄一（1890-1931年）は幕臣，実業家。明治・大正に様々な企業の設立にたずさわり，「日本資本主義の父」と呼ばれる。また，幼少から剣術を学んでおり，武道界への協力も惜しまなかった。

▶5　渡辺京二（2005）『逝きし世の面影』平凡社ライブラリー。

▶6　坂上康博編著『海を渡った柔術と柔道――日本武道のダイナミズム』青弓社，2010年。

▶7　坂上康博・アレキサンダー，ベネット・長尾進・松尾牧則（2012）「武道の固有性を新たに問う――武道の国際的普及をめぐって」『武道学研究』44-3：135-152頁。

柔術は19世紀から20世紀への世紀転換期に欧米各地に伝播しました。そのあとを追って柔道も世界に伝播しました。柔術・柔道の伝播を後押ししたのはジャポニスム[8]という日本ブームでした。小国日本が大国ロシアに勝つ。欧米の人々はその縮図を柔よく剛を制する柔術・柔道に見出したのです。

3 海外伝播の秘訣：しなやかな順応力

しかし，柔術が海外伝播に成功した要因はジャポニスムだけではありませんでした。柔術はその名が示すように，世界各地の社会に“しなやか”に順応していったのです。例えば，元来の実戦的な格闘術を伝承するのみならず，ミュージック・ホールなどではデモンストレーションを開き，小柄な日本人が大きな怪力男を倒す様子を見物人に見せることで現地の人々をとりこにしました。また，20世紀に世界各地で関心を集めることになる身体の発育や健康の維持増進といった問題を解決するエクササイズとしても展開しました。

図1 ロシア人を手玉にとる日本の柔術家

（出典：*The New York Times*, 15, Jan. 1905）

こうした柔術の文化変容には日本人柔術家のしなやかさばかりでなく，現地の人の受け入れの柔軟さも貢献しています。例えば，ドイツでは1924年にドイツ柔術連盟が設立されて「ドイツ柔術」が興りましたが，これは，ドイツ人のエリッヒ・ラーン（Erich Rahn，ドイツ柔術の祖）が柔術家の東勝熊[9]から学んだ柔術にボクシングやレスリングを継ぎ足してできたハイブリッドな柔術でした。

また，近年日本でも流行しているブラジリアン柔術は，柔道家前田光世（みつよ）が伝えた柔道がブラジル化した格闘技です。伝播したのは柔道なのになぜ柔術と呼ばれているのかと言えば，伝播した当時は柔道よりも柔術の方が海外ではよく知られていたからです。更に前田は異種格闘技戦をするのに柔道にはない柔術の技を多用したため，柔術の名で柔道を紹介していたとも言われます。

世界を駆けた柔術。その海外伝播の歴史は，文化は移動先の状況に合わせて変容していくものだということを教えてくれます。20世紀初頭に柔術が見せたしなやかさに，21世紀を生きる我々も学ぶところが多いのではないでしょうか。

（中嶋哲也）

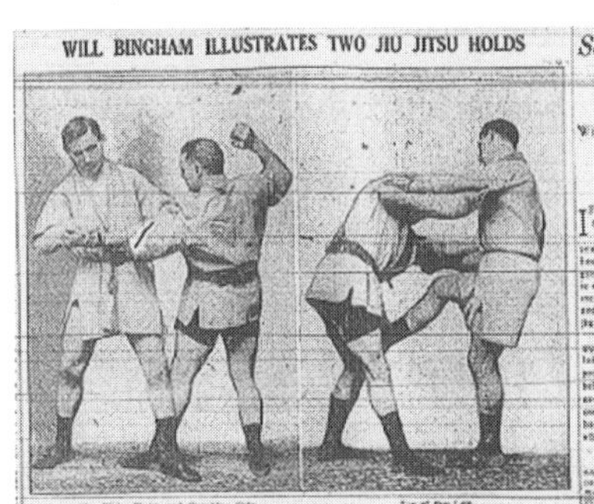
WILL BINGHAM ILLUSTRATES TWO JIU JITSU HOLDS

Says Wrestling and Jiu Jitsu Would Be Useful in the War

Will Bingham, Expert for Thirty Years, Advocates Teaching These Arts, as Well as Boxing, to American Soldiers. Methods of the Japanese Sport.

図2 アメリカでの柔術

（出典：*The Boston Daily Eagle*, 17, Feb. 1918）

▶8 19世紀中頃に欧米で日本美術への注目が集まるが，これがジャポニスムの起源である。

▶9 今のところ詳しい経歴が不明の柔術家。同志社大学で柔術を教えている。1904年にはニューヨークに渡り，柔術を教え，1905年にはアービン・ハンコックとともに“The Complete Kano Jiu-Jitsu (Jiudo)”を著している。

おすすめ文献

†中嶋哲也（2015）「術から文化へ――元米国大統領グラントの演武鑑賞と柔術」『鹿児島大学教育学部研究紀要　人文・社会科学編』66：77-92頁。

†坂上康博編著『海を渡った柔術と柔道――日本武道のダイナミズム』青弓社，2010年。

†ソリドーワル・マーヤ（2012）「『ドイツ柔術』の形成」『スポーツ人類學研究』14：19-31頁。

3　スポーツの伝播と変容

YOSAKOI ソーランの国内伝播

みなさんはYOSAKOI ソーランをご存じでしょうか。YOSAKOI ソーランは北海道札幌市で毎年6月におこなわれる「YOSAKOI ソーラン祭り」で踊られる踊りですが，そのもとになった「よさこい踊り」は戦後の高知県で生まれました。今やその存在を知らない人もいないくらい全国に普及しています。伝播はごく短期間に起こりました。ここでは，「よさこい系祭り」と総称されるイベントを事例に伝播について考えてみましょう。

1 「よさこい」の誕生

鳴子を手に踊る「よさこい祭り」は，高知県で1954年に誕生しました。この祭りは，高知市の商工会議所のメンバーが隣県の徳島でおこなわれる「阿波おどり」を見て感動し，高知においてもこれに負けない祭りをつくりたいと考え，始めたものです。実のところ，当初は現在みられるような人気があったわけではありませんでした。1972年に転機が訪れます。フランスのカーニヴァルに参加するため，「よさこい鳴子踊り」の曲をサンバ調にアレンジしたところ，これが若者にウケました。これをきっかけに，ジャズやロックもOK，踊りもフラダンス，エアロビクスもOKにしました。始まり当初は参加者も少なく，帰省する大学生にアルバイト代を払って踊ってもらったと言いますが，現在では踊り手約1万5000人，観客数100万人を超すビッグな祭りとして賑わっています。

2 「よさこい」，北の大地に伝播する

「よさこい祭り」は，しばらくすると他の地にも伝わりますが，第2の発信地とも言うべきその最強の伝播先は，なんと北海道でした。きっかけは「北海道にも若者主体の祭りを」と願う一人の大学生でした。1991年，北海道大学の学生が，母が入院する高知県の病院に見舞いに訪れたところ，ちょうど「よさこい祭り」の真っ最中でした。これに「感動」した彼は大学に戻るとさっそく学生実行委員会を結成し，1992年には，北海道版「よさこい祭り」と言える第1回「YOSAKOI ソーラン祭り」を開催します。ソーラン節を鳴子にかぶせることで北海道アイデンティティーを担保しました。踊り手1000人ほどで始まったこのイベントは，10年後には踊り手4万4000人，観客は開催地札幌市の人口を上回る200万人を超えるまでになりました。今や，「YOSAKOI ソーラン祭り」は「よさこい系」祭りで日本最大規模となっています。

図1 ヨサコイ踊り

（出典：YOSAKOI ソーラン祭り組織委員会提供）

「よさこい系」祭りの拡大は急速で，第1，第2の発信地から，仙台の「みちのく YOSAKOI まつり」，東京都の「東京よさこい」「ドリームよさこい」，浜松の「がんこ祭り・浜松ヨサコイ」，名古屋の「にっぽんど真ん中祭り」，京都の「京都さくらよさこい」，佐世保の「YOSAKOI させぼ祭り」などが生まれました。これらの祭りは，地元の民謡の一節を挿入するといった地元化をおこなうことを共有しています。この伝播は，情報化社会と言われる現代を反映する速さですが，同時に祭りの伝播がどのようにおこなわれるのかを我々に示してくれる好材料とも言えます。

3 なぜ「よさこい系」は継続されるのか

昨今，日本各地で古くから伝承されてきた祭り，また若者組や青年団によって維持されてきた祭りが，過疎化にともなう担い手の減少によって消滅の危機に瀕していることはよく知られています。そうした状況に抗うかのように「よさこい系」祭りは老若男女を問わず多くの人に受け入れられ，拡大しています。

なぜでしょうか。「よさこい系」祭りに共通するのは，(1)祭りというものの，これが“創られた神なし祭り”であること，(2)鳴子を手に持ち，地元民謡の一節を入れて踊ること以外は自由であることです。この自由性，踊り手個々人の踊りづくりの裁量の大きさ，個々人の感性の表現の自由性こそが人々の興味関心を引き付ける最大の要因と言えましょう。しかし，もう一つ重要なこととして“感動”を挙げる研究者もいます。伝播した背景には，確かにあらゆる地域が抱える活性化の問題があり，「よさこい祭り」や「YOSAKOI ソーラン祭り」の成功例が行政を納得させる良い前例になったというビジネスライクな理由があったとしても，「よさこい系」祭りの伝播には，ともかく「よさこい」を踊ってみたいという「祭りの生々しい感動」[◁1]を原動力にしたエネルギーを見ることができます。ごく普通の人々の心の中にある「感動」に注目するこの新しい視点は，「よさこい系」祭りに限らず，なぜ祭りは継続されるのかを考える時の重要なヒントを我々に与えてくれます。　（田邊　元）

▶1 塚田健一（2014）『文化人類学の冒険――人間・社会・音楽』春秋社，160-161頁；矢島妙子（2015）『「よさこい」系祭りの都市民俗学』岩田書院，109頁。

おすすめ文献

†矢島妙子（2015）『「よさこい」系祭りの都市民俗学』岩田書院。
†塚田健一（2014）『文化人類学の冒険――人間・社会・音楽』春秋社。
†吉澤友雅（1999）「創られた観光の踊り―― YOSAKOI ソーラン祭り」日本体育学会編集『体育の科学』49-7：550-554頁。
†坪井善明・長谷川岳（2002）『YOSAKOI ソーラン祭り』岩波書店。

4　スポーツと宗教

スポーツは宗教か

スポーツが宗教かって？

スポーツが宗教？　おかしな質問だと，きっといぶかしく思われるでしょう。日々の生活ではまず話題になりませんが，研究者は結構真剣にこの問題に取り組んでいます。

アメリカの社会学者のジョージ・セージ（George Sage）は1974年に次のように発言しました。「スポーツは，これを無視すれば現在のアメリカ社会の最も重要な諸側面の一つを見落としてしまうことになるほど浸透度の高い人間活動である。それは，教育，政治，経済，芸術，マス・メディア，それに国際的な外交諸関係にさえも広がりはいりこんでいる一つの社会現象である。選手として直接的にであれ，あるいは観客として間接的にであれ，とにかくスポーツにかかわることは，多くのアメリカ人にとってほとんど公共の義務と考えられている。もし，今日のアメリカに宗教が存在するなら，それはスポーツである，といわれてきたのである[1]」。

スポーツは確かに人々の暮らしの中にあきれるほど深く根付いています。オリンピックやサッカー・ワールドカップに世界中の人々が興奮する様子，健康のためにウオーキングや太極拳をする人の多さ，ヨーガ教室・エアロビクス教室・スポーツジムの繁盛のさま，イギリスのスポーツ・ブックメーカー[2]に集まる膨大なかけ金，どれも尋常ではありません。セージが驚いた40年前のアメリカの状況は，今日では，グローバルに見られる現象になっていると言えます。セージは，人々がこれほどまでにスポーツにのめり込む状況を宗教と表現しました。しかも，彼も言うように，こうした感覚は彼一人のものではなかったのです。

1973年にスポーツ社会学者のエドワーズが「もしアメリカに普遍的な民間宗教があるとすれば，それはスポーツ団体の中に見い出される[3]」と語りましたし，1971年の『ニューズウィーク誌』は「スポーツは魂にとって望ましいか」と読者に問いかけ，「多くの選手や観衆が神をある種の監督と見なすことは信仰とフットボールをともに卑しめることにはならないのではないかと自らに問いかけている」という状況を根拠に，「アメリカにおいてスポーツと宗教を分けることは不可能かもしれない」と評しているのです[4]。

▶1　ブランチャード，K.・チェスカ，A.／大林太良監訳／寒川恒夫訳（1988）『スポーツ人類学入門』大修館書店，1頁。

▶2　ブックメーカーはサッカーや競馬などスポーツ競技を中心に大統領選挙など，その結果に幅広く賭けを提供する政府公認の私企業。イギリスの例が古い。

▶3　宮田元（2006）「スポーツと宗教」天理大学体育学部編『武道と宗教』天理大学体育学部，6頁。

▶4　宮田，同上論文，5頁。

2 認定されるには

日本の宗教学者の宮田元は，スポーツと宗教の共通性を論じた先行研究をレビューして，「多くの者はスポーツと宗教の相似性，類似性に注目しているが，宗教とスポーツが完全に一致すると見る者は少ない[5]」と総括したのに続けて，その数少ない例としてプレビッシュ（C. S. Prebish）の考えを紹介しています。

それは，スポーツの中で人が「究極なるもの」を経験することを通して自己の在り方や生活を大きく変え，そうして得られたものを有益な仕方で社会に向けられるよう自己変容しうるなら，これを宗教と認めうるとするものです。宗教を究極的変容手段と見て，人がスポーツの中に自覚的に「究極なるもの」を体験するなら，そうしたスポーツは宗教と認定されると考えます[6]。

宮田は，アスリートが感じる「フロー体験[7]」や剣道家の「不動心[8]」といった心の体験がスポーツと宗教の接点になりうると述べています[9]。

3 パロディーを超えて

「究極なるもの」は神を含みますが，別に人格神である必要はありません。アニミズム[10]のように森羅万象が該当します。条件さえ満たせば，人が造った文化も神になりえます。スポーツしかり，音楽しかりです。実は宗教とはなにかという概念問題については，今日様々な理解が提案されていて，なじみのある「超自然的存在への信仰」や「聖なるものの体験」以外に，機能論的に思想まで含める状況にあります。定義次第で「スポーツは宗教か」への答え方も違ってきます。現にアルゼンチンのサッカー・スターであるD. A. マラドーナを崇拝するマラドーナ教は独自の典礼と10万人の信徒を持ち，ドイツのサッカー・クラブは自身のスタジアムに，会員のための洗礼を含めた冠婚葬祭を執りおこなう教会を設け，さらに会員のための墓まで用意するところがあります。ドイツと同様なことは，ヨーロッパや南米のサッカー・クラブにも見られます。

マラドーナ教は，本書「サッカー・マラドーナ教」（30-31頁）の項目で語られるように，その典礼はまさにキリスト教のパロディーですが，サッカー・クラブの方はキリスト教の典礼に真摯に則りながら，しかし現実の生き方をサッカー中心に設計し直そうとする試みと読めます。もちろん，ここでは全体を基礎付ける権威はキリスト教のままですが，パロディーとは言えマラドーナ教では信仰対象は既に生身の人間ですし，これは個人の志向性次元では確かに新しい宗教の出現と言えるでしょう。スポーツと宗教は，我々が思っている以上に親密になっていると言えます。

（寒川恒夫）

▶5 宮田，同上論文，8頁。

▶6 宮田，同上論文，8-9頁。

▶7 フロー（flow）はチクセントミハイが提出した概念。至高経験（peak experience）や最適経験（optimal experience）とも言う。

▶8 仏教で言うところの，自他が解消された悟りの心。

▶9 宮田，同上論文，39-40頁。

▶10 森羅万象に霊が宿っているとする考え。人類学者のタイラーが宗教の原初形態として提唱した。

おすすめ文献

†天理大学体育学部編（2006）『武道と宗教』天理大学体育学部。

†Guggeis, K. (2006) *Fussball*, Arnoldsche Art Publishers：Stuttgard.

†K. ブランチャード・A. チェスカ／大林太良監訳／寒川恒夫訳（1988）『スポーツ人類学入門』大修館書店。

4　スポーツと宗教

儀礼的スポーツ

神や精霊など超自然的存在に対する思いを言語で表現したものを神話と言うのに対し，これを行動によって表現したものを儀礼と言います。優劣を争うスポーツが，しばしば宗教の文化文脈に登場します。こうしたスポーツを儀礼的スポーツと呼びます。

1 決闘は神明裁判

どう考えても解決できない問題に直面すると，人は古くから神を頼ってきました。村でなにか事件が起き，当事者が言い争っている。話を聞いても，いったいどちらの言い分が正しいのか，わからない。そんな時，神に裁断を仰ぐ神明裁判がおこなわれました。方法は様々です。古代の日本なら探湯（くがたち）といって原告と被告にぐらぐら煮立った湯に手を入れさせ，ヤケドした方を邪としました。壺の中に石とマムシを入れておき，石を取り出させる方法もありました。なんとも心もとない裁判ですが，嘘を言った者は神に必ず罰せられるという恐怖心から自白をしたであろうと研究者は評価します。神明裁判は近代以前のどこでもふつうに見られたもので，その方法の１つに決闘がありました。あらかじめ，戦いの時と場所と方法，そしてどうなれば勝利とするかのルールが取り決められ，勝った方の言い分を正としました。その背景には，神は正しい者に味方する，つまり勝負は神の意思の表出であるという共通理解がありました。

例えば，台湾先住民のサイシャット族はかつて，村で何かもめ事が起き，犯人を特定できなくなると当事者が相撲をとり，正邪を判断しました。[1] こうした決闘は個人間ばかりか集団間にも利用されました。例えばオーストラリアのクイーンスランドに住むアボリジニーでは，部族どうしの対立が紛争にまで進みそうになると，代表どうしが棍棒試合で事を決することがおこなわれました。片手に棍棒，片手に盾を持って殴打を繰り返し，盾が割れるか，あるいは疲労困憊して“まいった”を言うまで闘いが続き，そうなると，老女が割って入り，敗者の命乞いをします。双方大した怪我をすることなく，試合は中止され，勝者の言い分が通りました。[2]

ヨーロッパでは近代になっても決闘の人気は衰えず，禁止令にもかかわらず，もっぱら社会のエリート層の名誉回復手段として19世紀まで続いたことが知られています。とりわけ有名なのは，1829年３月21日にロンドンのバターシー・

▶1　古野清人（1972）『古野清人著作集 第１巻』三一書房，318頁。

▶2　Feest, C.（1980）*The art of war*, Thames and Hudson, p. 28.

フィールドにおいて時の首相ウェリントン公爵とウィンチルシー侯爵がおこなったピストルによる決闘でした。[3]

▶3 山田勝（1992）『決闘の社会文化史——ヨーロッパ貴族とノブレス・オブリジェ』北星堂，2頁。

2 卜占と予祝の競技

勝ち負けの結果で，新しい年の吉凶を占うことも盛んです。青森県の深浦や鰺ヶ沢で春先におこなわれる綱引きでは，農家チームと漁師チームが対戦し，農家チームが勝てばその年は豊作，漁師チームが勝てばその年は豊漁と占いました。同様の農家と漁師の対抗綱引きは，石川県や福井県，佐賀県，鹿児島県などにも見られました。

他方，年の吉凶をただ占うのでなく，更に一歩を進めて吉になるよう強要する予祝という文化があります。あらかじめ吉の状態を出現させておくのです。呪術の“類は類を呼ぶ”原理[4]を用いるのです。沖縄本島の真栄里でおこなう八月十五夜の綱引きは村の東西地区対抗ですが，西が勝つと豊年と言い伝え，実際に西が勝つように綱の長さも引く人数も西が圧倒するように仕組まれています。

▶4 本書「呪術が創るからだ」（66-67頁）の項目を参照されたい。

こうした予祝競技はシベリアから北ヨーロッパにかけて春先によく見られます。冬に扮した男と夏に扮した男の戦いが相撲や競馬や競走などの形をとって盛んにおこなわれるのです。もちろん，冬を夏が打ち負かすことで，みんなが待ち望む春が一日も早く訪れることが期待されていることは，言を俟ちません。予祝の形をとるこうした儀礼的スポーツは，確かに競技ですが（そして競技でなければ意味をなさないのですが），全体としては演劇にとても近いところに位置していると言えます。

3 ラグビーの予祝ダンス

ラグビーにも同じ発想の予祝が見られます。世界の強豪チームであるオールブラックスは試合に先立ち，選手全員でハカを踊ります。ニュージーランドのマオリ族がかつて戦争に出かける時に踊ったものです。新しいバージョンでは，最後に，首に手を当てて，横に切り落とすポーズで極めます。物議をかもしましたが，“相手チームのメンバーよ，君たちはもはや首を落としている。勝利は我らが手中にあるのだ”というメッセージです。予祝ダンスと言えます。アフリカのブッシュマンが狩りに出かける時，あらかじめ踊りの形で，獲物の追跡，獲物の発見，獲物の射殺を演じておいてから，やおら出発したのと同じ営みです。成功を先に実現させておけば，あとは自然にそのようになる。人類のなんと息の長い習慣でしょう。

儀礼的スポーツは，宗教の文化文脈に組み込まれたスポーツを言いますが，その全体像は，これまで述べてきたところで尽きると言うのではありません。もっと規模壮大に展開するものがあります。これについては次項の「宇宙論とスポーツ」をご覧ください。

（寒川恒夫）

おすすめ文献

†山田勝（1992）『決闘の社会文化史——ヨーロッパ貴族とノブレス・オブリジェ』北星堂。

†瀬戸口照夫（2004）「スポーツと神話・儀礼・宗教」寒川恒夫編『教養としてのスポーツ人類学』大修館書店，45-51頁。

4　スポーツと宗教

宇宙論とスポーツ

宇宙論とは

ここに言う宇宙論は，138億年前にビッグバンで宇宙が始まり，膨張を続けながら今日にいたっているという科学の宇宙論ではありません。星空を眺めながら，古くから，人間は宇宙とどんな関係にあるのだろうと思いをめぐらせてきた，そのような世界観のことです。奈良県の明日香村で発見されたキトラ古墳の天文図はその代表で，四方の壁には，北に蛇と亀が合体した玄武，南に鳥の朱雀，東に青龍，西に白虎，そして天井には北極星を中心にした星座群が描かれています。宇宙を東西南北の四方位と中心でもって把握する宇宙論です。しかも，宇宙の中心を北極星に求め，世界の支配者としました。

宇宙をこのように四方位と中心の設計図で把握するのは，歴史民族学の研究によれば古代諸文明に共通した特徴です。古代人は，宇宙と地上とは対応関係で結ばれていて，地上に生きる人間は宇宙の設計図どおりに行動したり[1]，宇宙が発する運命や指示に適切に応える[2]ことで繁栄が保証されると考えました。宇宙論は，キトラ古墳のように可視的に表現されるもののほか，神話など言語でも表現されます。

▶1　王を地上における宇宙の代理者と見て，王が政治を司る都を四方位にしたがって矩形に造り，その中心に王の居所を設けたり，また円を天，方を地のシンボルとして王の墓所を下方上円墳に造るのは，その例。

▶2　天変地異を宇宙からのメッセージと見て星占いなどで吉凶を探り，対策を講じるのは，その例。

こうした宇宙論は，スポーツにも投影されました。競技が宇宙の象徴的構造を顕現させる文化装置として機能するのです。いくつかの例を見ましょう。

2　オマハ族のホッケー

アメリカにすむ先住民のオマハ族は次のような神話を持っています。“遥かな昔，主神ワコンダは世界の秩序を定めた。宇宙を分かって天父と地母とし，太陽と昼とに男性原理を，月と夜とに女性原理を与えた。かくして生命と世界の存在は，この宇宙的二原理の結合により保証されるにいたった。以来我々は，地上のすべての現象を，この原古の行為に則ってあらしめねばならない。”

そこでオマハ族の村では，北半分に天父に属するインシュタツンダ（空の人）が，南半分には地母に属するホンガシェヌ（地の人）が住み，結婚は必ず空の人と地の人の間でおこなうようになっています。こうした結婚形態を外婚制と呼びますが，それは天父と地母の原古における聖婚を再現し，それによって世界の存続を担保するためでした。

同じ共同作業は，部族にとって重要な社会的行為つまり野牛狩り，トウモロコシ栽培，雨乞い，また部族会議や葬儀についてもおこなわれました。スポーツも例外ではありません。彼らがタベガシと呼ぶホッケーの試合も空の人チームと地の人チームとが対戦します。試合は優劣を決定する対立行動です。両者の和合をもたらす聖婚とは距離があるように見えます。しかし，重要なのは"優劣の結果導出"ではなく，"競い合う過程"にあると考えられていました。つまりタベガシは，空の人チームと地の人チームとが競技の形をとっておこなう競争的共同作業として，原古聖婚を再現する文化装置として機能したのです。◁3

▷3 Haeckel, J. (1937) "Totemismus und Zweiklassensystem bei den Sioux-Indianern," *Anthropos*, 32: 795-802.

3 メキシコのウラマ

コルテス率いるスペイン軍が1521年にアステカを滅ぼすまで，メキシコを中心とする中央アメリカには古くからマヤなど古代文明が展開していました。こうした文明は石造りの球技場を持つのが特徴でした。今日も，開けた観光地や鬱蒼とした密林の中に立派な数多くの球技場が残っています。ルールは時代や場所で異なりますが，基本的には，数人でチームをつくってセンターラインを挟んで向かい合い，手のひら大の生ゴムを固めて造った4kgのボールを腰で突き合いました。相手コートに打ち返せなかった時に相手チームが1点を得て，決められた得点に先に達したチームが勝ちました。

図1 コデックス・ボルジア(21)の球技場面

(出典：▷4)

彼らが残した絵文書にこの球技の様子が描かれています。図1はコデックス・ボルジアと呼ばれる絵文書で，ここには，右に黒く塗られた夜のテスカトリポカ神，左に赤く塗られた昼のテスカトリポカ神が立ちます。テスカトリポカはアステカ最強の神で，片足が義足に描かれるのが特徴で，いくつもの顔を持ちます。両神とも手に馬蹄形の腰当を持っているところから，試合は既に終わり，そして右の神が大きく描かれたことで，勝ったのは夜のテスカトリポカであることがわかります。アステカは，宇宙は光と闇が絶え間なく戦う戦場であり，昼は光の神，夜は闇の神の勝利の時と考えました。戦いには供犠がともない，そこでこの球技場面でも，敗者である昼のテスカトリポカの前に立つ人物（顔を赤，身体を黒に塗って昼と夜の中間的存在であることを示す金星。明けの明星，宵の明星）が昼の神の代わりに胸に石剣を受けています。球技場の四隅に置かれた2個の心臓と1個のドクロと1個の骨盤は人身供犠を強調するものです。胸を割いて心臓を取り出すのは，アステカに一般的な供犠方法でした。球技場面はいろいろな絵文書に登場します。球技場は宇宙，ゲームは光の神と闇の神の戦いと考えられていました。◁5

（寒川恒夫）

▷4 Borgia, Codex (1976) Biblioteca Apostolica Vaticana (Cod. Borg. Messicano 1) Vollständige Facsimile-Ausgabe des Codex im Originalformat, Akademische Druck-u. Verlagsanstalt: Graz.

▷5 Krickeberg, W. (1948) "Das mittelamerikanische Ballspiel und seine religiöse Symbolik," *Paideuma*, 3: 118-190.

おすすめ文献

†A. レシーノス原訳・校注／林屋永吉訳（1977）『ポポル・ヴフ――マヤ文明の古代文書』中央公論社。
†Whittington, E. M. (ed.) (2001) *The sport of life and death: The Mesoamerican ballgame*, Thames & Hudson.

4　スポーツと宗教

サッカー・マラドーナ教

1 マラドーナ教とは

マラドーナ教（Iglesia Maradoniana）は，アルゼンチンのサッカー選手であるディエゴ・マラドーナ[1]を神として崇拝する宗教です。ジャーナリストであるアレハンドロ・ベロンとエルナン・アメスによって，1998年にアルゼンチンのロサリオで創始されました。2016年現在，アルゼンチンのみならず，世界60カ国に約12万人もの信徒を擁していると言われています。

マラドーナ教には教義の基本となる「十戒[2]」や，「the Lord's Prayer（主の祈り[3]）」と呼ばれる祈禱文が存在します。いずれもキリスト教のパロディーであり，混合宗教と言えます。またマラドーナ教は独自の暦を持ち，マラドーナの誕生日である1960年を元年としています。重要な記念日としては，彼の誕生日である10月30日がクリスマス，「神の手」ゴールが生まれた６月22日がイースターに制定されており，盛大に祝われます[4]。

マラドーナ教とは別に，マラドーナによって国内リーグ優勝を勝ち取ったナポリにも「マラドーナ信仰」が存在します。ナポリのバー「Bar Nilo」にはマラドーナの“聖なる”髪の毛や写真が祀られた祭壇があり，世界中からファンが集まります（図１[5]）。

図１　ナポリ市内のマラドーナの祭壇

（出典：Guggeis, K.（2006）*FOOTBALL One Game-Many Worlds*, ARNOLDSCHE, p. 134）

▷１　1960年生まれ。1986年ワールドカップのイングランド戦で決めた「神の手」ゴールと「５人抜き」ゴールはサッカーファンの伝説となった。イタリアのSSC ナポリではクラブを２度のリーグ制覇に導き，背番号10は永久欠番。

▷２　『旧約聖書』に登場する古代イスラエルの指導者，モーセが神から授けられたとする戒律。殺人や窃盗の禁止，他神礼拝の禁止など10項目からなり，キリスト教やユダヤ教の宗教的・倫理的基礎をなす教えである。

▷３　ほとんどのキリスト教の教派において，信者が神に祈りを捧げる際に唱える祈禱文。主禱文と呼ばれることもある。『新約聖書』にはイエス・キリストが弟子たちに祈りの方法を教える場面が記されており，それに基づく儀礼である。

▷４　Franklin, J.（2008）“He was sent from above,” *The Guardian*, 12 Nov. 2008. http://www.theguardian.com/football/2008/nov/12/diego-maradona-argentina（2016年４月12日閲覧）

▷５　Natalie Goltenboth（2006）“Santissimo Diego：Maradona for Ever in Neapolitan Hearts,” in Karin, Guggeis, *FOOTBALL One Game-Many Worlds*, ARNOLDSCHE, p. 133.

2 南北問題とマラドーナ

ただの悪ふざけのようにも見えるマラドーナ教ですが，マラドーナが崇拝の対象となっていったのには，様々な社会的背景があります。

その一つが「南北問題」，すなわち北半球と南半球の格差です。アルゼンチンは1982年にイギリスとのフォークランド紛争[6]に敗れました。4年後のワールドカップでの対戦は報復として強い注目を集め，マラドーナの活躍にアルゼンチン中が歓喜しました。政治的と経済的に強い影響力を持つ裕福なヨーロッパやアメリカといった北に対し，南の南米諸国やアフリカは常に“貧しく劣っている”と評価されます。その固定化された立場を逆転させ，南が優位に立つことを可能にするのがサッカーなのです。

ナポリにおけるマラドーナの人気にも南北問題が深く関わっています。工業地帯が集中し，ユベントスなど豊かなビッグクラブが集まるイタリア北部に対して，南米やアフリカから移民が集まり，またマフィアの拠点でもある南部は「イタリアのお荷物」と揶揄されます。SSC ナポリのマスコットはロバですが，これは「ナポリは役立たずのロバのようなもの」という北部からの評価を，自虐的パロディーに仕立てたものです。そのロバを導き，北部の強豪を押しのけて優勝を勝ち取ったマラドーナは，サッカーの域を超えた“ナポリの守護聖人”“ナポリの象徴”として崇拝される存在になりました。

3 プレースタイルと「我々らしさ」

フランスの社会学者であるC. ブロンバーガーは「ファンが彼らの町や会社，ナショナルチームに強く同一化するとすれば，その理由は，チームがそのプレースタイルを通じて，ある特定の集合的存在の象徴として認識されるからである[7]」と論じています。例えばSSC ナポリのプレースタイルは，“攻撃的”や“敵を鮮やかに欺く”などと表現されます。この言葉は，単にチームを説明するだけでなく，快楽主義的で陽気な，そしてその一方でずる賢さも併せ持つナポリという街のイメージを投影しているとブロンバーガーは言います。そしてその中心にいたのがマラドーナなのです。

彼のプレースタイルや行動はサッカーの次元にとどまらず，ファンに，「アルゼンチン人であること」や「ナポリ市民であること」とはどういうことかを強く意識させます。常に貧しい南側に立ち，ずる賢く鮮やかなプレーで北の権威を打ち破るマラドーナは，まさしく「アルゼンチン人らしさ」「ナポリ市民らしさ」そのものです。マラドーナ教は，そうした彼に対する人々の情熱の一つの顕れとみることができるでしょう。

(海江田保雄)

図2 映画『マラドーナ』

▶6 大西洋上にあるフォークランド諸島の領有権をめぐり，1982年3月から3カ月間アルゼンチンとイギリスのあいだでおこなわれた戦争。

▶7 Bromberger, C. (1993) “‘Allez l'O. M., forza Juve’ : The passion for football in Marseille and Turin,” in Redhead, S., *The Passion and the Fashion : Football fandom in the New Europe*, Avebury, p. 119.

おすすめ文献

†ディエゴ・アルマンド・マラドーナ／金子達仁監修 (2002)『マラドーナ自伝』幻冬舎。

†北村暁夫 (2005)『ナポリのマラドーナ――イタリアにおける「南」とは何か』山川出版社。

†エミール・クストリッツァ監督，ホセ・イェバネス製作 (2008)『マラドーナ』(映画)，スペイン・フランス合作，キングレコード。

5　遊びの人類学

『ホモ・ルーデンス』の読み方

『ホモ・ルーデンス』はオランダの文化史家ヨハン・ホイジンガ（Johan Huizinga）が1938年に発表し，その後，多くの国で翻訳され，また思想家・哲学者に知的刺激を与え続け，今日なお読み継がれる影響力の大きい遊戯論書です。スポーツ人類学を支える基本図書の一つです。ホモは「人」，ルーデンスは「遊ぶ」を意味します。

2つの視点：世俗的遊戯論と超越的遊戯論

この書では遊びが2つの異なる視点から論じられています。一つは，文化と遊びの発生問題の視点です。この問題はホイジンガ以前から取り上げられていました。彼は言います。「文化は遊びの形式の中に生まれた」と。この発言は衝撃的でした。それまでヨーロッパでは遊びの発生については，イギリスの人類学者のタイラーが唱えた残存起源説[1]（遊びは，真面目な文化が時の経過とともに有用性を失い，まるで退化器官の盲腸のように，形だけが残ったものという説明），つまり遊びは文化から生まれたと考えるのが常識だったからです。ホイジンガは，彼の命題証明のために，綿密な作戦を立てます。まずは，遊びの質の抽出です。彼は，乳児や動物の仔の遊びでなく，人々がふつうにこれは遊びであると認めている様々な遊びを「社会的な遊び」「社会的構造体」と言い換え，この遊びを成り立たせているのは“約束ごと”（人と人との，また自分と自分との“これは遊びである”という取決め）であり，それが「競争」や「表現」として遊ばれると考え，次に，人間の代表的な文化行動である法律，戦争，知識，詩，哲学，芸術，政治，スポーツなどが「競争」や「表現」をどのように質として孕んでいるかを，古今東西の膨大な資料を渉猟して証明しました。

見事でした。扱った時代は，民族学的に再構成されたいわゆる未開社会から彼が生きた20世紀にまで及んでいます。『ホモ・ルーデンス』のほぼ全ページを占めたのが，この文化と遊びの発生問題でした。そして，ふつう，この結論こそ『ホモ・ルーデンス』の成果と評価されます。この評価に異論はありませんが，「社会的な遊び」「社会的構造体」つまり現実の遊び種目から構築されたこの遊戯論は，彼以前の遊戯論者と同じ次元に立つ，いわば世俗的遊戯論と呼んでよいものです。ことによると，ホイジンガ自身が願ったのは，もう一つの方だったかもしれません。

▶1　残存起源説については，本書「タイラーの残存起源説」（12-13頁）の項目を参照されたい。

2 真面目と遊びの止揚

“すべては遊びなり。”この命題は『ホモ・ルーデンス』の最初と最後に顔を出します。与えられたページは僅かで，一見瑣末に見えますが，パンチがあります。この命題は不思議で厄介です。“すべては遊びなり”は，既にして上に述べた彼がこれから証明しようとする問題「文化は遊びの形式の中に生まれた」に対する一つの解答になっているからです。そこでホイジンガはこの命題を「序」において，「古代の知恵」「古い嘆息」と呼び，「この形而上学的結論で満足する人は本書を読むべきではない」と，いったん否定あるいは無視します。ところが，本書の締めくくりで再び取り上げます。興味深いのは，その論じ方が，文化と遊びの発生問題でとった形而下学的文化史方法と違って形而上的なものでした。プラトンの遊び言説（人はそもそも神を喜ばせる玩具として創られたのであり，人にとって最高の真面目とは神と関わることである）とキリスト教のテキスト『箴言』に記された神の最初の創造物である知恵の遊びの話（第8章30・31節「わたしは愛児として彼（神）の傍らにあり，日々わたしは彼の喜びとなり，いつも彼のみ前に遊んでいた。人の住む彼の世界を楽しみとし，人の子らはわが喜びであった」[2]）を持ち出し，遊びを神の問題領分に引き上げたのです。この発想は，本書出版の5年前におこなった講演「文化における遊びと真面目の境界」で予告されていました。そこでは，ルター[3]の「すべて創造物は神の仮面無言劇であり，目に見えない神はこれによって，またその背後に，みずからの世界を顕現する」[4]を引いて，遊びは神の意志であり，そして神のもとで遊びと真面目の対立は解消されると説きます。この論法は，神のもとにおける一切の対立の止揚を説いた15世紀の思想家クザーヌス[5]を思わせるものです。「文化は遊びの形式の中に生まれた」から“すべては遊びなり”，ではないのです。「人の精神は神に向き合うことで初めて遊びの魔界から解放される」というホイジンガの切ない言葉は，遊び研究がいかに困難であるかの吐露でありましょうか。しかし，神というオールマイティー・カードを切ったのは，それこそルール破りの禁じ手と文句が出そうです。超越的遊戯論なのです。

3 なぜ遊びなのか

『ホモ・ルーデンス』は遊びによる人間論です。人間の本性を“理性”に求めたそれまでのホモ・サピエンス（理性）説やホモ・ファーベル（工作）説に対する鋭い抵抗でしたが，なぜ遊びが選ばれたかは不明です。理性や合理が真面目をニュアンスとして持っていたからでしょうか。今後の課題です。理性の強調が人と動物の不用意な質的断絶を導き，それが人間論を歪めると論じられる今日，ホモ・ルーデンスがわずかながらも“動物も遊ぶ”と認めたのは評価されます。この視点は，後のベイトソン[6]に受け継がれます。　（寒川恒夫）

▶2　関根正雄・新見宏（1974）『知恵と黙示――聖書の世界　別巻一・旧約1』講談社，54-55頁。

▶3　マルティン・ルター（1483-1546年）。16世紀ドイツのキリスト教神学者で宗教改革を主導し，ローマ・カトリック教会から破門される。初めて聖書のドイツ語訳を完成させ，聖書を民衆に近づけるのに貢献した。

▶4　Huizinga, J. (1933) *Over de grenzen van spel en ernst in de cultuur,* Haarlem – H. D. Tjeenk Willink & Zoon N. V., p. 26.

▶5　ニコラウス・クザーヌス（1401-64年）。15世紀の西洋キリスト教世界における最大の思想家の一人と評価される人物で，『知ある無知』『神の探求について』『神を観ることについて』などの著作がある。司祭，教会法学者であり，神のもとの矛盾の止揚を説く神秘主義的思想家として知られるが，他方，今日の構造存在論やシステム理論の先駆者という評価もある。日本では，1882年に日本クザーヌス学会が発足し，活動を続けている。

▶6　本書「ベイトソンのメタコミュニケーション説」（14-15頁）の項目を参照されたい。

おすすめ文献

†ヨハン・ホイジンガ／高橋秀夫訳（1973）『ホモ・ルーデンス』中央公論社。

†Huizinga, J. (1955) *Homo ludens : A study of the play-element in culture,* Beacon Press : Boston.

†寒川恒夫（2014）『日本武道と東洋思想』平凡社。

5　遊びの人類学

遊びの社会化・文化化機能

1 遊びが学び

特定の民族集団で人が成長する過程において，それぞれが属する文化を無意識的に習得していく過程を「文化化」あるいは「社会化」と言います。遊びには，子供たちが主体的に楽しみを求めながらも，その社会に適した成員としての振る舞い方や価値観といった文化コードを習得させる機能があります。大人として望まれる理想像をままごとのようなごっこ遊びの中で子供たちが演じることは，これまでの遊び研究では，大人への生活準備とみなされてきました。文化人類学においては，遊びの社会化・文化化について，民族誌の中で描かれています。[1]

タイの子供たちの遊びについて丹念に調査をした人類学者のアンダーソン（Wanni Wibulswasdi Anderson）は，様々な遊びが当該地域の文化を体現すると述べています。例えば，鬼ごっこの一種の「ムチ打ち」では，子供をしつけようとする母親が子供を追いかけ，逃げる子はなんとか母親の罰から逃れようとおばあさんのところに助けを求めます。その鬼ごっこのやりとりの中に，母は子供のしつけに厳しく，祖母は孫を甘やかすという人間関係が描かれていると報告されています。子供たちは遊びながら，自分の属する集団の価値観や規範，コミュニケーションの取り方，仕草や動作なども含めた文化を習得していくのです。

2 フッタライトの子供の遊び

カナダの宗教的少数民族のフッタライト[2]（Hutterites）は，現代の北米において厳格なキリスト教徒であろうとする集団です。北米社会には同化せず，自らの生活基盤であるコロニーの中で，質素倹約，滅私服従をモットーに，共有財産制の自給自足生活を営む人々です。フッタライトの子供の遊びには，男女の役割習得，社会的位置付けの確認，集団とその境界意識の内面化といった文化化機能がみられます。ごっこ遊びはもっぱら大人の役割をなぞる仕方で，女児は女性の役割である子守，洗濯，食事，畑仕事を演じ，男児は男性の役割である農作業や大工仕事などをトラクターやハンマーなどの玩具を用いて遊び，また活発に動き回る遊びをします。

フッタライトが年功序列に厳格であることも子供の遊びに反映されます。赤

▶1　文化人類学者のマーガレット・ミードは，著書『サモアの思春期』の中で少女たちの日常生活をつぶさに観察しながら，遊びの中でその後に必要となる技や知識，価値観や規範などを学ぶ様子を描いている。例えば，少女たちは遊び道具として植物を扱いながら植物に関する知識を，また椰子の葉の首飾りを編みながらその技を習得する。そうした知識と技は，熟練者となって運搬用のバスケットや就寝用のマットなどをたやすく編めるなど，その後の人生に生かされていく。

▶2　フッタライトについては，本書「フッタライトの生活と遊び」（38-39頁）の項目を併せて参照のこと。

ん坊を除いては，年上の子供が幼少期の子供に滑り台やトランポリンなどの順番を譲ることはありません。むしろ幼少期の子供たちが遠慮するような態度をとり，一方，年上の子供たちは我がもの顔で遊具を独占する様子がみられます。

加えて，彼らの鬼ごっこは動物をモチーフにしますが，それは動物を安全地帯から他の安全地帯へ移動させるもので，境界線を意識させる機能を有しています。逃げ込む安全空間が表象するのは，コロニーという彼らの共同体と考えられます。コロニーは，彼らを外部から隔離し，守る共同体です。外部社会との接触を極力避けるためには，外部の恐ろしさを知らせるとともに，コロニーこそが安全であるという空間的認識を身に付けさせる必要があり，そのための遊びであると言えます。

3 ホロコーストでの遊び

遊びは，大人社会の有り様を子供が子供の目線でまねるという意味において，大人の鏡と言ってよいでしょう。子供は大人社会の悲惨な戦争までも遊びにするという，ある種のたくましさを持ち合わせています。第２次世界大戦時に収容所というまったく想像もできない地獄のような世界に突如として入れられた子供たちが，目の当たりにした大人の残虐な行為を「葬式ごっこ」「墓堀ごっこ」「死人の衣服の返還」といった名称の遊びにしていたことを，ジョージ・アイゼンの研究は明らかにしてくれています。いかなる苛酷な世界であっても，少しでも楽しいことを希求していこうとする子供たちのたくましい姿として受け止めることができます。そうした遊びを通じて，子供たちは凄惨な収容生活の中の暗黙の規範や価値観，そしてなによりも生き抜く術を習得していったとも言えるでしょう。アイゼンはホロコーストの回想録やインタビューから，文化化による同化はそうした悲劇的な惨状への適応であったと述べています。こうでもしなければ，子供たちは，狂気に満ちた大人たちが作り上げたホロコーストという不条理な社会で，それこそ生き抜こうとする力も湧きあがらなかったのではないでしょうか。

（田里千代）

図１ ままごと遊びでは家庭での役割を習得していく

（出典：筆者撮影，2013年３月）

おすすめ文献

†ジョージ・アイゼン／下野博訳（1995）『ホロコーストの子どもたち』立風書房。

†マーガレット・ミード／畑中幸子・山本真鳥共訳（1976）『サモアの思春期』蒼樹書房。

5　遊びの人類学

人類の遊び時間と労働時間

人類は，オーストラロピテクスから数えて600万年，現生人類のホモ・サピエンスから数えて20万年の歴史を持っています。その大部分つまり古代文明以前，狩猟と採集によって生活していた時代に人類はどれほど遊び，どれほど仕事をしていたのでしょう。

“その問題はおかしい。道具と言えば槍や弓，棍棒ていどで，これで動物を狩っていたのだから，日がな一日狩に追われ，遊ぶ暇などなかったはずだ。何百万年もの間，採集狩猟にとどまったのは，文化を発達させる時間的余裕を人類が持たなかったからである。”

本当にそうでしょうか。だれもが思い浮かべる，この食べ物探しに追われる貧しき原始人のイメージは，実は，考古学が創ったものでした。考古学が資料とする遺物とは別の資料に拠れば，違ったイメージがあらわれます。ここでは，文化人類学，わけても20世紀後半に発達した経済人類学や生態人類学の成果に基づき，最初の人類の遊び時間について考えてみます。

経済人類学や生態人類学はフィールドワーク（現地調査）によって立論します。狩と採集で現に生活している人たちの中に入り，暮らしをともにしながら観察を進めるのです。人類が誕生した熱帯と亜熱帯で，驚くべきことが明らかになりました。

 初めの社会

仕事は，男が狩，女が採集と一応役割分担が決まっているのですが，さて，一日の仕事が終わって，得られた食料を測ってみますと，女が集めた食材（植物や昆虫類など）は全体の８割，男が狩ってきた肉は２割，というのが平均でした。ライオンと同様，狩は成功率が低く，いつも肉が手に入るとは限らないのです。これに対し，植物は逃げません。どの季節どこにどんな植物が生っているかの情報さえあればよいのです。いきおい，生活は１年を通して安定的に供給される食材に基礎を置くことになります。この意味で，生活を実際に支えたのは男でなく，女であったと言えます。それでは，栄養価はどうでしょう。集められた食料を家族の全員で割った，一人当たりの平均は2300Kcal ほどでした。この数字は，今日の厚生労働省が示すものに近いものです。

それでは，これだけの食料を集めるのに，どれほどの時間がかかったのでしょう。２-３時間が平均でした。狩猟採集という生業形態は，この社会のバ

ンドという小規模集団にとって，けっして不都合なものではなかったのです。1日24時間から労働の2-3時間を引いた残りが，余暇の遊び時間です。もっとも余暇に恵まれた人たちという敬意をこめて，サーリンズ（M. Sahlins）はこの社会を「初めの豊かな社会（original affluent society）」と名付けました。[1]

古代文明以前の時代の名前が「原始時代」や「未開時代」から「初めの豊かな時代」に改められる時もそう遠くないでしょう。

2 遊び時間の減少

狩猟採集を経て人類が農耕を始めると，労働時間は増えていきますが，これが急激に増加したのが18世紀後半の産業革命の時代でした。機械の導入で熟練の技を必要としない，子供にもできる単純労働が蔓延すると，労働単価は急落し，いきおい生計を維持するには長時間労働が不可欠になりました。イギリスで1802年に発布された一日の労働時間を12時間以内と定める工場法[2]は，この時代の長時間労働の過酷さを物語っています。

以後，労働運動は労働時間の短縮を軸に展開しますが，1919年に国連の国際労働機関（ILO）は工業労働者の労働は一日8時間，一週48時間以内とする条約を採択し，現在にいたっています。一週48時間は一日平均7時間弱で，とうてい狩猟採集民の労働時間には及びません。狩猟採集民は確かに人類史上もっとも時間に恵まれた人たちでした。何百万年もの間，生業形態が変わらなかったのは，新しい形態を考える時間がなかったためでなく，変える必要がなかったからでした。

3 狩に追われる貧しき原始人のイメージがもたらしたもの

生きるため，食料を手に入れるために，一日中獲物を求めて働く貧しき原始人。人類のスタートを，このようにマイナスイメージで描くことは，進歩を説く人にとって，とても都合の良いものでした。“人類は窮状を脱するために農耕を発明し，産業社会を作ったのだ。農耕と産業は採集狩猟の貧困に対する勝利宣言であり，人類は確実に明るい未来に向かって進んでいる。”進歩論者にとって，人類の最初の状態を無知蒙昧な困窮状態に置くのはとてもありがたいことだったのです。更に，こうした困窮にあって必死に家族を守ったのは男であるという男性優位観も満たすことができました。しかし，これが実情ではなく，日々の生活を支えていたのは女の採集活動であったことは上述のとおりです。

もちろん，男のために言っておかねばならないのは，男がもたらす肉はみんなが望む貴重品であったこと，また，男は食料供給の面ではたいして役に立ちませんでしたが，彼らがおこなった狩猟活動は儀礼や神話など，この社会の精神生活を大きく規定したことです。[3]

（寒川恒夫）

▶1　サーリンズ，M.／山内昶訳（1984）『石器時代の経済学』法政大学出版局。

▶2　正式名称は26語から成る長文のため，先頭の数語をとって「徒弟の健康及び道徳法」と訳される。イギリスと世界における最初の工場法。被適応者の年齢は明記されないため成人も適応範囲に含まれたが，主眼は年少者保護に置かれていたとされる。尾形利雄（1960）「教育上からみた英国『徒弟の健康及び道徳法』」『教育学研究』27-1：19-28頁参照。

▶3　大林太良（1972）「解説・生産儀礼と年中行事」『現代のエスプリ』60：97-102頁。

おすすめ文献

†M. サーリンズ／山内昶訳（1984）『石器時代の経済学』法政大学出版局。
†大河内一男（1974）『余暇のすすめ』中央公論社。

5　遊びの人類学

フッタライトの生活と遊び

1 遊びのない社会？

突然ですが，「遊びは禁止」と言われたらどうしますか。わくわくドキドキするような遊びがないとしたら，想像するだけで面白みのない世界でしょう。

これまでの研究では，その閉鎖的な社会であるがゆえに，「遊ばない人々」として見られてきた宗教的な少数民族がいます。北米に暮らすキリスト教のプロテスタント系に位置づけられるアナバプティスト派（再洗礼派[1]）のフッタライト（Hutterites）と呼ばれる人々です。彼らは聖書主義を掲げており，質素倹約かつ禁欲的な生活を送る宗教集団です。信仰生活に向けた心構えや価値観を具体的に記した彼らの教義には，トランプや楽器などの演奏は禁止されています。

2 フッタライトの暮らし：共同体コロニーでの信仰生活

もともとフッタライトは，16世紀にヨーロッパのチロル地方に暮らすヤコブ・フッターを指導者として形成された宗教集団でした。その指導者の名にちなんで，フッタライトと呼ばれるようになりました。当時のキリスト教では幼児洗礼を施していましたが，フッタライトは信仰に生きることを決意した時点での成人洗礼を実践しました。これまでのやり方とは異なる信仰の方針に異端とされ移住を繰り返しながら，19世紀になると北米大陸に移り住みました。

彼らは，共有財産制で100人前後の共同体であるコロニーを形成し，今では500近くのコロニーが北米の主に平原地帯に点在しています。コロニーに暮らす人々は親族関係にあり，広大な敷地の中で農業・畜産業で生活費，それから新規に増設するコロニー[2]のための資金をまかなっています。

信仰に捧げる生活が最重視され，毎日必ずコロニー内の教会で神への祈りが捧げられ，週末には朝の２時間の礼拝が加えられます。こうした信仰の合間に，大人は共同でおこなう労働作業，子供たちは学校[3]にいきます。信仰以外は，基本的に無駄なく速やかに物事を済ませることが求められるため，食事も全員揃って食堂でとり，無駄口もききません。また労働は，合理性を追求した結果，農業，畜産業ともに機械化とコン

▶1　現代のアメリカにおいて，今でも電化生活に頼らず生きる「アーミッシュ」と呼ばれる人々も再洗礼派に属する。車は使わずに馬車を用いて，なんとも牧歌的な姿であること，またアーミッシュの女性たちが織りなすキルトは日本でもよく知られていることから，スローライフの理想としてメディアなどでも取り上げられることが多い。

▶2　成員が100人以上となった場合に，新たなコロニーを新設して半数がそちらに移る。この枝分かれをしながら，その数を増加させている。人口の増加は，神を信仰する人々を増やすことにつながるとされる。そのため，フッタライトの出生率は高く，一家族に６－７人の子供がいることは当たり前であった。近年で

図１　16世紀のフッタライトの装い

（出典：Global Anabaptist Mennonite Encyclopedia Online. http://gameo.org/index.php?title=File:AMC_X-31-1_17_30.jpg&filetimestamp=20130823170825（2016年４月１日閲覧）より抜粋）

ピューター化が進められています。質素倹約といった生活スタイルからは，そうした最先端技術を取り入れたやり方とのギャップに，外部の人々は戸惑う[4]ことも少なくありません。

3 遊びは信仰心を高める仕掛け

遊びに話を戻しましょう。信仰を妨げることは「肉を喜ばせること」として禁止され，遊びもそれに相当するという考え方があります。しかしながら，日常生活をつぶさに観察してみると，必ずしもすべての遊びを禁じて排除するわけではないことが見えてきます。

基本的に彼らは遊びを３つに分類して捉えています。１つは「子供の遊び（shpil）」で，洗礼前の子供のままごと遊びや乗馬などがこれに当たります。こうした遊びは，大人になるための役割習得として解釈されることで受け入れられます。２つ目は，大人の「肯定される遊び（shpas）」で，特に祝祭時には歌やジョークを言い合ったり，野球などに興じたりします。これらは信仰の妨げとなるどころか，日頃の労働からのガス抜き的な役割を果たすとされます。そうした遊びは日頃の疲れやストレスを解消させ，再び信仰やなすべき労働に戻ることに意識を向けさせ，結果として「神を喜ばせること」につながるとして容認されるのです。

３つ目の遊びは，「否定される遊び（lust）」であり，特にフッタライトの若者たちに見られる逸脱した遊びで，音楽を流してダンスをしたり，コロニーから抜け出して外の遊び（映画館や遊園地に行くなど）に興じることなどがそれに当たります。彼らは，禁止されている遊びを大人の目を盗んでおこないます。実は，大人たちは若者たちの企みを知ってはいますが，あえて見て見ぬ振り（黙認）をするのです。ここに大きな仕掛けがあり，否定される遊びをする（大人から見れば黙認して遊ばせる）ことが，若者たちに罪悪感を植え付けることになります。彼らが一人前の大人として認められるためには，洗礼を受けなければなりません。洗礼はおおむね20歳前後になる時期ですが，それに先立ちおこなわなければならないことは，罪の告白と懺悔です。これまでの罪とされるおこないをすべて洗いざらい告白し，懺悔と許しを請うことが求められます。否定された遊びをしてきたことは，自己の中に大きな罪悪感として刻まれています。この罪の告白により自己の深い内省を促し，それがより一層信仰心を高めることにつながると考えられています。

大人が「否定される遊び」に手をだしたらどうなるのか。コロニー内で査問会に諮られ，制裁として一定期間隔離され，その後に全成員の前で懺悔をおこなうか，もしくは破門という厳しい措置がとられます。（田里千代）

は，急激に出生率を下げており，２－３人程度となっている。

▶3　コロニーには学校もあり，平日の日中は外部から教師が派遣され，それぞれの地域の義務教育課程の内容が英語で教えられている。その他に，15歳までの子供たちには，彼らの信仰上での言語である高地ドイツ語による教義についての学習が与えられる。

▶4　新たなコロニーの設置には，広大な農地がともなう。閉鎖的かつ信仰に則った質素な生活である一方で，大型トラクターなどの機械化や最新技術を搭載した養豚場などといった畜産業を大規模展開し，利潤を最大限に追求しようとする姿勢に対する近隣農家からの反発と警戒心は強い。

おすすめ文献

†榊原厳（1967）『殉教と亡命――フッタライトの四百五十年』平凡社。

†Hofer, Samuel (1998) *The Hutterites : Lives and Images of a Communal People*, Hofer Publishers.

†Janzen, Rod and Stanton, Max (2010) *The Hutterites in North America*, The Johns Hopkins University Press.

†田里千代（2002）「遊びの宗教的解釈と日常的実践――キリスト教系少数民族フッタライトの事例」早稲田大学博士学位論文。

遊びの季節：狩猟採集民・農耕民・遊牧民と遊び

人は，自分の意志でいつでも遊ぶことができ，実際にそうしていますが，“この日は遊ぶもの”と社会的に決められた遊びの季節があります。「怠け者の節句働き」という諺は，節句はみんなが一緒になって仕事を離れ，神と過ごす楽しい遊びの時間ですという認識が表出されたものです。世界には，様々な遊びの季節があります。ここでは，伝統的な生業サイクルの中に，遊びの季節がどのように位置付けられているのかを見てみましょう。

1 狩猟採集民

狩猟採集という生業は自然環境にうまく対応して営まれます。一年のどの季節にどこに行けばどんな植物と動物が手に入るかの情報が遠い先祖から伝承されていて，これに拠って，広大な土地を毎年一定のルートに沿って循環移動します。この時，比較的食料が容易に沢山手に入る季節が遊びの季節になります。

シベリアの東北部に住むユカギール族は秋から冬は森林で，春から夏は北のツンドラで生活します。氷が解けて川と沼地が現れたツンドラでは，魚と野鳥それに野生の果実が手軽にふんだんに手に入ります。生活が厳しい冬の森林では100人を超えないバンド[1]単位で生活していた彼らも，夏のツンドラでは，数バンドが集まり，盛んに交流をおこなって旧交を温めます。この時，歌や踊り，若者の様々な力比べに交じって，シャマン[2]の術比べもおこなわれます。もちろん，若い男女のふれあいの機会でもあります[3]。

▶1　狩猟採集民に見られる遊動的な集団の単位を言う。

▶2　神や精霊と交流する力を持ち，託宣，予言，治療などをおこなう宗教的職能者。日本の巫女，イタコ，ユタなど，世界におこなわれる。

▶3　Forde, C. D. (1971) *Habitat, Economy and Society*, Methuen and Co. Ltd.：London, pp. 101-106.

2 農耕民

農耕民では，植え付けと収穫が彼らの生活に秩序とリズムを与えます。植え付け（実際にはこれに先立つ耕地の整備）から収穫までが農耕季を成し，農耕季から次の農耕季までが休農季です。遊びの季節は休農季に訪れます。

ハワイがまだ王国であった頃，1年は30日の12カ月に分かれ，残りの5日とこれに続く約1カ月をロノ神に奉げる新年祭として祝いましたが，この時が遊びの季節でした。

新年祭はスバル星が現れる10月中旬と定められていましたが，この時は春に植えたヤム芋が収穫された直後の休農季開始時に当たっていました。年と収穫の神であるノロ神の像と競技の守護神であるアクアパウニ神像・マカワヒネ神像が立てられ，人々は海に入って身を清め，新衣に着替えて祭りの始まりを待ちます。祭りの最初の4日間は一切の労働が禁じられました。王が支配する島々からは祭りと競技に参加する人々が集まってきます。この間，歌舞や宴会に交じって，ボクシング，相撲，槍投げ，競走，土の坂でおこなうスケルトンなどなど，様々な競技がおこなわれました。祭りの24日目には島々を巡って年貢を集めてきた舟が戻り，王の体力テストであるカリイ（槍の試練）[4]がとりおこなわれると，その翌日，神像は片付けられ祭りも終わります。[5]

3 遊牧民

遊牧という生活様式は比較的新しいものです。古代文明を支えた穀物栽培と大型家畜飼養の混合経済の中から，大型家畜飼養が独立することで生まれました。その分布はアジアとアフリカに限られます。アフリカでは牛，中央アジアでは馬や羊，北アジアではトナカイがもっぱら飼われました。遊牧する動物はすべて草食であり，彼らの生業サイクルは完全に畜群が食う草（それに水）に律せられています。人の食料もまた畜群から得られるもの（乳，肉，乳製品）に原則頼っています。

中央アジアのモンゴルの遊牧民は，冬の住地と夏の住地を往復する生活をおくります。春，草原が芽吹くと，これを合図に移動を開始し，到着まで，何度もパオ（円筒形のテント）を建て替えながら，畜群に草を食べさせつつ，ゆっくりと夏の住地に向かいます。夏住地でまるまる一夏を過ごしたあと，秋の訪れとともに，再び冬住地に戻ります。この夏住地の時が彼らの遊びの季節です。畜群は十分に草を食み，丸々と肥え，チーズやバターや馬乳酒[6]の原料である乳をたっぷり出します。遠近から集まった多くの人に肉や馬乳酒が存分にふるまわれる楽しいナーダムの祭りが各地で催されます。この時，競馬，弓，相撲で腕比べをするのが習わしになっています。

中央アジアを離れて北シベリアにすむようになったヤクート族は，一年に2度，祭りをおこないます。冬小屋を離れる春と，夏地を離れる秋です。秋の祭りは破壊と悪の諸神に向けられ，冬に飢饉や病や死が迫った時にのさばらないようにと願い，夜間，野外で馬乳酒撒布と馬供犠で荘厳に執りおこなわれます。これに対し，春の祭りは明るく楽しい性格のものです。大地を緑によみがえらせた創造主アユー・ウシャハに，畜群が増えるよう，干し草がよく収穫できるよう，人や畜群が健康であるようにと願い，昼間，野外で盛大に馬乳酒祭りが催されます。肉，バター，馬乳酒がたっぷり用意されたテーブルに一族が集まり，これに他の氏族の人も招かれ，若者と娘による春と恋を讃える合唱と舞踊，また競馬，競走，相撲，弓の競技などで盛り上がります。[7]

馬乳酒祭りはナーダムのように夏におこなうのが普通ですが，より厳しい環境に住むヤクート族では，春に，その年一年の幸運を先取りする予祝行事の性格を持つようになったと言えます。

（寒川恒夫）

▶4　ハワイの王は毎年の新年に統治に耐える力を持つかが試され，部下たちが投げつける槍を素手で摑むか払うことで力を証明した。王の力は王国の力のバロメーターであり，衰えた王は強い王に替えることで王国の存続が担保されるとする宇宙論が背景にある。本書「ハワイのマカヒキゲーム」（178-179頁）の項目も参照されたい。

▶5　Culin, S. (1899) "Hawaian Games," *American Anthropologist,* NS, 1-2：201-247.

▶6　馬の乳から造ったアルコール度数が数％の酒。クミス。遊牧民の夏の主要な食料。

▶7　ハルヴァ，ウノ／田中克彦訳（1971）『シャマニズム――アルタイ系諸民族の世界像』三省堂，505-508頁。

おすすめ文献

†荻原眞子（1990）「北方狩猟民のスポーツ」『体育の科学』40-7：502-507頁。
†寒川恒夫（1990）「アジア稲作民のスポーツ」『体育の科学』40-7：508-511頁。
†松原正毅（1990）「遊牧生活とスポーツ」『体育の科学』40-7：512-515頁。

第Ⅱ部

スポーツ人類学の諸相

イントロダクション

スポーツ人類学の近年の関心を概観します。とても多様です。本書の中心部分です。

スポーツするからだ，健康，動き，学び，部活，これらは体育学やスポーツ科学の核心的問題ですが，これを文化の問題として論じます。そのために「エスノサイエンス身体論」といった聞き慣れない，しかし有効な新しい言葉も創られました。

マンガは日本生まれながら，今や国と老若男女を問わず人気と影響力が桁外れに大きいグローバル文化です。そのジャンルにスポーツマンガがあります。『キャプテン翼』は，少し大げさに言えば，ジダンやネイマールを創るのに貢献しました。武道マンガに限らず，マンガには日本文化がぎっしり詰まっています。スポーツマンガの文化分析をスポーツ人類学が先導します。

ユネスコは2003年に人類無形文化遺産制度を始めますが，これはどの民族も持つ日常的で伝統的な文化を観光資源にするのに役立っています。伝承的な舞踊やスポーツが登録され，新しい持続可能な文化資源として活用されています。こうした民族スポーツ観光をめぐる文化政策問題が紹介されます。更に観光と関わる敏感な問題に動物スポーツがあります。動物と動物を闘わせたり，動物に乗ったりなど，動物を生きたまま楽しみの手段にする文化に倫理的批判が加えられるようになりました。動物スポーツと動物愛護の共存をめぐる文化問題です。

民族スポーツが持つエスニシティーやナショナリティーなどアイデンティテイー醸成問題や，競技場そのものを文化シンボルとみる分析も魅力的です。

1 健康の語り：死の起源神話から

1 健康とは

近頃，健康寿命という言葉を耳にするようになりました。ただの長生きでなく，健康で長生きなのがよいという意味です。提唱者は WHO（世界保健機関）で，2000年の事でした。WHO は人類の健康問題に対処すべく1948年に設立された国連機関で，健康を，身体的・精神的・社会的に良好な状態であって，単に病気でないことを言うのではないと啓蒙的に定義しました。WHO が“単に病気でない”とわざわざ断ったのは，“健康は病気でない状態”という考えがごく一般的であると認めたうえで，人類はさらに一歩を進めてより望ましいホリスティック（holistic）な健康を目指すべきであるという理想表明だったのです。WHO 総会で“spiritual に良好な状態”を加えることが検討されたのも，理想追求のあらわれと言えます。健康は今日では当の個人のみならず医療費問題として国家的に，さらにビジネス的にも重要な案件です。そして，健康についていろいろ考える時，当然のことながら，我々は「健康」という言葉を使います。しかし，健康の名辞化（フッサール〔Edmund Husserl〕の言う判断の主題化）はいつ始まったのでしょうか。古くからおこなわれていたのでしょうか。

2 死の起源神話

人類の古い思考について考える時，よく参照されるのが神話です。龍が空を飛んだり人と熊が結婚するなど表現は荒唐無稽ですが，その背後に論理を読み解く仕事を神話学はおこなってきました。神話の中で健康はどのように語られるのでしょう。死の起源神話と呼ばれるものがあります。人はなぜ死ぬようになったのかを説明する神話です。いくつか例を挙げましょう。

A　アフリカ・コンゴのピグミーの神話にマスパという神が登場します。神は人間たちの間に姿を隠して住み，いつも彼らと語らっていましたが，決して私を見るなと命じ，見れば不幸が訪れると話していました。しかし，好奇心に駆られた一人の女が，こっそり神の腕を盗み見しました。怒った神は，女を呪って，人間に死と労働それに女には出産の苦しみを与え，立ち去ったのでした。人間が苦痛と思う一切が，神との約束破りから始まりました。[1]

B　もっともよく知られている死の起源神話は『旧約聖書』に語られたものでしょう。神はすべてを創ると，アダムとイブを楽園にすまわせましたが，知

▶1　大林太良（1966）『神話学入門』中央公論社，108-110頁。

恵の実を食べることを禁じていました。蛇にそそのかされ，イブとアダムはこの実を食べてしまいます。怒った神は，二人を楽園から追放し，死，労働，陣痛など苦しみを人間の祖に運命付けます。

C　日本では『古事記』が語る夫婦神イザナキ，イザナミの黄泉(よみ)の話が相当します。イザナミは次々に日本の国土諸神を生みますが，火の神イカズチを生んだ時，その火によって陰部を焼かれ，これがもとで黄泉に住むことを余儀なくされます。悲しむ夫のイザナキは黄泉に妻を訪ね復帰を懇請します。情にほだされた妻は黄泉の主に交渉すべくその場を離れますが，戻るまで決して私を探し見る事のないようにと固く約束させます。しかし辛抱に欠ける夫は櫛に火を灯し，妻の腐乱したからだを見つけます。辱めを受けた妻は狂乱し，夫を殺そうと追いかけます。二人が，人の住む世と黄泉とを分ける黄泉比良坂までくると，妻は夫に今日からは日に1000人を殺すと宣言します。これに対し夫は，それなら日に1500人を生もうと応じます。この夫婦別れの式によって，日本人は死ぬ定めとなりました。[2]

3 健康の名辞化

神話は，かつて人間は神と同じように死ななかったが，ある出来事によって死（それに苦）を運命付けられたと語ります。関心の中心は死・苦に置かれました。健康は言及されないのがふつうです。不死の中に孕まれていたかもしれませんが，代わりに病気が頻出します。死と同じ苦のカテゴリーです。医療人類学者の波平恵美子は「多くの神話は，人間が病にとらわれた存在であることを強調する一方，神話の中の神がみは病気にかからない者として描く。つまり，神がみは病気にかからないことによって人間とは別の存在となっている[3]」と，神から峻別される人間の質として生・死・病を挙げます。死や病苦への関心の高さが指摘されていますが，このことは神話を離れても，呪医の儀礼がもっぱら病苦に向けられている現実からも納得されます。

資料の現状では，神話は健康をまだ名辞化せず，直接的言及もおこなっていないと言えるでしょう。別言すれば，健康は“病気でない状態”“非(ノット)病気”と「病気」名辞を借りて，その否定状況としてイメージされ，間接的に語られたと言えます。それは健康への直接的関心の低さを意味しますが，古代を迎えると一変します。ギリシャでは紀元前７世紀に健康を意味する hygieia の名辞があらわれ[4]，ヒポクラテースによる健康体操術（gymnastike[5]）が実践されます。インドや中国でも，事情は同じです。

健康を「健康」名辞によって独自に自律的に考える新しい文化が始まったのです。しかしそれでも，病気という対立概念に頼らない健康イメージ，あるいは身体的・精神的・社会的さらに spiritual に良好という状態を我々がふつうにイメージしうるかは，また別の問題でありましょう。　（寒川恒夫）

▶2　倉野憲司校注（1963）『古事記』岩波書店，19-28頁。

▶3　波平恵美子（1994）『医療人類学入門』朝日新聞社，25頁。

▶4　中村敏雄・高橋健夫・寒川恒夫・友添秀則主幹編集（2015）『21世紀スポーツ大事典』大修館書店，214頁。

▶5　紀元前５-４世紀に活躍した古代ギリシャの医学者。医聖と称される。食事と運動のバランスによって健康が保たれると考えた。

おすすめ文献

†大林太良（1966）『神話学入門』中央公論社。
†波平恵美子（1994）『医療人類学入門』朝日新聞社。
†岸野雄三（1971）『ヒポクラテースの養生法』杏林書院。

アルマ・アタ宣言と伝統的健康法

1　伝統的健康法をめぐる動向

健康に対する人間の欲求は，これまでに実に多くの健康法を生み出してきました。しかし，健康は一般化しにくい概念です。なぜなら，健康が身体に対する我々の認識，つまり身体観に深く根ざしており，そうした身体観は文化や歴史の制約を受けるからです。スポーツ人類学はこれまで様々な健康法に注目し，その背景にある身体観に注意を払ってきました。

現代社会において，ヨーガや太極拳といった運動が伝統的健康法として注目されています。この傾向は21世紀に入ってますます勢いを増しているように見えます。中でもヨーガ[1]の人気は圧倒的で，それを象徴するのが2014年に国連が決定した「国際ヨーガの日」です。その最初となった2015年６月21日，ヨーガの発祥国であるインドだけではなく，日本，中国，フランスといった国々でヨーガのポーズをする人々の様子が報道されました。

「国際ヨーガの日」の制定を国連総会で訴えたインドのモディ首相はその演説の中で，ヨーガは精神と身体の結合や人間と自然の調和，あるいは健康と福祉の実現への全体的なアプローチを具体化する，と唱えています[2]。では，ヨーガの実践が具体化するそうした身体観は，どんな歴史や文化の下に形成されてきたのでしょうか。

2　近代医療神話の崩壊と「アルマ・アタ宣言」

身体観の形成に大きな影響を持つのは医療です。18世紀以降，ヨーロッパ世界で徐々に発展してきた「近代医療（Cosmopolitan medicine）[3]」は，20世紀を境に急速に世界に普及しました。多かれ少なかれ，当時のどんな社会にも，近代医療からみれば非科学的とみなされてしまうような「伝統医療（Traditional medicine）[4]」や「民俗医療（Folk medicine）[5]」がありました。そのような「土着の医療（Indigenous medicine）」は，近代医療が浸透するにつれて，次第に排除されていきました。近代医療こそが唯一の合理的で普遍的な医療と考えられる「近代医療神話」の誕生でした。近代医療を支えているのは「生物医学モデル」と呼ばれる身体観と言えるでしょう。この生物医学モデルは，人間の身体（生物）を個別に閉じた体系として捉える点に特徴があります[6]。そこでは，精神（心理）や環境（社会）は身体にとっての外部とみなされ，健康に与える具体的

▶1　2016年12月にヨーガはユネスコの人類無形文化遺産に登録された。

▶2　Permanent Mission of India to the United Nations（27, September 2014）. STATEMENT by H. E. NARENDRA MODI, PRIME MINISTER OF INDIA. http://www.un.org/en/ga/69/meetings/gadebate/pdf/IN_en.pdf（2016年８月12日閲覧）

▶3　「近代医療」とはここで，19世紀のヨーロッパで発展し，今日では世界の多くの国と地域で公的医療の地位を占めている医療のことを指している。その正当性は科学と生物医学理論で支えられている。

▶4　「伝統医療」とはここで，近代医療が導入される以前にその国や地域で広く実践されていた医療のことを指している。

▶5　「民俗医療」とはここで，伝統医療と同じように近代医療導入以前からおこなわれていた医療のうち，特に民間で実践されていた医療を指している。投薬に限らずマッサージや呪術など健康のためにおこなわれる様々な実践を広く含みこむ概念として用いられることもある。

▶6　波平恵美子（1996）『いのちの文化人類学』新潮社，105-108頁。

な影響は少ないとされました。しかし，社会環境が原因となる精神疾患や長期的な心のケアも必要とされる慢性疾患などの増加によって，生物医学モデルを基盤とする近代医療が万能ではないことが明らかになりました。近代医療神話はこうして崩壊します。

WHO（世界保健機関）による「アルマ・アタ宣言」はそうした近代医療神話の翳り（かげり）が顕著になり始めた1978年に提唱されました。そしてこの宣言によって，非科学的と考えられるようになってしまった土着の医療に再度注目が集まることになりました。宣言の骨子は「プライマリ・ヘルス・ケア◁7」の理念を世界各国に示すことでした。では，なぜこの宣言によって土着の医療が再び注目されることになったのでしょうか。それは宣言の中に土着の医療を実践してきた人々への言及があるからです。曰く，地域社会の健康維持に必要な保健従事者としては「必要に応じて伝統的施術者も含む（as well as traditional practitioners as needed）こと」です。そして，土着の医療を実践する伝統的施術者が評価されたということは，彼らの持つ身体観が評価されたことも意味します。

▶7 「プライマリ・ヘルス・ケア」とはアルマ・アタ宣言で初めて明確にされた理念で，特に住民による予防医療の重要性を説いた点が画期的であった。

3 大宇宙と小宇宙

土着の医療は生物医学モデルとは異なる身体観によって特徴付けられます。多くの社会で人間の身体を大宇宙と呼応し合う小宇宙と捉える身体観が確認されています。ヒポクラテースに代表される古代ギリシャの医師たちは，人間の身体も自然界と同じように火・水・土・気から構成されると考えていました。このような身体観は，インドのアーユルヴェーダ◁8や中国医学◁9などの基礎理論にもみられます。身体を個別の閉じた体系としてみて治療をおこなう近代医療とは異なり，土着の医療は病気に際して，身体と精神，身体と環境との影響関係を認め，外に開かれた体系として身体を捉えています。

このような身体観はホリズムとも呼ばれ，近代医療が普及する中にあっても，洋の東西で命脈を保ち続けてきました。スポーツ人類学では，そうした生物医学モデルとは異なる，土着の身体観に根ざした各々の民族の身体論を「エスノサイエンス身体論」と呼んで，その分析を続けています。今日の社会で伝統的健康法が実践されるのは，人間にとっての健康が生物医学モデルだけでは説明できず，精神や環境といった要素との関係の中でしか理解できない文化の産物だからと言えるでしょう。

（小木曽航平）

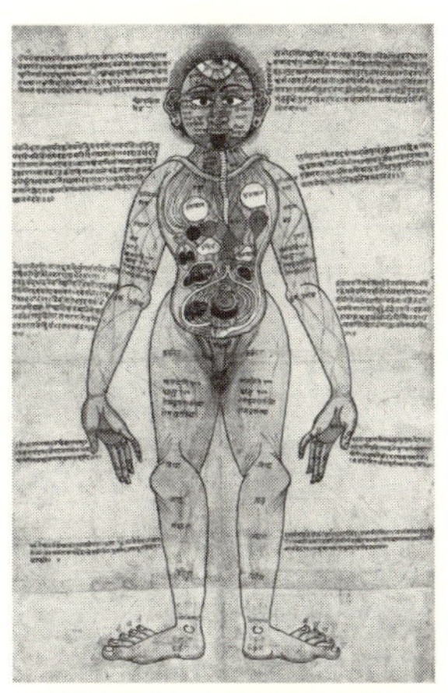

図1 アーユルヴェーダ的理解による人間解剖図

（出典：森美術館（2009）『医学と芸術』平凡社）

▶8 「アーユルヴェーダ」とはインドの伝統医療である。現在でも公的な医療として認められているほか，それに含まれるマッサージ技術はインドの重要な観光資源ともなっている。

▶9 「中国医学」とは中国の伝統医療である。日本とも関係が深く，漢方は中国医学の影響を大いに受けている。

おすすめ文献

†小木曽航平（2014）「伝統的健康法はいかにしてグローバルな健康文化となるか？——外国人向けタイ・マッサージ学校の役割に着目して」『体育学研究』59-1：83-101頁。
†WHO 編（1995）『世界伝統医学大全』平凡社。
†波平恵美子（1994）『医療人類学入門』朝日新聞社。

A　からだと技のスポーツ人類学／6　健康のスポーツ人類学

3 心身癒しスポーツの創られ方

1 心身癒しスポーツ

「心身癒しスポーツ」という言葉を読者のみなさんは初めて目にしたかもしれません。本書ではこの心身癒しスポーツを，「心と身体そしてスピリチュアリティの健康を実現する身体技法のすべて」と定義してみたいと思います。WHO（世界保健機関）の健康の定義を思わせますが，もちろん無関係ではありません。[1] 心身癒しスポーツが現代の社会で広く実践されていることと，現代の人々の健康観は密接に結び付いていると言えるでしょう。

では，心身癒しスポーツは具体的にどんな身体技法なのでしょうか。代表的なのはインドのヨーガ，中国の太極拳，そして日本の武術です。この通り，心身癒しスポーツの多くは東洋的な身体技法なのです。東洋的な身体技法はそれぞれが生まれた場所の伝統的な思想を理論的背景としている点に共通した特徴を持っています。ヨーガはヒンドゥー哲学や仏教の思想を，太極拳は道教の思想を，日本の武術は禅仏教の思想を色濃く反映させています。いまおこなわれている心身癒しスポーツはそうした東洋思想の，スポーツを通じた現代的受容の仕方なのです。それゆえに実は心身癒しスポーツは古くて新しいスポーツ現象であるとも言えます。

以上の通り，心身癒しスポーツは，近代西洋で誕生し今やグローバルに展開する健康やスポーツの文化と，古く東洋で培われた身体技法の文化とが出会い，接合している地平にあります。したがって，心身癒しスポーツの研究には，伝統文化と現代文化に対する理解，あるいは東洋文化と西洋文化に対する理解の両方が必要になります。そして，このような心身癒しスポーツの研究はまだその端緒に就いたばかりと言っていいでしょう。

2 「ヨーガモデル」の誕生

心身癒しスポーツはどのように誕生してきたのでしょうか。ここではヨーガを例にとって一つの仮説を提示してみたいと思います。ただし，起源を探ることは極めて困難です。ここではヨーガがいかにして今日実践されているのか，という観点から心身癒しスポーツの誕生にいたる系譜を探ってみます。

例えば，「マインドフル[2]になるための訓練で心身両面の健康が増進する[3]」や「アスリートにとってヨーガは心身によい影響を与える[4]」など，心身と癒しの

▶1　WHO の健康定義は1948年以来変わっていないが，1998年に総会に提案され，見送られた改正案は「健康とは，単に病気ではないことや衰弱していないことを言うのではなく，身体，精神，スピリチュアリティ，そして社会といった側面のすべてにおいて機能的な状態にあることである（筆者訳出）」と spiritual に注目している。

▶2　マインドフルはマインドフルネスによって得られる心身状態。日本マインドフルネス学会はマインドフルネスを「今，この瞬間の体験に意図的に意識を向け，評価をせずにとらわれのない状態で，ただ観ること」と定義する。

▶3　ジャ，A. P.（2015）「マインドフルネスの効用」『日経サイエンス』1月号，37-51頁。

▶4　石川由希子（2010）「アスリートとヨガについて」『Sportsmedicine』119：28。

問題をヨーガや瞑想法によって解決しようとする試みは近年増大してきています。アメリカではフィットネスクラブの約8割でヨーガのクラスが開講され[5]，イギリスの学校の中にはヨーガを課外活動ではなく正課活動として実施している所もあります[6]。また，日本においても，ヨーガは女性を中心に自己実現やお稽古事としての地位を確立し始めています[7]。

では，そもそもヨーガの目的は何でしょうか。それはひとえに解脱にいたることです。そして，そのような解脱にいたる実践を東洋では「修行」と呼びならわしてきました。解脱は自他の解消を意味し，これをヨーガ行者はボーディ，道家はタオ[8]，武術家では自由や自在などと表現してきましたが，いずれも同様の哲学問題に発しています[9]。

ヨーガの伝統は20世紀以降，西洋にも普及していきました。しかし，その受容過程においてヨーガは大衆化・世俗化し，日常的実践に文脈化されていくにつれ，解脱に達するという超越的な側面は薄れ，「自己探求（self-inquiry）」や「自己形成（self-awareness）」という現実における主体化の技法になっていきました。そして，主体化の技法としてのヨーガはとりわけ統合医療において，ホリスティックに心身の健康を回復する方法として発展しつつあります。セラピーとしてのヨーガの，とりわけ精神的な疾患に対する効果についての実証実験は顕著な蓄積を見せており，アメリカではすでにヨーガは医療とみなされるようになっています[10]。

このように多かれ少なかれ，心身癒しスポーツとしての東洋的身体技法は超越的理論を世俗化し，主体化の方法に変容することで現代社会に広く普及していると言えるでしょう。

3 持続可能な共生社会と心身癒しスポーツ

先に述べたとおり，もともとヨーガは自他の解消を目指す実践でした。例えば，それを道教では「和」と表現します。現代世界は主体的な個を目指すことはもとより，自他関係における調和と多様性が強く求められています。こうした中にあって，心身癒しのスポーツはもしかしたら，個人の健康の実現のみに有用であるだけでなく，「社会的な幸福（social well-being）」を達成するスポーツ文化となる可能性を秘めているのかもしれません。

（小木曽航平）

図1　2015年6月21日，最初の国際ヨーガの日に国民と一緒にヨーガのポーズをとるインドのモディ首相

（出典：『ハフィントンポスト』。http://www.huffingtonpost.jp/2015/06/21/international-yoga-day-2015_n_7630368.html（2016年12月13日閲覧））

▶5　Markula, P. (2014) "Reading Yoga: Changing Discourses of Postural Yoga on the Yoga Journal Covers," *Communication & Sport*, 2(2): 143-171.

▶6　Brown, D. and Leledaki, A. (2010) "Eastern Movement Forms as Body-Self Transforming Cultural Practice in the West: Towards a Sociological Perspective," *Cultural Sociology*, 4 (1): 123-154.

▶7　永嶋弥生（2011）「『鍛える私』から『癒される私』へ――現代ヨーガに関する文化史的研究」早稲田大学大学院スポーツ科学研究科修士論文。

▶8　「ボーディ」はサンスクリット語で「悟り」を意味する。「ボーディ」の語は中国仏教では道教の哲学を導入して「道＝タオ＝悟り」と意訳された。「菩提」は音訳。

▶9　寒川恒夫（2014）『日本武道と東洋思想』平凡社。

▶10　Markula, op. cit.

おすすめ文献

†寒川恒夫（2014）『日本武道と東洋思想』平凡社。
†山下博司（2009）『ヨーガの思想』講談社選書メチエ。
†湯浅泰雄（1990）『身体論』講談社学術文庫。

A　からだと技のスポーツ人類学／6　健康のスポーツ人類学

タイ・マッサージのヘルス・ツーリズム

健康と旅

健康回復を目的とする旅は，文明都市の誕生とともに人間が実践してきた文化なのかもしれません。中世の日本やヨーロッパにはいくつもの湯治場が，都市を離れた場所に存在していました。湯治場は温泉以外にも様々なレジャー施設を備える保養地として栄え，心身を病んだ人を癒してきました。湯治場について直接言及されているわけではありませんが，古代ギリシャのヒポクラテースは「空気，水，場所について」で，人間の健康と風土の相関関係について述べています。水は軟水なのか硬水なのか，風はどちらから吹くか，日照時間は長いか短いかなどについて，医者はまず気を付けるべきであると言っています[1]。

▶1　ヒポクラテス／小川政恭訳（1963）『古い医術について』岩波書店。

こうした考え方は，古代の医療が自然という大宇宙に対して，人間の身体を小宇宙と捉える身体観を持ち，自然と人間の連続性を重視していたことと無関係ではありません。都市の環境に疲弊した人々は，自然の環境に身を置くことで，心身の調和を回復しようとしてきたのでしょう。

健康回復を目的とする旅は「ヘルス・ツーリズム」と言われています。このヘルス・ツーリズムは昔からどんな人もできたわけではなく，どちらかと言えば富裕層にこそ許された健康文化でした。しかし，現代社会では，かつてと比べようのないほど，健康を求めて旅に出る人が増えてきています。

2　医療観光化するタイ・マッサージ

20世紀は観光の時代と言われることがあります。19世紀，世界に先駆けてイギリスで展開した観光産業は，20世紀になるとますます大衆化し，産業化し，やがては空の自由化によって，巨大な国際観光市場を形成するにいたりました。とは言え，20世紀末まではまだ海外旅行をできるのは欧米諸国やアジアでも先進国であった日本やシンガポールといった国の人々でした。逆に，タイに代表される東南アジア諸国は，そうした国から観光客（ゲスト）を迎える観光地（ホスト）でした。

タイ政府は観光を国の基幹産業と定め，国家戦略として観光事業を展開しました[2]。「微笑みの国・タイ」のエキゾチックな癒しイメージは，ゲストの「観光のまなざし[3]」だけではなく，ホストであるタイが戦略的に構築した結果でもありました。タイ・マッサージはそうした文脈を背景に生まれてきた伝統的健

▶2　小木曽航平（2013）「タイ・マッサージの観光化変容」『スポーツ人類學研究』13：1-18頁。
▶3　アーリ，ジョン／加太宏邦訳（1995）『観光のまなざし』法政大学出版局。

康法です。土着の医療実践であったマッサージが，他にはないタイ・マッサージになったのは，実は観光化変容の結果とも言えるのです。タイに旅行したことのある読者の中には，観光に疲れたからだをタイ・マッサージで癒した経験があるのではないでしょうか。あるいは，そもそも心身の癒しを求めてタイのリゾートスパホテルに観光に行ったことがあるでしょうか。

図1　タイ国政府観光庁が作成したパンフレットで紹介される「タイ・マッサージ」

さて，他方で「アルマ・アタ宣言[4]」を一つの契機として，1980年代以降，タイ・マッサージ“リバイバル”が起きていました。医療として再評価された伝統的健康法としてのタイ・マッサージは，一方でそのエスノサイエンス身体論を維持しながら，他方で近代医療の知識をまとって，「医療化（medicalization）[5]」していきました。そうして，ヘルス・ツーリズムに最適な観光資源がここに形成されました。タイらしさを表象する文化であると同時に，医学に裏付けられた癒しの技法である“タイ・マッサージ”の誕生です。こうしたプロセスはタイ・マッサージの「医療観光化」と呼ばれます。

3 医療観光化する伝統的健康法

タイ・マッサージの他にも，インドのヨーガ，スリランカのアーユルヴェーダ・マッサージ[6]，メキシコのテマスカル（サウナ[7]）など，様々な健康法が医療観光化しています。そのどれもが伝統を謳い，心身の調和の具体化（embodiment）を主張しています。

ところで，健康も旅もこの近代化した社会においては消費の対象でしかない，との見方がなされることがしばしばあります。しかし，我々は健康産業や観光産業がなければ，健康になりたいとも旅をしたいとも思わないのでしょうか。消費としてのヘルス・ツーリズムという視点だけで，人間が旅に健康を求める動機を解明できると考えては，現実を捉え損なうことになるかもしれません。移動や循環といったより大きな観点から，旅と健康，精神と身体の調和，自然との調和に人間がなにを求めているのかを検討していく必要があります。今後の更なるヘルス・ツーリズム研究が待たれます。　（小木曽航平）

▶4　本書「アルマ・アタ宣言と伝統的健康法」（46-47頁）の項目を参照されたい。

▶5　「医療化」はアメリカの社会学者イヴァン・イリッチ（Ivan Illich）が使用した言葉で，今日では近代医療を批判する際にしばしば用いられる。これまで近代医療の範疇ではなかった対象までもが，近代医療によって扱われるようになることを指す。

▶6　スリランカのアーユルヴェーダはインドから受容した。インドと同様にスリランカでもアーユルヴェーダの中のマッサージは国の重要な観光資源となっている。

▶7　メキシコには「テマスカル（Temascal）」と呼ばれるサウナがある。そもそもは，スペイン人が入植して来る以前から，先住民たちが使用していた密閉式の蒸し風呂部屋のことを言う。メキシコのほか，グアテマラやニカラグアにも見られる。

おすすめ文献

†小木曽航平（2013）「タイ・マッサージの観光化変容」『スポーツ人類學研究』13：1-18頁。
†橋本和也（1999）『観光人類学の戦略――文化の売り方・売られ方』世界思想社。
†ヒポクラテス／小川政恭訳（1963）『古い医術について』岩波書店。

身体技法としてのスポーツ技術

▶1　モース，M.／有地亨・山口俊夫訳（1976）『社会学と人類学Ⅱ』弘文堂，121-156頁。

1　身体技法とは

身体技法という言葉は techniques du corps の翻訳語です。フランス人の社会学・人類学者のモース（M. Mauss）が1948年に造語しました。[1]

我々が身体を動かす時，その動きは２つのものから制約を受けています。解剖学的制約と文化的制約です。首をコケシのようにぐるぐる回せないのは前者の例，日本人がうどんや蕎麦をズルズルと音を立てすするように食べたり，木を切るのにノコギリを手前に引くのは後者の例です。このうち解剖学的制約は人間に共通のもので，地球上どこに住んでいたって同じで，先天的な制約です。これに対し文化的制約は後天的なもので，どこの国の人でもやろうと思えばできるのに，あえて社会の決まりとしてしない，あるいは社会の決まりとしてしなければ都合がわるいといった動きです。

我々は日頃自由だと思っていますが，気が付かないだけで，日常の動きはなんと型にはまっていることでしょう。もっとうまく言えば，なんと型にはめられていることでしょう。そうした動きは，歩き方から食事の仕方，用便，性交，出産，あいさつ，休息，眠り，木登り，調理，看護，マッサージ，舞踊，それに泳ぎ，跳躍，投てき，格闘などなど，およそ生活の全領域に亘っています。ヒトの動きは文化の束縛を受けています。別言すれば，文化としての動き（コードとしての動き）があると言えます。動きの違いは文化の違いです。モースは文化研究における動きの重要性に初めて体系的に気付かせてくれました。

2　スポーツの動き

スポーツの世界も例外ではありません。もっとも，制約の程度は格段にシビアです。日常生活の動きが日頃たいてい意識されない状態にあるのに対し，スポーツの動きはたえず意識されます。スポーツは，アスリートが同じ条件で競い合うために動きを競技ルールによって厳格に指示する必要があるからです。例えば，サッカーにラグビーのような誰でもボールを手に持っていいという動きを認めるなら，そもそもサッカーが成り立ちません。厳密に動き方を特定した約束事の中で，だれがもっとも優れたパフォーマンスを見せることができたか，その動きの出来栄えを評価するのがスポーツなのです。アスリートは自分の動きがルール上の許容範囲内にあるかどうかをたえず意識しなければならず，その許容範囲内での修正改良の繰り返しによってパフォーマンスを向上させます。

競技ルールの次元の動きと，その許容範囲内の動きという区別は，言語学で言うラングとパロールに相当します。ルールの動きはラングつまり社会に共有される文化の動きで，これを技術と言います。これに対し，パロールの動きは個人次元に現れる個人ごとに異なる動きで，これを技能といいます。これは，スポーツか否かを問わず，身体技法が一般的に持つ構造です。

違いは，日常の立居振舞なら，みんなが良しとする一定の段階にいたれば，ふつうはそれ以上追求しないだけの話です。しかし，料理や大工や音楽や踊りなどでは，より高度な技を追求する専門世界が形成され，日本ではこれが「木(き)の道(みち)の匠(たくみ)」などと平安時代から「道(みち)」という言葉で表現されてきました。名人や達人が活躍する世界です。スポーツも，そうした専門の技の世界の仲間です。

技術と技能の区別に関連して重要なのは，我々が日頃，競技場やテレビで見るアスリートの動きは技能，つまり特定アスリート個人の動きであることです。これを技術と見るためには，諸アスリート個々人の動きを比較した上で，諸事例に共通する動きを抽出するという作業が必要です。これは実際には大変な作業で，バイオメカニクスの研究者でもなければとうていできない相談であり，またそうしたアスリートなら誰にでもできる動きを見たところで面白くもなんともないことでしょう。飼っている犬が主人の足音を聞いて尾を振るのは，犬が主人個人に内面化されたパロール次元の“くせ”としての歩き方を音情報によって聞き分けているからです。犬にとっては特定個人の歩行技能が大事なのであって，ラング次元の技術に興味を持つことはありません。

スポーツでは（他の分野でも同じですが），個人の動きがすぐれた結果（新記録を出したとか）をもたらした場合，その動きがすぐに他のアスリートに真似され，どんどん広がっていきます。この現象は社会内伝播と呼んでよいもので，そうした共有化過程を通して新しい技術が生まれます。技に個人の名前が付いているのは，そうした例です。新しい技術の世界を拓くのは，現に自己のパフォーマンス改良に余念のないアスリートの日々の努力なのです。

3 技の不自由性と自由性

身体技法つまり技術は文化が拘束する動きであるという話をしました。スポーツは特にそうで，ラングとしてのスポーツ技術はそれ以外の動きを認めない不自由世界を構成します。破ることができない不自由世界です。しかし，その動きの範囲内なら無限の自由が認められています。パロール次元の技能です。アスリートをそして観衆を魅了して止まないのは，実は，不自由の中のこの無限の自由性なのです。

（寒川恒夫）

おすすめ文献

†M. モース／有地亨・山口俊夫訳（1976）『社会学と人類学Ⅱ』弘文堂。

†岸野雄三・多和健雄編（1972）『スポーツの技術史』大修館書店。

評価される動き

1 採点される世界

フィギュアスケートやスノーボード，新体操，アーティスティックスイミングなど，これらの競技は採点されるスポーツとして知られます。いずれの種目も審査員が選手の動きに点数をつけることで勝負がつきます。そこには，当然のことながら，採点評価の基準となる「美」が存在します。そして，そうした美と採点評価方法は，国を違えた関係者が理解できるように共通の言語によって文字化されています。国際的に競技がおこなわれるためには，こうした手続きが必要なのです。

同様な手続きはこうした国際スポーツ以外でも，ちょっと様子が異なりますが，見られます。

2 共同体の美：民俗舞踊

最初に民俗舞踊を取り上げましょう。盆踊りでもなんでも，踊りが披露されるところでは，観衆は「ああ美しい」「見事だ」「あの人は下手だね」とか，いろいろと評価します。評価は個人のものですが，共同体次元の評価基準もあります。「そこのところはこう動かないといけないのだよね」とみんながささやく，その土地に伝わった基準です。暗黙の裡に了解された動きです。

長野県木祖村では７月に薮原祭りがおこなわれます。この祭りでは，村内を練り歩く獅子が，出会った所で舞を見せ合います。この出会いは盛り上がる場面で，観衆や相手の獅子の舞い手たちから様々なヤジや歓声が上がります。例えば，雌獅子であれば「色っぽくねぇーぞ」とか「おお，今の色っぽかったぞ」など，そのしぐさに様々な注文が入ります。村の人たちに話を聞くと「今年は雄の気合いが足りないんだよな」「そうだよね，去年に比べて元気がない」等々，獅子の動きが評価されているのです。こうした評価をよそ者である我々が聞いても，いったいどの部分を見てそのように話をしているのか，すぐには理解できません。木祖村の人々は，村に伝承された「美」意識を根拠にヤジを飛ばし，どちらの獅子が上手かったかの優劣判別をしています。薮原祭りの獅子舞は村を３つに分けた地区によって運営され，パフォーマンスの出来不出来には地区のプライドがかかっています。暗黙の「美」でもって観衆に採点されつつ，しかしスポーツのように数値化して優劣が客観化されるわけでない空気の中で，やんわりファジーに競い合い，そうして記憶され，翌年に伝えられてゆくのです。審判という専門家を必要としない，観衆全員が採点者として自由にふるまえる権利を認められた寛容空間においてです。

こうした状況は，おそらく全国でおこなわれる民俗舞踊にも当てはまるものです。いつまでも語られる記憶の中の踊り手，達人など，地元のヒーローを生み出す母体と言えます。

観衆の評価対象にされるものは，それが踊りであれなんであれ，既にして競技予備軍，スポーツ予備軍と言えます。この意味で，多様な動き（つまり日常のケの動きでなく，ハレの動き[1]）を提供する祭りは，スポーツの揺り籠・宝庫と言えましょう[2]。

3 からだの動きを導く心を評価する古武道

暗黙の基準の存在，これは武術とて同じです。

古武道[3]と呼ばれる日本の武術では，形の模倣と反復を繰り返しながら，その流派において「良い」とされる「型[4]」を目指します。この型は実戦における先達たちの経験の成果であり，個々の形を通じて斬り方や突き方，捌き方，間，目付，拍子などを習得していきます。そうした学びの場では，師が形を見せ，弟子がこれをまねる中で良し悪しの評価がおこなわれ，修正を繰り返しながら，目指す型に向かいます。

ここで古武道が特異なのは，技（敵の殺傷に向けられたからだの動き）の良し悪しばかりか，技以上に大事とされる心，つまり「技を十全に機能させる心の理想の在り方」が想定され，関係者内で共有され，次世代に伝承され，これも同時に評価されることです。この心は仏教や道教の言葉で言語化（「不動智」「無心」「和」などと表現[5]）され，その内面化の程度が採点されることになっています。科学の言葉でなく，宗教の言葉で心の基準が捉えられ，そうした基準に則って学習者が採点評価されます。「技が上手くないのは心の問題だ」と言われることさえあります[6]。古武道の学習過程が「修行」という仏教用語で表現されるのは，そのためです。

図1　弓道の心

（出典：『月刊武道』（1990）284号：33頁）

からだと心の動きを採点する，こうした日本の古武道の在り方が，日本以外の武術・格闘技にどこまで認められるかは興味深い問題ですが，今後の課題です。（田邊元・寒川恒夫）

▶1　日本民俗学で用いる分析概念。冠婚葬祭など非日常的行動の機会をハレ（晴），日常行動の機会をケ（褻）と言う。

▶2　祭りを構成するいろいろな動きが評価の対象になりうる。本書「キリコ祭り」（174-175頁），「『芸能武術』は踊りか」（84-85頁）の項目を参照されたい。

▶3　本書「古武道」（172-173頁），「『芸能武術』は踊りか」（84-85頁）の項目も参照されたい。

▶4　源了圓（1989）『型』創文社。

▶5　いずれも自他が解消された心の状態を言う。

▶6　柔術の起倒流に伝わる「請立ノ残ル」稽古法は，その例である（寒川恒夫（2014）『日本武道と東洋思想』平凡社，304-306頁）。

おすすめ文献

†源了圓（1989）『型』創文社。
†山下晋司（1996）『観光人類学』新曜社。
†寒川恒夫（2014）『日本武道と東洋思想』平凡社。

A　からだと技のスポーツ人類学／7　動きのスポーツ人類学

歩き方の文化：日本人はナンバで歩いたか

1 ナンバってなに？

ナンバは南蛮と書き，右足を前に出す時に右手，左足を出す時には左手を出すようにして歩く歩き方を言います。半身歩きとも言います。ふつう我々は，これとは逆に，右足が出るなら左手，左足が出るなら右手を出して歩きます。このふつうの歩き方を仮に正常歩と呼びましょう。

実は，日本人が正常歩で歩くようになったのは明治時代に西洋から行進が伝わり，これを学習してからで，それ以前はナンバで歩いていたのです……。よくテレビのクイズ番組に出るこの問題，本当なのでしょうか。検証してみましょう。

2 武智鉄二説

この日本人ナンバ歩行説を唱えたのは，演劇評論家の武智鉄二（1912-88年）でした。“日本人が水田稲作を始めた時，鍬を振り上げて田を起こし，稲を植え，また雑草を取るのも，田の仕事はすべて半身でおこなわれた。この姿勢がそのまま歩行に移しかえられ，以来，日本人はナンバで歩くようになった。近代以前の絵に描かれた日本人の歩行がナンバであるのは，その証拠である……”と武智は考えました。[1]

確かに，ナンバで歩くことはおこなわれたし，今も一部でおこなわれています。しかし，それは，特別の場合であって日常的歩行ではありません。深雪の上をかんじきで歩く時，泥田を田ゲタで歩く時，川を足桶で歩く時，これらは大変な力が要る歩行なので，おのずとナンバになります。力が要る時の姿勢はナンバになることは，既に医学者の福田精が1943年に頸反射として医学会に発表していました。福田は，フェンシングの突きや相撲の鉄砲，砲丸投げなどで半身になるのは，このためと説明し，俵屋宗達の雷神の半身ポーズも力強さの表現であるとコメントしています。[2]

古い絵にナンバ歩行が描かれたのは，実写では

▶1　武智鉄二（1978-1981）『武智鉄二全集』全6巻，三一書房。特に第5巻。また武智鉄二（1985）『舞踊の芸』東京書籍。

▶2　福田精（1957）『運動と平衡の反射生理学』医学書院。

図1　ナンバで競走するギリシャ人。1スタジオン（約192m）を走る短距離走者。この種目は腕を前後に大きく振り，脚を高く上げて描くのがきまり

（出典：Woff, R.（1999）*The ancient Greek Olympics*, British Museum Press：London）

なく，画家の美的デフォルメと理解した方がよいでしょう。スペースの関係で２枚だけ例画を紹介しますが，古代から今日まで世界各地の絵にナンバは現れるのです。日本だけではありません。図１は古代ギリシャの競走の壺絵，図２は20世紀アメリカを代表する画家ノーマン・ロックウェルの「春」と題された作品です。いずれも，見事なナンバ走行，ナンバ歩行です。観る人を惹きつける力強さがあります。

“いや，そうではない。ナンバで走る飛脚の写真がある。写真はうそをつかない。日本人は確かにナンバで走っていたのだ。”こう主張する人もいます。飛脚の写真は幕末から明治初年にかけて撮られたものですが，注意すべきは，日本では1883（明治16）年以前の写真は露光が５-15秒必要なコロジオン湿板であり，走っているところはブレて撮れなかったのです。そのため当時の撮影は野外に屋根なしセットを作り，そこでじっと止まったところを撮ったもので，ポーズ写真でした。これまた実写ではありませんでした。

図２　ナンバで歩く20世紀のアメリカ人。ノーマン・ロックウェルの「春」。父と娘がキッと前を見据え，胸を張って大股にナンバで歩いている

（出典：Finch, C.（1990）*Norman Rockwell 332 magazine covers*, Artabra Publishers：New York）

3 なぜナンバ歩行説はうけたのか

武智はナンバ歩行説を日本民族文化論として提出しました。“日本の民族文化は弥生の水田稲作とともに始まり，稲作によって形成されたが，その労働から生まれた民族文化であるナンバ歩行が，明治時代に学校や軍隊で西洋式の行進（正常歩の行進）訓練を受ける中で，次第に放棄させられていったのである……”と武智は考えました。同じ稲作労働から生まれたナンバ歩行で，今も残るのは踊りの世界ばかりだと武智は嘆きます。“日本人の魂の故郷である稲作，これが育んだナンバ歩行，それが近代化によって消滅する。”いささかウェットな原風景文化論の文脈で語られたことも，武智説がもてはやされた[3]理由の一つでありましょう。

不思議なのは，水田稲作をする民族はアジアに数多くいるのに，なぜ日本人だけがナンバ歩行になったのか，武智が答えないことです。また水田稲作民はナンバ，騎馬民族は正常歩と，あまりに単純化したのは問題ですが，人類の直立二足歩行を労働形態との関わりで，その文化的表現（表象的変容）の可能性について考えるきっかけを提供してくれたことは評価されましょう。

（寒川恒夫）

▶３　日本人ナンバ歩行説を容認する著作として，多田道太郎（1972）『しぐさの日本文化』筑摩書房；三浦雅士（1994）『身体の零度』講談社，などがある。

おすすめ文献

†蘆原英了（1941）「ナンバン」『思想』230：64-75頁。
†蘆原英了（1942）「歩行に就いて」『中央公論』655：176-182頁。
†福田精（1957）『運動と平衡の反射生理学』医学書院。

A　からだと技のスポーツ人類学／7　動きのスポーツ人類学

“ふり”を創る

1　意識的行為としての「ふり」

みなさんは「ふり」と聞くと，何をイメージするでしょうか。「身ぶり」「てぶり」「しぐさ」など日常的に無意識におこなわれる動きから，芸能における「所作」「基本動作」や「振り付け」など，意識的におこなわれる動きまで，多様な広がりに気がつきます。とりわけ人類学では「身ぶり」については，これまでも文化による違いの比較研究がなされています[1]。ここでは「ふり」を日常生活で自然におこなう「身ぶり」とは区別された概念と捉え，踊りにみる「ふり」について考えることにします。

踊りには様々な種類があります。神話や信仰を具象化するもの[2]，年中行事の祭りで踊られるフォークダンスや盆踊り，さらに舞台芸術として洗練された踊り，健康の維持増進のためのエクササイズダンスやコミュニケーションを深めるダンスもあります。

いずれの踊りにおいても，「ふり」は踊りの核となる要素であるとともに表現媒体であり，また表現そのものと言えます。そして，「ふり」をおこなう時には，その動きに意識を向けておこないます。そうした意識的行為の「ふり」には特徴があります。

2　歴史的背景をあらわす「ふり」

例えばバレエは，16世紀以来，フランス宮廷でフランスの品位と発展を象徴させるために創られたと言われています。そして，バレエが様式化される過程で，多くの「ふり」が，身体を「外側に開く」アン・ドゥオールという基本動作を軸に体系化されました。例えば足の５つのポジションと腕の動きは，前者が歩行を合理的におこなうため，後者が歩行にともなう腕の動きを足の自然な動きに対応させるために考案されたと言います[3]。これらは，まさに日常的な動きを誇張し，美化しておこなうための「ふり」と言えます。当時の宮廷貴族の嗜みとして「ダンスが宮廷社会における洗練された所作や礼儀作法を身につけるためのもの[4]」であったという歴史的背景を映し出しています。

その一方で，各地のフォークダンスにおける「ふり」はどうでしょう。例えば日本ではとても有名なマイムマイム[5]というイスラエルのフォークダンスは，シオニズムを奉じるユダヤ系の人々が荒地を開拓して水脈を掘り当てた喜びを

▶1　野村雅一（1996）『身ぶりとしぐさの人類学――身体がしめす社会の記憶』中央新書。

▶2　ハリソン，J. E.／佐々木理訳（1964）『古代芸術と祭式』筑摩書房。

▶3　鈴木晶（2012）『バレエとダンスの歴史』平凡社，9-10頁。

▶4　鈴木，同上書，11頁。

▶5　マイム（mayim）とは水という意味。

▶6　Ingber, Judith Brin (2000) “Vilified or glorified? Views of the Jewish body in 1947,” *Jewish Folklore and Ethnology Review*, 20 Dance：39-57.

▶7　日本には，1963年にグーリット・カドマン女史によって紹介された。

表現した踊りで，1937年にエルス・ダブロン女史によって振りつけられました。[6][7] シオニズムが叶ったイスラエルでは，「先人の苦労をしのび，しっかりと大地に足をつける」ために裸足で踊られ，そのために足が痛くならないように軽快なステップが繰り返されます。[8]

また，ブラジルには，ジョンゴというアフロ・ブラジル文化のフォークダンスがあります。その昔，奴隷たちがコーヒー豆を踏み潰す作業をしている中で，その踏み潰す動きが4拍子のステップとなり，男女が向かいあって踊る形式になったと言われています。[9][10]

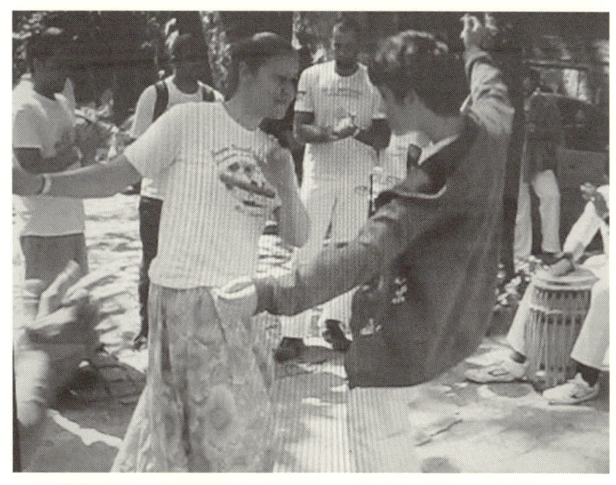

図1 リオデジャネイロにおけるジョンゴの様子

（出典：筆者撮影，2010年）

このように，フォークダンスではその地域の人々の生活習慣や歴史的な出来事が「ふり」に凝縮されています。そうした踊りの「ふり」はいわば身体による歴史的文化の伝承と言えるでしょう。

つまり，人類学的に見れば，踊りにおいて創られた「ふり」には，当時の人々の暮らしや歴史的背景が反映されています。そうした創られた「ふり」は，地域に特有の文化であり，踊り継がれることによって民俗や歴史を継承する媒体となるのです。

3 「ふり」の再現は「ふり」を創ること

以上紹介した踊りにおける「ふり」は，往時の慣習的動きを誇張した動きであり，時に歴史的背景を伝えます。

しかし，現代において，踊り手がそうした「ふり」を再現するということについては，また別の見方ができます。同じ「ふり」を踊っても，踊り手によって身体的条件が違い，また動きに対する解釈の違いも生じるため，オリジナルの踊り手と一寸の狂いなく同じ動きをすることは困難だからです。そのため，「ふり」の再現は，まず踊り手一人ひとりが自分の動きとしてその「ふり」を身体化しつつ，更に個人レベルの「ふり」を創る過程であると言えます。つまり，踊り手にとって「ふり」を再現するということは，例えば動きの強弱やスピードを調整して感情を伝えるよう工夫するといった，観る人に伝わるような美化された動きの模索を意味しており，踊り手自身は常に「ふり」を創る営みの中にあると言えるでしょう。

（細谷洋子）

▶8 関益久（1999）『すぐに役立つフォークダンス・ハンドブック』黎明書房，60頁。

▶9 Lara, Silva Hunorg and Pacheco, Gustavo (2007) *Memória do jongo as gravações históricas de Stanley J. Stein. Vassouras, 1949*, Folha Seca : Campinas, SP.

▶10 細谷洋子（2011）「アフロ・ブラジル文化カポエイラとダンスの形式的特徴——リオデジャネイロにおける実践事例を基にして」遠藤保子ほか編『舞踊学の現在』文理閣，192-209頁。

おすすめ文献

†野村雅一（1996）『身ぶりとしぐさの人類学——身体がしめす社会の記憶』中央新書。

†J. E. ハリソン／佐々木理訳（1964）『古代芸術と祭式』筑摩書房。

†宮尾慈良（2007）『舞踊の民族誌——アジア・ダンスノート』彩流社。

タラウマラの涙：走る力と人種差別

 メキシコのランナー

1927年，北メキシコからやってきた6人のランナーがテキサス市民の熱い視線を浴びていました。3人の男性ランナーと3人の女性ランナーはテキサス大学から招待を受けて，ウルトラマラソンと通常のマラソンを走りました。そもそも「ウルトラマラソン」という呼び名すらまだなかった時代，女性がマラソンに参加する／できるなど誰も考えませんでした。

これより遡ること半年あまり，やはりメキシコ北部からやってきた男たちが大観衆の中で走っていました。ランナーたちは，9時間と37分をかけて，メキシコ北部パチューカの中心からメキシコシティにたどり着きました。彼らは一夜にしてメキシコ国民のヒーローとなりました。このレースの後，メキシコ政府はすぐさま国際オリンピック委員会に100kmレースを五輪種目に加えるよう嘆願しました。1928年のアムステルダム五輪が目前に控えていました。

いずれのレースも参加したのは「タラウマラ」と呼ばれるメキシコ先住民でした。

2 走る人

タラウマラはメキシコ北部のコッパー山脈に居住する先住民です。その険しい地形と厳しい環境の中で生活するタラウマラは，長らくメキシコの人々にとっても未知の存在，未開の民族でした。しかし，そんなタラウマラも彼らの並外れた走力によって，メキシコのみならず今や世界中で知られる人々となっています。「ララヒッパリ」と呼ばれる彼らの競走祭りについては日本でもNHK が何度も取り上げています（図1）。タラウマラは自分たちのことを彼らの言葉で「ララムリ＝走る人」と呼びます。

ララヒッパリは，村内や複数の村対抗でおこなわれる長距離競走です（図2）。ランナーたちは時には一晩も続けて走ります。特徴的なのは，男性ランナーは木製の小さなボールを蹴りながら，女性ランナーは車輪のような輪っかを専用のスティックで飛ばしながら，走る点です。走る時の格好も独特です。男性も女性も色彩豊かな民族衣装を着て，足には「ワラッチ」と呼ばれるサンダルを履いて走るのです。また，レース前には呪術師がランナーに薬草やまじないをかけて，彼らに超越的な力を授けます。これによってランナーたちの身

図1　NHK で放送された「人は走るために生まれた」というドキュメンタリーの DVD 表紙

図2　走るタラウマラの男

（出典：Bogeng, B. A. G.（1926）*Geschichte des Sports aller Völker und Zeiten*, Leipzig, p. 7）

体は長い距離を走るのに必要な忍耐力や持久力を手に入れるのです。

最近ではタラウマラの走力に目をつけた人々が彼らをウルトラマラソンに招待することも珍しくなくなりました。アメリカやメキシコでおこなわれるそうしたレースでも，タラウマラのランナーは自分たちの民族衣装とワラッチでレースに臨みます。それでも最先端のウェアやシューズ，また最先端のトレーニングやサプリメントで準備して走る他のランナーよりも，彼らは速く走り，そして賞金を獲得していきます。

3 走る力の反時代性

しかし，タラウマラがアメリカ人を驚嘆させた20世紀初頭も世界中のランナーを震撼させている現在も，彼らに向けられるまなざしにはどこか差別的なそれが潜んでいるようにも見えます。1927年当時の『ニューヨーク・タイムズ』にしても，彼らを文明からほど遠い，未開の人々と表現しています。

タラウマラはメキシコ政府にとって長らく啓蒙の対象でした。彼らなりの生活スタイルを守るタラウマラは，政府にとってみれば文明化されるべき人々でした。それは開発援助という形をとって，今でも続いています。このことは，現代のメキシコにおいて彼らが先住民であることの証であり，今でも差別の対象になりうる存在であることを意味します。

メキシコ国民のヒーロー，メキシコ人の力強さを証明する存在として表象されるタラウマラも，走ることのない日常世界では貧困や差別といった社会問題の当事者です。しかし，彼らは今も走り続けています。走ることを通じて，今も昔もタラウマラは，人類学者や大衆に我々の近代とその文化の意味を逆照射し，その価値を相対化させてくれているかのようです。走る人として，彼らの神が授けた走力はもしかしたら，この時代に抗う力を持っているのかもしれません。

（小木曽航平）

おすすめ文献

†窪田幸子・野林厚志編（2009）『「先住民」とはだれか』世界思想社。
†クリストファー・マクドゥーガル／近藤隆文訳（2010）『BORN TO RUN——走るために生まれた』NHK出版。
†NHK DVD（2011）『人は走るために生まれた——メキシコ山岳民族・驚異の持久力』NHKエンタープライズ。

アルゼンチンの「スポーツによる人種改良」?:20世紀初頭の身体-神経-精神と優生学

1 スポーツと「人種改良」?

「病苦の荒波に対抗する強健で活力に満ちた人種を作り上げるか否かは，我々の手にかかっている。このすばらしい結果を手に入れることができるのが，スポーツの実践に他ならない。……スポーツを通じて，人種は世代から世代へと改良されていき，それぞれの世代はより強健に，より防衛力のあるものになるのである[1]」。このいささか大仰で奇妙な文章は，1924年にアルゼンチンの人気スポーツ雑誌『エル・グラフィコ』のコラムに掲載されたものです。スポーツが「人種の改良」につながる，とはいったいどういうことでしょうか。これを理解するためには，20世紀初めのアルゼンチンにおいてスポーツの公的振興が盛んに議論される中で，スポーツにどのような社会的価値が付与されたかを検討しなければなりません。ここで着目するのは，(1)スポーツは人間の「身体」だけではなく「精神」にまで良い影響を与える，そして(2)その効用は個人に留まらず次世代にまで伝えられ，ゆえに「アルゼンチン人種」全体に広がる，という2つの主張です。これらが，どのような「科学的」言説を通して広く唱えられたかを見ていきます。

▶1 “El mejoramiento de la raza,” *El Gráfico,* 271 (1924) : 4.

2 身体-神経-精神：なぜ健全なる精神は健全なる身体に宿るのか

「健全なる精神は健全なる身体に宿る」という言葉を聞いたことがある人は多いでしょう。元は古代ローマの詩人の言葉とされるこのフレーズは，19世紀後半以降の近代スポーツの興隆と歩みを合わせるように，身体と精神との間の不可分な関係性を示す格言として，世界中で人口に膾炙する言葉になりました。

ですが，ヒトのこころとからだは，実際のところどのような関係にあるのでしょうか。哲学上では，17世紀にデカルトが「心身二元論」を説いて以来，この問題は「心身問題」と呼ばれ，西洋哲学における大きな問いの一つとして論じられてきました[2]。しかし，こうした議論は決して哲学者や医学者だけのものではありません。20世紀初頭アルゼンチンのスポーツ振興をめぐる政治言説の中でも，この「こころ」と「からだ」の相関関係は非常に重要な位置を占めていました。スポーツを通じて「からだ」を鍛えることが，「こころ」の改善にまでつながってこそ，スポーツの社会的価値が十分に正当化されたからです。

▶2 プリースト，S.／河野哲也ほか訳（1999）『心と身体の哲学』勁草書房。例えばデカルトは，精神と身体を2つの独立した実体とした上で，脳の松果腺という場所で両者が関係しあうと考えたが，他方スピノザは「神」を唯一の実体と捉え，精神と身体はその同じ実体の2つの異なる属性である，という形で両者の間には相互関係はなくとも並行関係が存在すると論じた。

例えば1916年，アルゼンチン議会でスポーツ支援法案を提出した国会議員フランシスコ＝アニバル・リウは，「人民は，何よりもまず生理学的に強健でなければならない」とした上で，次のように述べます。「身体教育は……集団的進歩の発展における強力な要素である。それは，身体の各組織に活力を与え免疫を強化するという器官的進歩への影響に加えて，意志を強固にするという脳に対する反照的作用によるものでもある[3]」（傍点引用者）。ここで「反照的作用」として言及されているのは，筋肉の運動に付随して起こる生理学的刺激が，神経を通じて求心的に脳にまで達し，その結果として人間の「精神」にまで影響を与えるというものです。この理解は今日の科学的知見に沿ったものとは必ずしも言えませんが，身体の運動が神経系を通じて精神にまで影響するという主張は，この時代の脳神経科学の萌芽と相まって，世界各地でスポーツの価値を支持する言説としてより高次の「科学的」正当性を獲得していました[4]。

3 スポーツとラマルク主義[5]優生学：「個人」から「アルゼンチン人種」へ

スポーツが個人の身体と精神に与えるこうした影響は，冒頭の引用にある通り，更にある種の優生学的レトリックを通じて，次世代にまで伝わるものとされました。スポーツの効用は個人を超えた「アルゼンチン人種」全体にまで広げられ，それゆえ，その振興は政治的に大きな意義を持つのです。先に引用した議員も，「身体運動……によって身体を強化し，種の淘汰という争いの中でより適したものにすることは……衛生学と社会学が切に要請するところである。こうした悪に立ち向かう身体教育は，今こそ国家によって保護され推奨されねばならない。そしてそれにより，現在の生を保全するにとどまらず，来る世代にも活力を与えることを目指さねばならない[6]」（傍点引用者）と述べ，スポーツの身体的精神的効用を「アルゼンチン人」全体の遺伝的組成にまで敷衍しています。

「優生学」と聞くと，ナチスのユダヤ人虐殺のような非人道的方策を思い浮かべる人もいるかもしれません。ですが，アルゼンチンにおける優生学はやや異なる考えに基づくものでした。DNA による遺伝の仕組みが知られていなかった当時，「後天的に獲得された形質も遺伝する」とする考えは十分「科学的に」受け入れ可能なものでした。フランスを中心に支持され，19世紀末の中南米諸国にも広がった「ラマルク主義」と呼ばれるこの考え方は，「よりよい次世代を作る」という優生学の目標を達成する手段として，断種や強制収容ではなく，衛生や教育を通じた身体と精神に対する後天的働きかけを含めることを可能にしました[7]。スポーツという当時まだ新興の文化実践が「人種改良」の手段として称揚されたのは，まさしくこのような文脈においてだったのです。

スポーツは果たして何の役に立つのか。この問いに対する答え，そしてそれを支えるレトリックは，その時代と文化全体が抱える政治的社会的要請と深く結び付いています。現代に生きる我々は，スポーツを価値付けるための言説をどこまで深く練り上げることができているでしょうか。　（松尾俊輔）

▶3 *Diario de Sesiones de la Cámara de Diputados (Argentina)* 1916, Vol. 2：1990, 1991.

▶4 Park, R. J. (1987) "Physiologists, Physicians, and Physical Educators：Nineteenth Century Biology and Exercise, Hygienic and Educative," *Journal of Sport History*, 14(1)：28-60.

▶5 フランスの進化論者ラマルクが唱えた，獲得形質の遺伝を認める遺伝理論。「メンデル主義」に対置される。

▶6 *Diario de Sesiones de la Cámara de Diputados (Argentina)* 1916, Vol. 2：1990.

▶7 Stepan, N. (1991) *"The Hour of Eugenics"：Race, Gender, and Nation in Latin America*, Cornell University Press.

おすすめ文献

†S. プリースト／河野哲也ほか訳（1999）『心と身体の哲学』勁草書房。

†米本昌平ほか（2000）『優生学と人間社会』講談社。

†M. B. アダムズ編著／佐藤雅彦訳（1998）『比較「優生学」史――独・仏・伯・露における「良き血筋を作る術」の展開』現代書館。

台湾原住民族のスポーツ身体言説：生まれつき優れているのか

1　台湾プロ野球選手の4割は原住民族

野球の国際大会において台湾チームは日本の好敵手的存在です。台湾チームの選手が多く所属する台湾プロ野球は，全選手の約4割が原住民族[1]と言われています[2]。台湾は人口比率で見れば約98％を漢民族系[3]が占め，原住民族は約2％に過ぎませんので，この割合は相当に高いと言えます[4]。

このような台湾原住民族アスリートの活躍もあって，「原住民族は身体能力が生まれつき優れている」という言説や表象が台湾社会にはあります。各種メディアにおける原住民族の身体的な優位性をことさらに強調する例は枚挙にいとまがありません。また，原住民族の身体的特徴，医学・生理学機能になにか特別なものを見出そうとする研究も少なくありません。

本項では，台湾社会における原住民族の生得的身体優位性に関する言説および表象について，これを文化の問題としてとらえて考えてみます。

2　神か野獣の如き身体

台湾原住民族の「身体」に他者からのまなざしが注がれるようになるきっかけの一つが，1931年「夏の甲子園」で台湾代表の嘉義農林学校（以下，嘉農）が準優勝に輝いたことでした[5]。それまでの台湾代表チームはすべて日本人のみで構成されていましたが，嘉農は日本人，漢民族，高砂族[6]の「三民族」から成るチームで「守備に長けた日本人，打撃に長けた漢民族，韋駄天の如く足の速い高砂族」と選手の特徴が民族の括りによって評されていました。

他方，1930年に起こった霧社事件[7]では，山地に居住する原住民族は一部に馘首の習慣が残っていたこともあり，「耳が良く，夜目が利き，素足で音もなく夜の密林を駆け巡る。人間とは思えない敏捷さ，獣のような視聴覚と方向感覚」を持つと統治者側から畏怖されていました[8]。

日本統治末期には，その身体が「戦う身体」として日本軍に利用されました。台湾人に対し日本軍の軍務に服する者の募集が大々的に実施され，中でも原住民族は東南アジアの密林地帯において有用な戦力になると期待され，「日本人」として激戦地に投入されたのです[9]。

1942年に台湾全島で実施された第1回国民体力検査の結果を報じた記事によると体格については，日本人，台湾人，高砂族の中でも高砂族が一番均整のと

▶1　台湾原住民族とは，17世紀以降に中国大陸から漢民族が移住してくる以前から台湾島およびその周辺の島嶼部に居住していた先住民の総称。

▶2　『自由時報』電子版（2007/3/13 6：00）。http://sports.ltn.com.tw/news/paper/120072（2016年10月25日閲覧）。日本プロ野球でも中日ドラゴンズでリリーフエースとして活躍した郭源治選手，読売巨人軍の陽岱鋼選手（いずれも台湾原住民族アミ族）などが知られる。

▶3　文化的差異から閩南系と客家系があり，さらに第2次世界大戦後に大陸より移住してきた漢民族（外省人）がある。

▶4　台湾芸能界においても，原住民族からアイドルや歌手などのアーティストが多数輩出されていることが指摘される。

▶5　2014年公開（日本では2015年）で台湾史上空前のヒットとなった映画『KANO 1931 海の向こうの甲子園』はこの出来事をもとにしている。

▶6　日本統治末期の原住民族の呼称。これ以前には蕃族，蕃人と呼ばれた。

▶7　1930年10月27日，台湾台中州霧社の原住民族が中心になって台湾総督府の統治に反抗蜂起した事件。130人以上の日本人が殺害

れた身体を持ち，走ることについては高砂族が一番であり，物を担いで走ることになると荷が重くなるほどに，その成績の差が顕著であると評価され，「高砂義勇隊の奮闘ぶり」が裏付けられたと結んでいます。◁10

3 非漢民族へのまなざしとナショナリズム

第2次世界大戦後，中華民国政府の統治下では，日本統治期の高砂族を山地同胞と改称して同化政策が進められる一方で，「中華民族は黄帝◁11の子孫」という考え方から，神話的血統を根拠に原住民族は漢民族と差異化され，台湾社会においてその存在は「不可視」という二重基準の下に置かれました。

原住民族にとって門戸が閉ざされていた台湾スポーツ界。そこに落下傘降下の如く現れたのが，陸上十種競技の楊伝広選手でした。原住民族アミ族出身の楊選手はアメリカでトレーニングを積み，1960年ローマ・オリンピックで銀メダルを獲得しました。陸上競技でのメダル獲得はアジア勢唯一であり，ヨーロッパから「アジアの鉄人」と称賛され，1963年には世界記録も樹立しています。

1968年には原住民族ブヌン族の子どもたちから成る紅葉少年野球団が，リトルリーグワールドシリーズを制し世界一であった和歌山チーム（日本）に7対0で勝利しました。◁12この活躍は台湾に野球ブームが訪れ，台湾野球界が今日のような世界的な隆盛を見ることとなる大きなきっかけでした。

台湾外部からの原住民族の相対的評価によって，台湾社会において原住民族の「身体」が“発見”されることとなり，「原住民族は大自然の中を駆け巡っていた（祖先を持つ）から身体能力が高い」とみなされるようになったのです。

4 現代台湾と原住民族アスリート

1980年代の「民主化」や台湾ナショナリズムの高揚の中で，台湾社会にとって「大陸」との差異化の主張のツールとして原住民族の存在と文化が積極的に利用されるようになりました。そして，原住民族自身による権利回復運動もあり，1994年に憲法に「原住民族」と規定されたのですが，しかし「就業能力が劣っている」「酒に溺れ不健康である」「時間や規則を守らない」などの言われなき理由により，低賃金や悪条件での労働を余儀なくされ，社会の底辺に位置付けられるなど，深刻な問題も生じています。

原住民族の中には，自身の身体的特徴や能力に優越感を抱き，それを活かしてキャリア形成に結びつけようとする人々もいます。他方で，先のような差別の実態を前にして，実力主義の風潮が強く，相対的に差別や偏見が少ないスポーツ界にキャリア形成を求める原住民族が多くなっています。そうして，その活躍が話題になる時，漢民族のように個人の努力として社会的評価を受けるのでなく，ステレオタイプ的な原住民族観から「彼らは生まれつき身体能力が優れている」という理解で片付けられてしまうのです。（渡邉昌史）

され，総督府は軍隊，警察を出動させて徹底した弾圧をおこなった。

▶8　霧社事件を題材にした2011年公開の台湾映画『セデック・バレ』では，山野を疾走する身体能力の高さが強調されている。

▶9　「高砂義勇隊」と命名され，陸海軍合わせて7回戦地へ送られた。実人数は把握されておらず，厚生労働省によれば台湾人全体では20万7183名が戦場へと駆り出され，3万304名が戦死している。

▶10　「断然高砂族が1位——全在島人も漸次向上の見込」『朝日新聞 台湾版』1942年12月15日。

▶11　神話伝説上では中国を統治した五帝の最初の帝であるとされる。

▶12　「石を球とし，竹をバットとし，暑さも強風も暴風も恐れず，ひたすら練習に励み，規律を厳守し，挫折に屈しない不屈の精神」が謳われていた。

おすすめ文献

†林勝龍（2012）「日本統治下台湾における武士道野球の受容と展開」早稲田大学博士学位論文。

†林勝龍（2010）「嘉農精神の創造——日本統治下台湾における嘉義農林学校野球部のアイデンティティー」『スポーツ人類學研究』12：27-49頁。

†渡邉昌史（2012）『身体に託された記憶——台湾原住民の土俵をもつ相撲』明和出版。

A　からだと技のスポーツ人類学／8　からだのスポーツ人類学

4 呪術が創るからだ：チェロキーのラクロス・トレーニング

1 呪術ってなに？

深夜，人けのないところで，藁で造った人形を木の幹に五寸釘で打ち込みます。打ち込んだところが胸なら，人形に仮託された人は胸が痛みます。その人の髪の毛や爪があれば人形に含ませます。そうすれば効果はてきめん，死にいたらしめること請け合いです。

おなじみの呪いの藁人形ですが，遠い過去の話ではなく，今もおこなわれます。通信販売で，容易にこのセットが手に入るのです。こうした行為を呪術と言います。呪術を文化の問題として体系的に論じたのはイギリスのフレーザー（J. G. Frazer, 1854-91年）でした。彼は，あの膨大な代表作『金枝篇』（全13巻，1890-1936年）の中で，世界中から事例を集め，呪術が人類に普遍的な行動であることを明らかにしました。彼によれば，呪術を成り立たせているのは類感原理（まねをすれば現実となる）と感染原理（質は接触によって移る）です。科学的でない疑似因果律的な目的達成行動と言えます。

呪術はスポーツと無縁ではありません。我々は，今日，パフォーマンスを上げるために科学的トレーニングに励みますが，後述のように，呪術も排除しません。いな，信用の程度は呪術の方が大かもしれません。

2 チェロキー族の呪術トレーニング

アメリカの人類学者ムーニー（J. Mooney）が1889年８月におこなったノースカロライナ州東チェロキー族調査によれば，ラクロス試合に備えたトレーニングは４週間前から始められました。指揮を執ったのは呪術師でした。まず，呪術師は選手にタブーであるガクツンタを守らせます。食事は，ウサギ，カエル，ヌメリ鯉，雛鳥，動物の仔，茎が折れやすい野菜のアツンカ，これらを食べることを禁止します。ウサギは臆病，カエルや雛鳥や動物の仔は弱い，アツンカは茎がもろい，ヌメリ鯉は動きが鈍い，そのため，これらを食べれば選手もそのようになり，とうてい試合に勝てないというのです。感染原理です。弱い存在とされた女・子供に触れることも禁止でした。おなじ理由から，灯心草，野生のリンゴ，鉄木，亀の脚，ガラガラ蛇は，その持つ強い力を手に入れるために，食べたり，身体にこすりつけるよう指導されました。コウモリの皮も，かつてコウモリが鳥と動物の球技神話で鳥を勝利に導く大活躍をしたと語られることから，身に着けるよう勧められます。

ゲーム形式の競技トレーニングは１－２週間遅れで始まりますが，より重要なのは呪術トレーニングとみなされていました。この間，「水辺に行く儀式」がしばしば執りおこなわれました。呪術師は，敵チームに力を弱める黒呪術を送る一方，味方選手の身体改造に取りかかります。七面鳥の骨で造った７本歯のカヌガと呼ばれる櫛（くし）を用意します。先は鋭くとがっています。この櫛を，選手の裸身の左右前腕，左右上腕，左右大腿，左右下腿，胸，肩から肩，背に突き立て，血が出るほどに，掻き傷を入れていきます。それぞれの部分に４回ずつです。チェロキー族では，４と７は神聖な数とされています。

この儀式をする場所は厳しく秘密にされます。もし，敵チームに知られたら，敵の呪術師は，「水辺に行く儀式」を間違いなく妨害する黒呪術を送ってくるからです。

いよいよ試合前日になると，日没から徹夜のダンスが始まります。この時，ガラガラを手にした音頭取りの掛け声に合わせ，スティックを持った選手が実際のプレーを演じるように踊ります。この間，味方の大勝利と敵の惨敗，味方がギャンブルの賭け物を山のように背負って凱旋する様子，敵チームの敗北の嘆きの深さが歌によまれ，披露されます。味方の勝利は，類感原理により，既に決定しているのです。

日が昇ると，一行は試合場を目指して出発します。その途中，最後の櫛入れをすませると，試合着に着替えます。選手は，４週間をかけてガクツンタ的に身体を強くしたばかりか，カヌガの櫛入れで聖数を全身に刻み入れ，自身のからだを聖別したのです。神聖なからだがおこなう試合は，負けるはずがありません。◁1

▷1 Mooney, J. (1890) "The Cherokee ball play," *American Anthropologist*, 3(2)：105-132.

呪術が勝敗を決定するこうした試合では，伝統的社会によく見られますが，勝因と敗因も呪術に還元されて詮索されるのがふつうです。選手の呪術遵守の程度，呪術師の呪術力の程度などです。

3 今日の例

他人事ではありません。同様な呪術は，形こそ違え，今日も見られます。とある大学では，重要な試合の前日，監督はお守り，塩，米，水をユニフォームにふりかけ，選手に渡します。この儀式でユニフォームは聖別され，これを身にまとう選手は俗人ではなく無敵の超自然的存在に変身するのです。

このほか，ホームランを打った選手を全員がハイタッチで出迎えるのも，勝った力士が力水をつけるのも，感染原理の呪術と言えましょう。また，種目を問わずよく目にするルーティーン，ラグビー・オールブラックスのウォーダンス，さらに勝利やよいパフォーマンスを想像するイメージ・トレーニングも類感原理の呪術の末裔かもしれません。（寒川恒夫）

おすすめ文献

†Mooney, J. (1890) "The Cherokee ball play," *American Anthropologist*, 3 (2)：105-132.
†J. G. フレーザー／永橋卓介訳（1951-1952）『金枝篇』全５冊，岩波書店。
†真島一郎（1991）「呪術と精霊のうずまく格闘――コートジボアール・ダン族のレスリング」『季刊民族学』58：90-95頁。

混血のからだ，純血のからだ，ナチスのからだ

純血や混血は動物を生物学的に分ける言葉で，人の場合は人種概念が基礎にあります。人種は地理上の発見と生物学がもたらした18世紀の概念で，世界の人々を身体的特徴の地理的分布によって仕分けする考え方です。1735年の『自然の体系』の中で動植物の分類学を創始したリンネ[1]は，その後，インディアン，ヨーロッパ人，アジア人，アフリカ人を区別し，リンネの影響を受けたブルーメンバッハ[2]は皮膚の色と頭形に基づき1775年にコーカシア（白），モンゴリカ（黄），エチオピカ（黒），アメリカナ（赤），更に1795年にマライカ（茶）を加えて5種としました。問題は，こうした人種概念が人種の優劣観を孕んでいたことです。例えば，哲学者のカント[3]は1775年の『人種の概念の規定』の中で白人をもっとも教育を身に付けられる能力がある人種としました。

1　優生学

人種に優劣の違いがあるなら，優れた人種は自身の優秀性を守ろうと考えます。ここから優生学が生まれました。優生学（eugenics）はイギリスの遺伝統計学者のゴールトン[4]が1883年にギリシャ語の「よい（eu）種（genos）」から造った言葉で，作物と同じように良い人種は育種できるとする考え方です。彼は1869年の『遺伝的天才』において人間の能力は遺伝的に伝わると説きました。彼の考えた人種改良の方法は2つ，望ましくない遺伝的資質の排除と望ましい遺伝的資質の増殖です。前者には問題者の断種・不妊手術・隔離・排除（安楽死も）が含まれました。優生学は社会ダーウィニズム[5]やナショナリズムの高まりの中，国富を望む欧米の国家指導者に好意的に受け入れられました。その代表がドイツのヒトラーです。

2　ナチスのからだ

ヒトラーが首相になった1933年から1945年の敗戦まで12年間続いたナチス党の政権をナチズムと言います。ナチズムは国家統合のために国民に人種の純血を強いました。ヒトラーはナチズムのバイブルとなる『我が闘争』（1925-26年）の中で「血と人種に対する罪は，この世の原罪であり，それに手を染めた人間たちの破滅である[6]」と語り，解決を優生学に求めます。ドイツでは優生学は端的に“人種の健康学”の意味で民族衛生学[7]と呼ばれました。この語を創ったのはプレッツ[8]で，彼は1895年に『民族衛生学の基本指針』を発表し，その後に出

▶1　カール・フォン・リンネ（Carl von Linne, 1707-78年），生物分類学の父として知られるスウェーデンの科学者。

▶2　ヨハン・フリードリヒ・ブルーメンバッハ（Johann Friedrich Blumenbach, 1752-1840年），自然人類学の基礎をつくったドイツの解剖学者・動物学者。

▶3　イマヌエル・カント（Immanuel Kant, 1724-1804年），ドイツの哲学者。主著に『純粋理性批判』。

▶4　フランシス・ゴールトン（Francis Galton, 1822-1911年），イギリスの人類遺伝学者。

▶5　社会ダーウィニズム（Social Darwinism）。ダーウィンの生物進化論を社会現象の説明に適用する思想的立場。生存競争，適者生存，優勝劣敗といった用語で国家・社会の発展や没落を説明しようとした。

▶6　ヒトラー，アドルフ／平野一郎・将積茂訳（2014）『我が闘争（上）――民族主義的世界観』角川文庫，353頁。

▶7　ドイツ語からの直訳は人種衛生学（Rassenhygiene）となるが，日本では民族衛生学と訳される。Hygiene はギリシャ語で健康を意味する。

▶8　アルフレート・プレッツ（Alfred Ploetz, 1860-1940年），ドイツの優生学者。

版されたレンツ，バウアー，フィッシャー[9]による『人類遺伝学と人種衛生学の概説』（1923年改訂増補版）はヒトラーの国民身体観に強い影響を与え，ナチズムの優生学政策の基盤となりました。

ヒトラーはドイツ・ゲルマン民族を金髪・碧眼・長身のアーリア人種とし，この健康で優秀な血を汚す筆頭にユダヤ人を挙げ，彼らの排除を目指す法的整備に着手します。中でも1935年のニュールンベルク諸法の「ドイツ帝国公民法」[10]はユダヤ人から公民権を取り上げることで，彼らのドイツにおける生活を脅かし国外退去を勧めるものでした。同じく「ドイツの血と名誉を守るための法律」はドイツ人とユダヤ人の婚姻と婚姻外性交渉を禁じたもので，人種交配による優れたドイツ人の血の劣化を防ぐことを目的としたものでした。アーリア人種の純血者がドイツ人であると法律で定められたことで，ユダヤ人，そしてユダヤ人とドイツ人の間に生まれた子も混血として排除の対象にされました。もちろん，排除の目はドイツ人にも向けられました。精神病者や遺伝的身体障害者は人種改良に不適として強制断種の対象になる「遺伝病子孫予防法」が，1933年に発布されました。

これとは逆に，望ましい遺伝的資質の増殖に有用として学校やナチス党組織において体育やスポーツ活動が奨励されました。体育・スポーツでは身体と精神の鍛錬が強調され，男子には将来強い兵士になること，女子にはたくましい多産の母となることが目指されました。そのため，学校では体育に１週５時間が割り当てられ，更に大学進学のための必須科目となりました。また，1936年の「ヒトラーユーゲント法」によって男女青少年にはナチスの党組織であるヒトラーユーゲント[11]における活動が義務化されました。それはナチズムの文化教育として，男子は10-18歳，女子は10-21歳の間，体育・スポーツを含む様々な集団行動によって青少年の心身を画一化することを目指したものでした。1938年のヒトラー演説の言葉を借りれば「一生自由になれない」[12]人間，自分のものでないアーリア人種の国家身体（Volkskörper）が求められたのでした。

3 差別の身体を超えて

人種概念と優生学は，人間集団の遺伝的優劣観を孕むことで，差別に基づく不幸で悲惨な状況を生み出しました。近年の遺伝学の発達は，ヒトの遺伝子が人間集団のいかんにかかわらず均質であることを明らかにしています。これは，どのような人間集団間にも才能の遺伝的差異は存在しないことを意味します。今日まで生き延びオカルト的魔力を持って我々にすり寄ってくる人種・優生学言説の呪縛からいかに自覚的に自由であるかが問われています。

（マーヤ・ソリドーワル）

▶9 レンツ（Fritz Lenz, 1887-1976年），バウアー（Erwin Baur, 1875-1933年），フィッシャー（Eugen Fischer, 1874-1967年）。ドイツの優生学者。

▶10 「ドイツ帝国公民法」は国籍保持者と公民を区別し，ドイツ人あるいは同種の血を持つ国籍保持者のみを公民として選挙権や公務就任権等の政治的権利を認めた。ユダヤ系ドイツ人は国籍保持者だが公民とされなかった。

▶11 ヒトラーユーゲント（Hitlerjugend）。1922年にナチス党の青少年団として創られたのが始まり。突撃隊（SA）に属したが，1932年に独立する。1936年のヒトラーユーゲント法によって国内のすべての男女青少年の加入が義務付けられた。活動は，集団キャンプ，研究活動，見学視察旅行など多岐に亘ったが，体育・スポーツ活動が中心であった。

▶12 ヒトラーが1938年12月２日にライシェンベルグでおこなった講演の名言。Arno, Klönne（1984）*Jugend im Dritten Reich. Die Hitler-Jugend und ihre Gegner*, Dokumente und Analysen：Düsseldorf und Köln, p. 30.

おすすめ文献

†マーヤ・ソリドーワル（2015）「ナチズムの身体」中村敏雄・高橋建夫・寒川恒夫・友添秀則代表編集『21世紀スポーツ大事典』大修館書店，280-282頁。
†川島浩平（2012）『人種とスポーツ』中央公論新社。

サイエンスの身体とエスノサイエンスの身体

1 サイエンスとエスノサイエンス

サイエンス（science）は，もともと真偽や内容いかんを問わず知識・情報の全体を意味したラテン語のscientiaに由来しますが，ヨーロッパの19世紀以来，合理的で確かな自然科学の知の意味で使われます。サイエンスの身体とは，したがって，我々が理科や保健の授業で習う医科学から眺めた身体を意味します。そして，そうした見方をサイエンス身体論と呼びます。

エスノサイエンス（ethno-science）は，自然科学のサイエンスとちがって，ラテン語のscientiaに近い知と言えます。もともと，人類学者が調査対象にする伝統的社会の認識方法を分析するのに用いた概念で，人々が食料とする動植物をどのように分類するかを研究するのに造語したものでした。分類には生物進化の系統樹論ではなく，別の原理が導入されます。例えば，海に住むのは魚，陸に住むのは動物という思考なら，鯨は魚に分類されます。日本人は明治時代に進化論を受け入れるまで，鯨は魚と分類していました。動植物のみならず，人体，更には社会や宇宙にまで広げて，これらを独自に認識する仕方をエスノサイエンスと言い，そうした身体の見方をエスノサイエンス身体論と呼びます。

2 エスノサイエンス身体論

我々がスポーツでパフォーマンスを上げたいと思う時，コーチに相談すれば，様々なトレーニングを教えてくれます。体力や持久力，スピードやパワー，柔軟性や調整力などを高める体力トレーニングです。また，競技でなく健康を維持増進したいと思う人には，“有酸素運動のエアロビクスが効果的ですよ”とアドバイスされるでしょう。

こうしたトレーニングは，運動刺激に対する人体の生理的反応機序に則った医学的実験を通して，その有効性が確かめられたものです。科学的因果律に基づくトレーニング法と言えます。そして，その背景に解剖学があります。医科学的解剖学が提供する身体図から演繹されたトレーニング法と言えます。

他方，日本の伝統的な武術や舞踊を学ぶ時，パフォーマンスを上げたいなら丹田に意識を集中するよう指導されます。丹田は臍の少し下あたりにあるとされる部位ですが，解剖して組織学的に確認されるというものではありません。学習者はイメージすることを教わります。こうした指導は日本に限らずアジアに多く見られます。背景に，医科学的身体図とは異なる身体図があるのです。中国なら，身体には気が流れていると考えます。この気が流れるルートを経絡と言い，身体の不調やパフォーマンスを，気の流れに還元して分析します。もちろん今のところ，いくら解剖しても，どう測定しても気は確認されません。だから非科学的で迷信と片付けられそうですが，しかし，客観的に証明されなくとも，人はこれを自分の体の中で主観的に，その存在を感じることはできるのです。心の問題解決に気は有用なのです。気を感じ，これを様々に動かす技術が長い歴史の間に「存思」や「運気」として開発されています[1]。

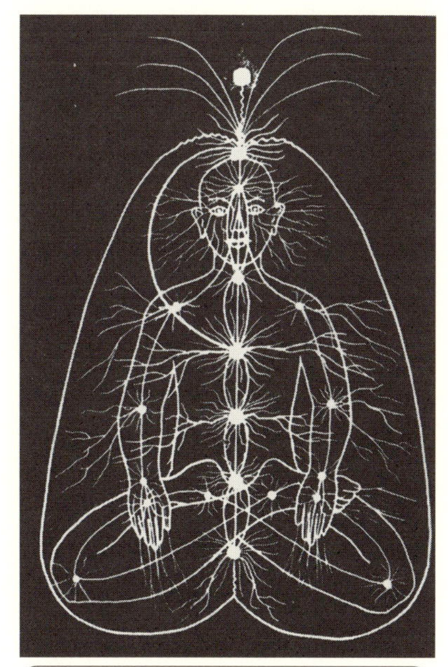

図1　インド・ヨーガの7チャクラ3脈管説の身体図

（出典：Feuerstein, G. (2002) *The Yoga Tradition*, Motilal Banarsidass Publishers, p. 72)

インドの密教が持った身体図も特異です（図1）。我々の身体には脊髄に並行してアヴァドゥーティーという中央脈管が走り，その左右にララナーとラサナーという脈管があります。中央脈管は中空ですが，他の2つには「風」という生命気が流れ，上端と下端において接合し，さらにチャクラと呼ぶ途中の4カ所（眉間，喉，心臓，臍）でも接合しています。このチャクラにおける脈管の接合箇所を，特殊な技法を用いて緩め，中央脈管に「風」を流し込むことができれば，様々な神秘体験を得ることができると伝えます[2]。インドやチベットの行者はこの身体図にしたがって修行を積んできました。

さらに，日本の柔術やスリランカのアンガンポラ武術などで重視される，敵の力を瞬時にして無力にするポイント（いわゆる急所）も，経験知として伝承されますが，独自の身体図に基づいています。

3 エスノサイエンス身体論の今日的意味

こうしたエスノサイエンス身体論に出る「気」，心と身体をつなぐものとしての「気」は近代医学には見ないものです。しかし，かつての日本の武術家や舞踊家は，パフォーマンス向上に不可欠としてこれを受け容れ，その重要性を伝書に書き留めてきました[3]。今日もまた，独自のエスノサイエンス身体論に基づく健康法（気功，太極拳，ヨーガ，ルーシーダットン[4]など）がグローバルにおこなわれます。ホリスティック（holistic）な健康法が世界中で人気を博しています。医科学的に未確認なのに，なぜ人を惹き付けるのでしょうか。スポーツ人類学は，こうしたシステムが科学的に有効か否かより，これを文化の問題として考える方に魅力を感じています。世界各地の健康法や伝統的トレーニングの背景となっているエスノサイエンス身体論の情報収集と分析が待たれます。もちろん，その時は，可能な限りサイエンスをスタンダードにして，比較しつつ進めることが求められます。

（寒川恒夫）

▶1　湯浅泰雄編（1990）『気と人間科学』平河出版社。

▶2　田中公明（1991）「曼荼羅の身体論」『体育の科学』41-10。

▶3　例えば日本の武術伝書では，孟子の“心は気を率い，気は体を統ぶるものなり”がよく引用される。寒川恒夫（2014）『日本武道と東洋思想』平凡社。

▶4　本書「タイ・ルーシーダットンの身体」（74-75頁）の項目を参照されたい。

おすすめ文献

†湯浅泰雄編（1990）『気と人間科学』平河出版社。
†寒川恒夫編（1994）『スポーツ文化論』杏林書院。
†石田秀美編（2000）『東アジアの身体技法』勉誠出版。

2 太極拳の身体

1 格闘技に映し見る中国思想

太極拳と言えば，中国のお年寄りが早朝にゆっくりと身体を動かす健康体操と言うのが，日本における一般的なイメージではないでしょうか。本場中国でも太極拳にそのような健康増進効果を期待して取り組んでいる人は少なくありません。しかし，中国において太極拳が健康増進の手段としても認識されるようになったのは，ここ数十年のことに過ぎません。「拳」と名乗る通り，そもそもは武術であり，ゆったりと流れるような動作も，実はすべて格闘の技なのです。世界中で広く親しまれている簡化太極拳[1]とは異なり，もっとも古い形を留める陳式太極拳などは，カンフー映画さながらの素早く力強い蹴りや突きによって構成されています。そんな太極拳で実践される技，姿勢，身体，いずれも中国固有の身体思想によって解釈され，今に伝えられています。ここでは太極拳を例に，伝統思想が反映された，スポーツをおこなう身体を紹介します。

▶1　1956年に中国の国家体育運動委員会が，伝統楊式太極拳をベースに24の技によって制定した普及型太極拳。

2 陰陽としての身体

「太極」とは中国思想の用語で，万物の根源を意味します。『易経』においては，この根源である太極から陰陽の両儀が生じ，それが四象，八卦と広がりながら世界を生成していくと論じられています[2]。そんな宇宙の万物生成の思想をその名称に抱く太極拳は，技や身体の理解にも，様々な思想が反映されますが，とりわけ「陰陽」や「虚実」という二元論[3]の認識は欠かせません。

例えば，太極拳を始める際におこなう包拳礼[4]という礼があります。胸の前で握った右手の拳の面に，開いた左手を合わせるものです。この礼において，拳を握る右手は陽であり，開いた左手が陰とされます。攻撃的な右の拳を，左手が包み込み，そこに安定と調和を表現しつつ，拙速な攻撃を戒める武術的な教義を併せ持たせています。他にも攻撃する腕や脚を陽，防御する腕や脚を陰，あるいは上半身を陽，下半身を陰といったように，太極拳をおこなう身体部位を状況に応じ象徴的に陰陽の二極で解釈するのです。

また，技法においては，『十三勢説略』[5]でも「虚実宜分清楚（虚実をはっきり分ける）」とあるように，中国医学に欠かせない「虚実」という二元論で説かれます。太極拳の動作中，重心が乗り体重を支えている脚を実歩と言い，もう一方の軽く浮かせるように地面に置く脚を虚歩と表現します。同様に腕の位置

▶2　『易経』は古代中国の思想書。「易」は「変化」を意味し，森羅万象の変化法則を説いている。四象（太陽，少陰，少陽，太陰）は万物を4つの要素に分類し，八卦（乾，兌，離，震，巽，坎，艮，坤）は8つの要素に分類する概念。

▶3　万物が背反する2つの基本的要素から構成されるとする概念。

▶4　抱拳礼とも言う。

▶5　19世紀に武式太極拳の創始者，武禹襄（ぶうじょう）によって著された太極拳の理論書。

や意味も状況に応じて虚実や陰陽に分けられます。どの技や姿勢を解説する際にも，それが虚か実か，どちらでもないのか，を明確に分けて理解するのです。

このような二元論は対戦の場面においても通底しています。『太極拳経』[6]でも「人剛我柔（人剛にして我柔となる）」や，「動急則急應，動緩則緩隨（動くこと急なれば，則ち急にして応ず。動くこと緩なれば，則ち緩にして随う）」と説き，相手の動きに呼応して，攻め守り，あるいは，時に早く時に遅く，戦いにおける相対的な変化の必要性が陰陽によって繰り返し強調されています。

そもそも陰と陽は決して固定的ではなく，常に回りながら変化し続けます。太極拳の身体技法においても，状況に応じ，流れるように攻守や形，意味が移り変わる虚実，陰陽は，あたかも太極図の陰と陽の回転を象徴的に体現するようでもあります（図1）。

▶6 18世紀末頃に王宗岳（おうそうがく）によって書かれた太極拳の理論書。別名を『太極拳論』とも言う。

図1 太極拳の名称の元になった太極図

白い陽と黒い陰が時計回りに回るが，どちらも互いの上にあると同時に下にもありバランスを保っている。それぞれの中にある小さな円は，もう一方の性質を内に有し，完全な陰も陽もないことを示す。

3 気めぐる身体が発する勁

太極拳に限らず中国武術における身体観は，基本的に中国医学の身体認識をベースにしているため，身体器官の名称や機能においても，中国医学の概念によって説明され，伝承されています。とりわけ特徴的な身体概念に「気」があります。陰陽，五行などの思想によって象徴的に理解される身体には，経絡と呼ばれる気の通路がはりめぐらされ，それらが諸器官や体表の経穴をつなぎ，その経絡を流れる気の作用によって，全体が一つの有機体として捉えられています。したがって，太極拳もまた，物理的な力のみならず，気や呼吸，更にはそれらを操る意念を意識した実践，修練になります。西洋近代医学では実体のない経穴や，経絡，丹田などが，太極拳をおこなう身体認識においては，今なお具体的な機能を有し，修練に欠かせない要素となっているのです。『十三勢行功要解』[7]でも，太極拳を実践する姿勢について「気沈丹田（気を丹田に降ろす）」と，気にまつわる身体器官の存在を前提とした説明があり，更には「意気君来骨肉臣（意念と気が君子であり，骨肉が臣）」と，身体そのものである骨や肉以上に，意念や気の優越性を論じてさえしています。

▶7 『十三勢説略』と同じく武禹襄による理論書。

そして，身体内部で培った気を攻撃として相手に伝える媒体が「勁」と呼ばれる力（運動量）です。物理的な力とは異なるこの勁もまた，気と同様，他の言葉をもって説明することが困難な概念です。中国医学にもない概念ですが，長年の実践者たちは体験的に勁の存在を理解しているため，太極拳では筋肉や骨を頑強にするような稽古はしません。むしろ「聴勁」と言って，相手の勁の変化を敏感に感じることができる研ぎ澄まされた身体感覚を養うことに努めるのです。先の『十三勢説略』でも「始而意動　既而勁動（初めに意念が動き，次に勁力が作用する）」と説きます。筋力や速度ではなく，あくまでも「意」や「勁」によって身体技法が説明されるのは，身体の構成そのものが根本的に西洋近代医学とは異なる概念で理解されているからなのです。（木内　明）

おすすめ文献

†三浦国雄（1994）『気の中国文化』創元社。
†湯浅泰雄（1986）『気 修行 身体』平河出版社。
†石田秀実（2000）『東アジアの身体技法』勉誠出版。

A　からだと技のスポーツ人類学／9　エスノサイエンス身体論

タイ・ルーシーダットンの身体

1 ヨーガ以前のヨーガ？

▶1 「ワット・ポー」はタイでもっとも格式の高い寺院の一つで，今ではこの国を代表する観光名所となっている。全長60mを超える涅槃仏が有名である。

タイ王国の首都バンコクを南北に流れるチャオプラヤー川は，早朝からけたたましく行き交うスピードボートで溢れています。このスピードボートを「ター・ティアン」という船着場で降りると，この国を代表する王立寺院「ワット・ポー」[1]があります。車やバイクが行き交う早朝の街の騒々しさは，寺院の中にはありません。静かな境内では平日の毎朝８時から「ルーシーダットン」がおこなわれています。ルーシーダットンは健康体操の一種で，タイを代表する伝統的健康法です。タイ式ヨーガとしばしば形容されるように，その技法はヨーガに似ています。しかし，インドのヨーガが健康維持のためにおこなわれるようになったのは20世紀以降とされることを考えれば，ルーシーダットンはヨーガ以前にヨーガ的に実践されていた健康法なのかもしれません。

史料によると，1788年にラーマ１世王がワット・ポーの改修工事を命令し，その際，ルーシーダットンのポーズをとる像が境内に設置されました。続く1831年には，ラーマ３世王がワット・ポーの更なる大改修工事を命じました。ラーマ１世王が作らせたルーシーダットン像は既に腐食が激しかったため，ラーマ３世王は新たに80体を作らせたと言います。今はそのうち，24体が残っ

図１　ワット・ポーの境内にあるルーシー像

（出典：筆者撮影，2015年）

図２　ワット・ポーの境内にあるタイ・マッサージの壁画。マッサージポイントを示している

（出典：筆者撮影，2015年）

ています（図1）。ワット・ポーはただの寺院ではなく，大衆に開かれた学校でした。ラーマ3世王はここに美術，文学，歴史，医学などの知識を集積したと言われます。そのため，ワット・ポーにはタイ・マッサージの知識を伝える人体図も存在します（図2）。

2 ルーシーダットンのエスノサイエンス

今日ではタイ・マッサージの教科書にも載る，その人体図には「セン（sen）」と呼ばれる細い線が示されています。センは人体の中をロム（風）が通っていく道だと説明されます。タイ伝統医療のエスノサイエンスでは，人間の身体は「ディン（土）」「ナム（水）」「ファイ（火）」「ロム（風）」の四元素から構成されると考えます。中でもロムは身体の形状と動力を維持する機能を持つとされています。マッサージが必要な病気の症状はこのロムの流れが悪くなることで起きます。

ロムとセンを基本とするエスノサイエンス身体論は，ルーシーダットンの基本理論ともなっています。タイ・マッサージが他者（施術者）からの働きかけによってロムの流れを正常にする身体技法だとすれば，ルーシーダットンは自分が自分に働きかけることによってロムの流れを正常にする身体技法と言えます。ルーシーダットンの「ダッ」は「曲がったものを元に戻す」を，「トン」は「自己」を意味します。つまり，「ダットン」とは自分で自分の身体を正しい状態に戻すという目的を持った運動であると理解できます。それでは，「ルーシー」とはどんな意味でしょうか。

3 ルーシーダットンの系譜

タイ語で「ルーシー（rusie）」は「隠者，仙人，林間修行者」を意味します。サンスクリット語に「rsi」という単語があり，これはバラモンの苦行者，梵志などを指します。タイ語のルーシーもこのサンスクリット語から派生したと考えられます。インドにおける「リシ」は具体的には，森に籠って苦行を続け，悟りを開いて力を得た行者，またはすでに解脱に達し，山に隠棲したバラモン教徒のことであったとされています。ヨーガはこうしたリシたちの修行法でした。タイのルーシーダットンにもリシたちの修行文化の影響はうかがい知れます。

冒頭にルーシーダットンはヨーガよりも先に健康法になったと述べましたが，そのことは両者の親近性を否定するものではありません。むしろ，両者の身体技法を規定するエスノサイエンス身体論とその文化性には連続した系譜を見出すことが可能です。健康の価値に重きが置かれたルーシーダットンと修行の価値に重きが置かれたヨーガという両者は，むしろ起源を一つにする兄弟なのかもしれません。

（小木曽航平）

おすすめ文献

†小木曽航平（2013）「現代タイ王国における伝統医学知識の位置づけ――タイ式体操ルーシーダットンの商標登録事件を手がかりとして」『スポーツ人類學研究』12：39-63頁。

†小木曽航平（2014）「【コラム12】タイ伝統の健康体操『ルーシーダットン』」綾部真雄編『タイを知るための72章【第2版】』明石書店，299-301頁。

†飯田淳子（2006）『タイ・マッサージの民族誌』明石書店。

インド武術カラリパヤットの身体

1 エクササイズする身体

インドの西南部，東の西ガーツ山脈，西のアラビア海に囲まれたケーララ州は，カラリパヤットという伝統的な武術の発祥の地です。ケーララ州の州言語のマラヤラム語で，カラリは施設，教室を，パヤットはトレーニング，エクササイズを意味します。

カラリに入場してお祈りを済ませ，全身にオイルを塗ってから，カラリパヤットのエクササイズが始まります。オイルはインドの伝統医学アーユルヴェーダに基づいて調合されたオイルです。エクササイズは7種類の脚のエクササイズから始められますが，まずは生徒各自が自主練習でこれらをおこないます。両手を上に挙げた状態で，左右交互に脚を蹴り上げる動作などがあり，その後は師匠の掛け声にしたがい一連の動作，上級者は武器の体系へと進みます。これらの動作にはすべて型があります。

一連の動作の中で多く登場するのがアマルチャの姿勢です（図1）。これは別名，象のポーズです。エクササイズには8つの動物のポーズ[1]が含まれますが，これはその一つです。この姿勢は股関節を柔軟にする効果があるとされます。カラリパヤットでは柔軟でしなやかな身体を形成することが重要で，股関節の柔軟性も不可欠なのです。しかし一方で，近年は競技会も開催されていて，カラリパヤットが競技スポーツ化していることも事実です。

▶1　象のほかに，ライオン，馬，イノシシ，孔雀，鶏，猫，蛇のポーズがある。猫のポーズは消化機能を促進する効果もあると言われる（高橋京子（2011）「舞と武の融合のかたち――南インドのマーシャルアーツ，カラリパヤット」『舞踊学の現在――芸術・民族・教育からのアプローチ』文理閣，170-171頁）。

2 カラリという場における身体

カラリパヤットは宗教，カースト，男女の別を問わず，誰でも学ぶことができます。しかし，月経中の女性だけはカラリに入場することができません。月経中の女性は必然的にお休みしなければならないことになります。これはカラリに女神の祭壇プータラがあり，カラリが他のヒンドゥー教寺院と同じ神聖な場として機能していることに由来します（図2）。カラリに入場してから最初にお祈りをするのもこうした理由からです。

図1　アマルチャの姿勢

（出典：筆者撮影，2009年9月）

図2　女神の祭壇プータラ

（出典：筆者撮影，2009年9月）

更にプータラは，ヒンドゥー教に基づく女神の祭壇ではありますが，6段の各段には人間の腺，ホルモンに関する名称がつけられています[2]。そのためプータラは人類を象徴しており，プータラに祈りを捧げることは，全人類を敬うことでもあるのです。

3 師匠は町のお医者さん

カラリパヤットには，エクササイズのほかにウリチルと呼ばれるオイルを用いたマッサージ体系があります。カラリパヤットの師匠はウリチルの施術師を兼ねています。腰痛や肥満の解消，エクササイズのための柔軟な身体を得るためにもウリチルが用いられます。ウリチルは，雨期の時期に，一人の施術師が一人の患者を14日間継続して担当し，必ず脈拍計測をして体調を見てから開始するなどとても慎重におこなわれます[3]。中日には，体内を浄化する日も設けられているほどです。ウリチルでは，天井から吊るされた紐を使って，施術師自身が脚を高く蹴り上げ，手と足を使って治療をしていくのです（図3）。

また老若男女を問わず，一日に何人もの捻挫や打撲患者が師匠のもとにやってきます。時には骨折者もいます。師匠は，患部に直接手を当て，文字通り手当てをし，アーユルヴェーダの薬を塗布し，固定します（図4）。町のお医者さんとして機能するカラリパヤットの師匠は，地域住民にとってはなくてはならない存在なのです。

4 生かすも殺すもマルマン次第

アーユルヴェーダに基づく108のマルマンと呼ばれる，急所，ツボの概念がエクササイズでもウリチルでも使用されています[4]。

アマルチャは，両肘をつけることで，命に関わるマルマンが集約された額から股までを覆い隠す姿勢なのです。両肘をつけるのは案外辛いのですが，アマルチャはマルマンを覆い守ることで，自己防衛ができる姿勢というわけです。またアマルチャをすると身体がポカポカと温かくなってきます。これは股関節のリンパが刺激され，リンパの流れ，血行が促進されるためです。一日3分間この姿勢をすると痔が治るとも言われます。しかし，逆にマルマンを狙えば相手を殺すことも可能なわけです。

ウリチルでもマルマンに基づき治療をしていきます。マルマンを手厚く扱うことで健康促進につながるのです。要するに相手を生かすも殺すのも，マルマン次第というわけです。　（高橋京子）

図3　ウリチル

（出典：筆者撮影，2005年8月）

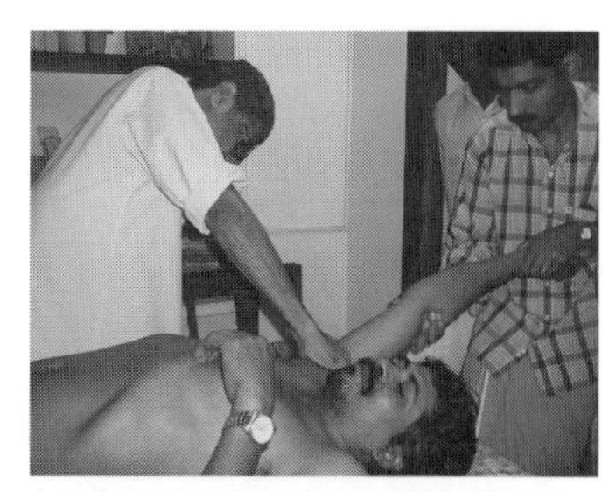

図4　師匠による治療の様子

（出典：筆者撮影，2005年8月）

▶2　高橋京子（2006）「カラリパヤット Kalarippayattu の諸相――南インド，ケーララ州におけるマーシャルアーツの実証的研究」『立命館産業社会論集』42-2：85-107頁。

▶3　高橋（2011）前掲論文，162-177頁。

▶4　Zarrilli, Phillip B.（2003［1998］）*When the Body Becomes All Eyes : Paradigms, Discourses and Practices of Power in Kalarippayattu, a South Indian Martial Art*, Oxford University Press.

おすすめ文献

†河野亮仙（1999[1994]）「インドのホリスティックな武術――カラリパヤットのトレーニング」寒川恒夫編著『スポーツ文化論』杏林書院，194-199頁。

†高橋京子（2011）「舞と武の融合のかたち――南インドのマーシャルアーツ，カラリパヤット」『舞踊学の現在――芸術・民族・教育からのアプローチ』文理閣，162-177頁。

†Zarrilli, Phillip B.（2003［1998］）*When the Body Becomes All Eyes : Paradigms, Discourses and Practices of Power in Kalarippayattu, a South Indian Martial Art*, Oxford University Press.

ポストモダンの舞踊文化

ポストモダンの舞踊文化を理解するには，他の芸術分野や思想領域におけるポストモダン概念とは異なる世界を追求してきた劇場舞踊独自の発展史を知っておく必要があります。ポストモダンのダンスとはなにか。まずは，モダンダンスがバレエへの抵抗としてあらわれた経緯から見ていきましょう。

1　バレエからモダンダンスへ

17世紀のフランスで形を整えた劇場舞踊のバレエは，とりわけ20世紀に入ってヨーロッパからアメリカ，そして世界各国に広がり，今日まで深化発展し続けています。バレエの特徴は，つま先で立つトウ・シューズを履き，決まったステップの組み合わせからなる振付を踊ることです。しかし20世紀初頭，アメリカ人ダンサーのイサドラ・ダンカン[1]は，このバレエのスタイルを嫌い，自由に自分の気持ちの赴くままに音楽に合わせて裸足で即興的に踊る舞踊を打ち出し，本国のアメリカではなくヨーロッパ，とりわけドイツで受け入れられました。これを受けて1910年代からドイツ人のルドルフ・ラバン[2]やマリー・ヴィグマン[3]らが，人間の内面や感情を表現する新しい芸術舞踊を始めました。これらのダンスがやがて「モダンダンス」と呼ばれ，ヨーロッパ，アメリカ，日本などへと広がっていきました。中でも独自の発展を見せたアメリカでは，神話や哲学的な内容をテーマにして，時に情緒的な表現も含みながら，それらをダンスで表現するダンシング・テクニックが発展しました。代表的な振付家にマーサ・グラハム[4]，ドリス・ハンフリー，ホセ・リモンがいます。

2　モダンダンスからポスト・モダンダンスそしてポストモダン・ダンスへ

上記のモダンダンスが成熟してきた1950年代のアメリカ，とりわけニューヨークで，それまでのモダンダンスを否定した新しいダンスが起こりました。このダンスはモダンダンスの後に現れたダンスとして，やがて「ポスト・モダンダンス」と呼ばれるようになりました。このダンスの特長は，ダンサーたちが振付家の決めた振付を踊るのではなく，一定の枠組みやルールにしたがって即興的に自由に動き，そのプロセスを披露するダンスを目指した点にあります。物語や感情や何かのテーマを表現するのではなく，身体の動きそのものを追求するダンスを志向しました。この活動の中心人物はダンサーで振付家のマース・カニングハム[5]でした。彼は禅仏教に深く影響を受けて活動する音楽家の

▶1　イサドラ・ダンカン（Isadora Duncan, 1877-1927年），モダンダンスの創始者。

▶2　ルドルフ・ラバン（Rudolf von Laban, 1879-1958年），舞踊の動きを記録する舞踊記譜法を考案した舞踊理論家。

▶3　マリー・ヴィグマン（Mary Wigman, 1886-1973年），ドイツ表現主義舞踊の代表的舞踊家。

▶4　マーサ・グラハム（Martha Graham, 1894-1991年），アメリカのモダンダンスにおける代表的存在。独自の技法グラハム・メソッドの考案者。

▶5　マース・カニングハム（Merce Cunningham, 1919-2009年），アメリカ人舞踊家でポスト・モダンダンスの先駆的存在。

▶6　ジョン・ケージ（John Cage, 1912-92年），作曲家，実験音楽家。前衛的な試みは多くの芸術家に影響を与えた。

▶7　レイノルズ, N.・マコーミック, M.／松澤慶信監訳（2013）『20世紀ダンス史』慶應義塾大学出版会，381頁。

▶8　ミニマル・アートとは，1960年代におもにアメリカの美術界で展開された芸術様式。ミニマルは「最小の，極小の」を意味し，均一でシンプルな幾何学的形態の繰り返しによる表現や，加工しない石やレンガ

ジョン・ケージ[6]とともに古代中国の『易経』から着想を得て，振付と作曲の方法に，人為性を排し，作品作りの様々な要素を決定する場面において偶然性を組織的に用いるチャンス・オペレーションという手法を採用しました[7]。

このカニングハムらの試みは，その後，様々な舞踊家や芸術家に影響を与えます。1960年代初頭にはニューヨークの下町にあるジャドソン教会の広場を中心に，カニングハムらに刺激を受けつつ，しかしこれを越えようとする舞踊家たちが現れます。彼らはジャドソン・ダンス・シアターと呼ばれ，その代表格に，イヴォンヌ・レイナー，トリシャ・ブラウン，ルシンダ・チャイルズ，スティーヴ・パクストンらがいました。イヴォンヌ・レイナーらが取り組んだダンスは，特別な舞踊テクニックを持つ鍛えられた身体を必要とせず，ダンスのトレーニングを受けていない者とトレーニングを受けた者とがともに日常的な動作や自然なしぐさをおこなうダンスを目指しました。これはバレエやモダンダンスのように技を見せつけたり，また非日常の特別な空間や過度な演出といったことはせず，飾らない服のまま淡々と踊られ，あらゆるものがダンスになるという考えに立っていました。またトリシャ・ブラウンやルシンダ・チャイルズらは，当時起こっていたミニマル・アート[8]から影響を受けて，短い動きのフレーズ（動きの最小単位）を繰り返し，少しずつずらしていきながら，意図的に盛り上がりを作らないダンスを試みました。さらにスティーヴ・パクストンは，合気道の身体技法の影響を受け，倒れる，支える，引っ張る，持ち上げるなど，人と人との間に身体接触をともないながらペアあるいは複数で即興的に踊るコンタクト・インプロヴィゼーションという手法を用いるダンスを打ち出しました。

このように，それまでふつうであったダンシング・テクニックで人間の内面を表出・表現したり，またダンシング・テクニックを見せるというのではなく，ダンシングしない身体そのものを呈示することもダンスなのだという，いわゆるメタダンスを提案することになりました。これらが「ポストモダン（ポストモダン・ダンス）」と呼ばれます。振付手法に偶然性を取り入れつつも依然としてダンシングすることにこだわりを持っていたカニングハムのポスト・モダンダンスとは区別されます。

ポストモダンの舞踊とは，マルセル・デュシャンによる『泉』[9]のメタアートやジョン・ケージによる『4'33"』[10]のメタミュージックと同じたくらみのアートで，ダンスとは何かという舞踊作品のコンセプトをメタ的に問う試みです。このメタダンスが今，劇場舞踊にコンテンポラリーダンスという新しい文化を拓こうとしています。　（高野美和子）

図1　コンタクト・インプロヴィゼーションのデモンストレーション公演風景

（出典：J・ノヴァック，S.／立木燁子・菊池淳子訳（2000）『コンタクト・インプロヴィゼーション――交感する身体』フィルムアート社，20頁より転載）

を並べ反復させる手法を用いた作品が特徴。

▶9　フランス生まれの美術家マルセル・デュシャンが1917年に「リチャード・マット（R. Mutt）」という署名を入れた男性用便器に『泉』というタイトルを付して美術展へ出品した。これがレディ・メイドの先駆けとなった。

▶10　『4' 33"』は，アメリカ生まれの音楽家ジョン・ケージによって1952年に作曲された。しかし，作曲されたと言っても4分33秒の間，始めから終わりまで，ピアニストは音を発せずに演奏をしない無音の「音楽」作品。

おすすめ文献

†N. レイノルズ・M. マコーミック／松澤慶信監訳（2013）『20世紀ダンス史』慶應義塾大学出版会。
†ノヴァック・シンシア・J.／立木燁子・菊池淳子訳（2000）『コンタクト・インプロヴィゼーション――交感する身体』フィルムアート社。
†外山紀久子（1999）『帰宅しない放蕩娘アメリカ舞踊におけるモダニズム・ポストモダニズム』勁草書房。

バリ伝統舞踊の開放性と閉鎖性

聖俗レベルによる分類

インドネシア・バリ島は世界有数の観光地です。その魅力は美しい海や暖かい気候といった南国の雰囲気とともに，バリ特有の伝統芸能の数々も挙げられます。その中でも伝統舞踊は人気芸能の一つで，バリの観光地化が始まった1920年前後から観光資源として扱われ，観光客に披露されてきました。しかし一方で，バリ舞踊には観光とは切り離された宗教儀礼としての舞踊も数多く存在しています。そこで問題になるのは「どこまでが観光（娯楽）としての舞踊で，どこからが宗教儀礼としての舞踊か」ということですが，バリではその線引きが州令により定められています。州令は1973年に「観光客および一般に対する宗教的な舞踊と儀礼的な舞踊の上演禁止に関する法令」として交付されたもので，これにより，バリ舞踊は聖俗のレベルに応じてワリ（wali，神聖な舞踊），ブバリ（bebali，儀礼的な舞踊），バリバリハン（balih-balihan，娯楽的な舞踊[1]）の３つに分類されました。この分類によってバリ舞踊は宗教儀礼としての側面を守りつつも観光や娯楽として更に進化しています。

2 新しく創作されるバリ舞踊

観光客に披露されているものの多くは上記の分類のバリバリハンに属する舞踊です。バリバリハンは娯楽的要素が強いため，もとの舞踊にアトラクティブなアレンジを加えたもののほか，まったく新しく創作された作品も多くあります。観光資源である限り観光客がより楽しめるよう変化していくのは当然のことです。それは1920年代にウォルター・シュピースによってケチャが作られたように[2]，バリ人たちは西洋の目線を取り入れながらバリ舞踊を変容させてきました。

1969年にインドネシア政府が打ち出した計画[3]のもと，バリ州政府は「文化観光」をコンセプトに文化政策として観光と芸能を結び付け，その両方に力を入れてきました。

その中で定められたのが上記の州令ですが，州令制定後にバリバリハンに属する舞踊が急速に発展していったのは言うまでもありません。この頃，国立伝統音楽学校（Konservatori Karawitan Indonesia）や国立舞踊アカデミー（Akademi Seni Tari Indonesia[4]）が設立されましたが，そこでは既存の作品指導

▷1　梅田英春（2003）「バリ舞踊の聖俗論議セミナーの答申をめぐる一考察」『Mousa（ムーサ）』沖縄県立芸術大学音楽学研究誌，4：87-101頁。

▷2　本書「創られた伝統舞踊『ケチャ』」（148-149頁）の項目も参照されたい。

▷3　第一次五カ年開発計画。その中で国際観光は経済発展の重要な手段とされ，観光地としてバリが候補となった（鏡味治也（2000）『政策文化の人類学——せめぎあうインドネシア国家とバリ地域住民』世界思想社）。

▷4　現在はインドネシア国立芸術大学デンパサール校（Institut Seni Indonesia Denpasar）となった。

に加え積極的に新しい作品を生み出しており，舞踊に語りや歌を加えたスンドラタリ[5]もこの教育機関で創作されたものです。また1979年から始まり，現在バリでもっとも大きな芸能イベントであるバリアートフェスティバル（Pesta Kesenian Bali）は創作作品を披露する場の一つとなっており，毎年新しい創作作品が発表されています。

図1 新しい創作作品

（出典：筆者撮影）

3 宗教儀礼という空間でのバリ舞踊

新しいバリ舞踊作品が誕生する一方で，宗教儀礼としての舞踊はバリの各村でそれぞれ伝承されています。国民の9割がイスラーム教であるインドネシアにおいてバリはヒンドゥー教[6]を主な宗教としており，バリ人の生活は常にヒンドゥー教とそれにまつわる儀礼とともにあります。その儀礼に欠かせないものの一つが舞踊です。

宗教儀礼としての舞踊と観光向けの舞踊との違いは外からのまなざしがあるかどうかというところですが，それとともにクラウハン（kerauhan）と呼ばれるトランス状態が起こるのも宗教儀礼としての舞踊の特徴です。クラウハンとはなにかに憑依された状態と考えられています。その憑依を目的としたサンヒャン（Sanghyang）という舞踊もありますが，サンヒャン以外でも宗教儀礼の場では舞踊手にクラウハンが起こることや，その舞踊を見ていた人にクラウハンが起こることがあります。これはバリ人にとってはごく自然な現象であり，聖水をかけてクラウハンを鎮めますが，外の世界の人間からは理解し難い状況と言えます。しかしそこからバリ人の宗教に対する考えを垣間見ることができると同時に，舞踊が特別な役割を担っており，バリ人以外の他者には入ることのできない空間を作り出す存在であることもわかります。

4 バリ舞踊に見るバリ人の柔軟性

このようにバリ舞踊には観光や娯楽を目的として日々進化していく開放的なものと，目に見えない存在に対する儀礼としてバリ人にだけ伝承し続けられる閉鎖的なものがあります。それは相反するものにも思えますが，両者があるからこそバリ舞踊は現在も色あせることなく人々を魅了し続けていると言えます。そしてそこには守るべきものは守りながらも，外の文化を取り入れることを拒まず，自分たちの文化をより魅力的なものにしていこうというバリ人の柔軟な姿勢を見ることができます。

（國寳真美）

▶5 インドネシア語のスニ（seni，芸術），ドラマ（drama，演劇），タリ（tari，舞踊）からできた言葉で，現在バリの代表的な芸能の一つである（梅田英春（2008）「インドネシア，バリ島の芸術文化政策」笠原潔・西村清和編著『世界の芸術文化政策』放送大学教育振興会，165-179頁）。

▶6 インドのヒンドゥー教とは異なり，バリの固有の宗教体系にヒンドゥー教の要素がまざりあったバリ独自の宗教体系となっている（吉田禎吾編著（2001）『バリ島民――祭りと花のコスモロジー』弘文堂）。

おすすめ文献

†エイドリアン・ヴィッカーズ／中谷文美訳（2000）『演出された「楽園」――バリ島の光と影』新曜社。

†鏡味治也（2000）『政策文化の人類学――せめぎあうインドネシア国家とバリ地域住民』世界思想社。

†皆川厚一編（2010）『インドネシア芸能への招待――音楽・舞踊・演劇の世界』東京堂出版。

B　サブカルのスポーツ人類学／10　おどりの人類学

3 踊りの真正性

1 ホンモノ？　ニセモノ？

我々はものを見る時，しばしば，その対象が「ホンモノ」か「ニセモノ」かということを話題にします。「ホンモノ」「ニセモノ」を問う態度，すなわち真正性を求める態度は身体技法の世界においても，しばしば現れ，問題になります。ここでは舞踊を対象に「真正性」について考えていきます。

2 「真正性」を巡る当事者たちの語り

日本各地に様々な舞踊が存在します。地域の盆踊りから，獅子舞，神楽，はたまた徳島県を発祥としメガイベントの様相を持つ「阿波おどり」など，規模の大小を問わず様々な踊りがおこなわれています。1992年に登場した通称「お祭り法[1]」以来，祭礼と地域はその紐帯を強くし，観光資源として利用されるようになりました。

▶1　平成４年６月26日法律第88号。正式には「地域伝統芸能等を活用した行事の実施による観光及び特定地域商工業の振興に関する法律」と言う。

富山県八尾町で９月１日-３日におこなわれる「おわら風の盆」も，そのような祭りの一つです。毎年20万人以上が訪れるこの祭礼では，「富山県民謡越中八尾おわら保存会」により「おわら踊り」が披露されます。以前は町内を練り歩く形式でしたが，現在ではその形式に加えて，特設ステージにおける踊りや決められた時間に決められた場所で披露されるなど，観光客を意識した措置もおこなわれております[2]。おわら踊りには，いくつかの決まりが存在します。それは，その地区出身者でなければ保存会に所属できないこと，25歳未満でないと踊りはできないことなどです。これらのルールの存在は，おわら踊りはあくまでも地域と不可分のものであるという考え方と見ることができます。実際に八尾小学校では保存会の協力のもとおわら踊りの指導がおこなわれており，幼少期よりこの踊りに馴染ませながら保存・継承をおこなっていこうとする様子がうかがえます。

▶2　舞台踊りなどの詳細は，杉山未那美・田邊元・杉山千鶴（2014）「『おわら風の盆演舞場』における舞台踊りの特徴——富山県『おわら風の盆行事』調査報告」『比較舞踊研究』20：43-51頁を参照。

しかし，このような状況に対して，保存会とは別の活動をおこなうグループが存在します。そのグループは上述した期間中に，保存会とは別に自分たちのおわら風の盆をおこないます。彼らの母体となったのは，元々保存会に所属していましたが，保存会でおこなわれる踊りに異を唱える形で独立した人々です。彼らは，保存会による踊りに対して「形が崩れてきた」と語ります。そして，そのような「崩れた」ものではなく「本来の型」を伝承する必要があると語ります。つまり，保存会における踊りを「ニセモノ」とみなし，自身がおこなう踊りを「ホンモノ」とする語りがおこなわれていると言えます。彼らは，自分たちは技術の向上を第1に目指している，と語ります。そのような中で伝承される踊りこそ「本来の型」を保持するため，保存会における伝承よりも正統な踊りであると主張するわけです。

ところでこの人たちが言う「本来の型」は，どのように維持されているのでしょうか。彼らは第1に技術の向上を目指している，と語ります。そしてそのため，技能審査会と呼ばれる段位認定審査会において踊りを評価します。この団体では，保存会と違って出身地や年齢による縛りを設けず，あらゆる人に門戸を開いています。そのためメンバーは，あくまでおわら踊りを踊りたいと願う人々によって構成されていると言えます。彼らは風の盆の期間に，保存会とは別に八尾町内でおわら踊りを踊りますが，そのような場で踊れるのは審査会で認定された上位の段位を持つ人たちに限られます。実力者の踊り，すなわち「本来の型」を観客に披露したいという考え方を持つためです。加えて，彼らは自分たちの「本来の型」に対して「品」という尺度を用いて評価をおこないます。この「品」が保存会の踊りと自身の踊りを分ける重要な差であり，独自の言葉として使われているのです。こうした独自の観点から技術の洗練がおこなわれ，「本来の型」（「ホンモノ」）は維持されている，と説明されるのです。

図1　おわら踊りの様子

（出典：筆者撮影，2012年9月2日）

3 語りの「リアリティー」

以上のような現象はおわら風の盆に限ったことではありません。例えば，徳島の「阿波おどり」，秋田の「西馬音内盆踊り」とともに日本三大盆踊りと言われる岐阜県郡上市の「郡上おどり」では，観光化された「正調郡上おどり」に対して，「昔の“楽しみある”踊り」を標榜した地元民たちにより「新たな郡上おどり」がおこなわれています。彼らは観光化された現状を嘆き，ノスタルジックな感情を持つことで，「伝統」を保存するために新たな活動をおこない始めたと見ることができます。[3]

これらの現象は，担い手たちが自他の境界を意識したことで現れた現象とも言えます。上述のような現象は，いずれも「本質とは何か」を問う視点からの議論であり，「ホンモノ／ニセモノ」という二項対立図式の中で生まれたものと言えます。むしろ，我々はこのような真正性を担い手たちが語ることで，彼らがどのように自己を認識し，どのように新たな文化を創造していくかに注目していく必要があると言えるでしょう。　（田邊　元）

▷3　足立重和（2004）「ノスタルジーを通じた伝統文化の継承——岐阜県郡上市八幡町の郡上おどりの事例から」『環境社会学研究』10：42-58頁。

おすすめ文献

†田邊元（2014）「民俗芸能における真正性と伝承方法に対する一考察」『現代民俗学研究』6：59-72頁。
†太田好信（2010）『トランスポジションの思想——文化人類学の再想像』世界思想社。
†足立重和（2010）『郡上八幡伝統を生きる——地域社会の語りとリアリティ』新曜社。

B　サブカルのスポーツ人類学／10　おどりの人類学

「芸能武術」は踊りか

広義に武術と言えば，柔道や剣道から古武道まで様々です。ところで，武術とはなんであるかと問われれば，多くの人はこう答えるでしょう。殺傷技法である，と。競技としておこなわれる剣道や柔道の基になったとされる剣術や柔術などを伝える流派武術は，敵を殺傷するための技術を伝えてきたと言えるでしょう。しかし流派武術に伝承されたのは，果たして，殺傷に留まったものであったのでしょうか。

1 「芸能武術」：祭礼に伝承される流派武術の存在

日本では数多くの民俗芸能がおこなわれます。多くの場合民俗芸能は，過去にあっては村落共同体で，また現在では地域社会に結成された保存会によって伝承されます。こうした民俗芸能の中に，刀や槍，棒，時に傘や鎌といった武器や生活用具を用いておこなわれる格闘技（武術）があります。そしてしばしば，「○○流を基とした」といった由来がついています。それらの形は，古武道と呼ばれる流派武術におこなわれる形と形式的には同じと見えます。こうした民俗芸能は，実際に，自衛のためだけではなく，農民たちの娯楽として，また通過儀礼として，また時には呪術としておこなわれたなど，多様な機能を持つことがわかっています。[1]

ところで，こうした武術は芸能として祭礼という場で演武される中で，本来の殺傷とは別の面を現わすようになってきました。すなわち，「見せる」という面です。1対1の相対状況でおこなわれた攻防を再現したのが形であり，流派武術ではその形を通して技術の習得を目指します。しかし，形を祭礼という観客がいる状況においておこなうことで，演武者たちは周囲の人々，すなわち第三者を意識することになります。そうした中で演武をおこなうとどのようになるか，そこには「見せる」「見られる」意識が生まれます。[2]我々が人前で何かをする時に人々の視線を気にする，あの感覚が発生してくるのです。つまり，流派武術が本来持っていた殺傷目的は後景に退き，代わりに観客の視線を意識する技法が現れてくるのです。このような「見せる」という視点から武術を分析する概念として「芸能武術[3]」が造語されました。「芸能武術」は，これまであまりフォーカスされてこなかった武術の「見せる」側面に焦点を当てた概念です。これまでもっぱら精神文化やスポーツとの比較から論じられてきた武術を，違った視点から分析する意図があります。

▶1　一般に武士以外の階級は武術に関わることがなかった，というイメージが持たれやすいが，近世において農民たちは武術をやっていた。以下に挙げる文献はそのような村落における武術伝承について論じられている。杉仁（2001）『近世の地域と在村文化——技術と商品と風雅の交流』吉川弘文堂；高橋敏（1987）「幕藩制下村落における『武』の伝承——農民剣術の虚と実」『季刊日本思想史』29：53-71頁。

▶2　「見せる」という視点についての議論は以下の先行研究に見える。大石泰夫（1999）「芸能の二面性（神事性と娯楽性）」赤田光男ほか編『講座日本の民俗学　8芸術と娯楽の民俗』雄山閣出版；橋本裕之（2006）『民俗芸能研究と言う神話』森和社。

▶3　田邊元（2013）「『芸能武術』論序説——長谷川流棒術と田山花踊りの『棒振り』を事例として」『スポーツ人類學研究』15：45-66頁。

2 どのように「見せる」か

芸能武術は「見せる」という武術側面を浮かび上がらせますが，では実際の伝承現場では，これはどのようにおこなわれているのでしょうか。

例えば，京都府南山城村でおこなわれる「田山花踊り」に「棒振り」と呼ばれる役があります。この棒振りは「長谷川流棒術」という，この地域でおこなわれていた棒術を由来としています。神社に向かう行列の中にこの棒振りが登場し，行列の進行に合わせて形を演武します。形は長谷川流棒術の「水引」という形と手順が一致しますが，その動作は，行列の進行や，進行にともなうリズムや掛け声などの影響により，長谷川流とは違ったものになっています。つまり，行列内の他の諸役の動作に同調し，全体としての行列進行を乱さないようにした結果，違ったものになったのです。棒振りたちの意識は，他の役の視線や行列を見る沿道の人々といった方向に向いており，「見せる」にフォーカスされています。

図1　民俗芸能としておこなわれる，愛知県豊田市の「四郷の棒の手」

（出典：筆者撮影，2013年10月3日）

一方で，彼らは自分たちが良いとするものを積極的に取り入れます。例えば，長谷川流では発声はしませんが，棒振りは他の役と一緒にタイミングを合わせて発声をします。また，その際の動きは長谷川流のものと違った，どちらかと言えば剣道の面打ちを彷彿させるものです。ここには，「見せる」文脈で彼らが選択したイメージが導入されているのです。

3 演武？　演舞？

芸能武術の概念は，今日おこなわれる武道や古武道の分析にも有効かもしれません。実は，殺傷目的でおこなわれた技法を伝承しているとされる古武道においても，近年，古武道大会などの演武では派手で見栄えがいい形をおこなっているという報告もあるからです[4]。そして，そのような行為は過去にもおこなわれ，現在に至っている可能性があります。殺傷第一と考えられている武術に「見せる」工夫をしていると聞かされると不思議な気持ちになりますが，そのような視点からおこなわれた工夫の上に今の姿があり，また今後もそのような工夫がおこなわれていくことについて，積極的に議論を進める必要があるでしょう。

（田邊　元）

▶4　對馬陽一郎（2007）「古流剣術の稽古における諸作法の事例」『歴史民俗資料学研究』14：91-105頁。

おすすめ文献

†田邊元（2013）「『芸能武術』論序説――長谷川流棒術と田山花踊りの『棒振り』を事例として」『スポーツ人類學研究』15：45-66頁。
†榎本鐘司・和田哲也（1995）「近世村落における武術史研究の現状と課題」渡邉一郎先生古稀記念論集刊行会編『武道文化の研究』第一書房，134-147頁。
†折口信夫（1956）「日本藝能史序説」折口博士記念會編『折口信夫全集　第十七巻』中央公論社。
†田邊元（2015）「芸能武術のエスノグラフィー」早稲田大学博士学位論文。

レアルとバルサ：スペインの代理民族戦争

1 ダービーマッチのスポーツ人類学

スポーツにはライバルが，そして，そのようなライバル同士の対決が付き物です。ライバル対決は，サッカーにおいては「ダービーマッチ（Derby Match）」，あるいは単に「ダービー」と呼ばれています。ダービーマッチは近接する街のクラブ同士の対決といったように，地域を単位として発展することがしばしばですが，ここになんらかの社会的要因が加わることで，より一層深く激しい対決構造を生むことがあります。例えば，ファンの社会階層，信仰する宗派，そして民族の違いです。ダービーマッチは時として，そこに参加する人々のアイデンティティー闘争の舞台にもなりうるのです。このようなダービーマッチには，クラブが置かれた地域の歴史とそこで暮らす人々の文化が息づいていると言えるでしょう。

さて，スペインには世界のサッカー人気を二分する2つのクラブが存在します。レアル・マドリー（以下，レアル）とFCバルセロナ（以下，バルサ）です。この2つのクラブによる試合は「エル・クラシコ」と呼ばれ，他のあらゆるダービーマッチが及ばぬ規模と注目度を誇る伝統の一戦として，世界中に知られています。かつてフィル・ボール[1]は，「モルボ（morbo）」というスペイン語を手がかりに，この世界最大のダービーマッチの歴史的背景を掘り起こしました。「モルボ」とは，ライバルに向けられる競争意識の総数のようなものです。では，レアルとバルサの間のモルボはどんな特徴があるのでしょうか。そして，そのモルボはいかにして醸成されてきたのでしょうか。その答えにたどり着くためには，2つの異なる民族と文化の存在を知る必要があります。

▶1　フィル・ボール（Phil Ball）はスペインを拠点に活躍するイギリス人の作家・記者である。代表作である『バルサとレアル――スペイン・サッカー物語（*Morbo: the story of Spanish football*, 2001）』のほか，レアルの歴史を扱った『レアル・マドリー――ディ・ステファノからベッカムまで（*White Storm: 100 years of Real Madrid*, 2002）』が邦訳されている。

2 レアルとバルサ：一つの国，複数の文化

スペインという国は17の自治州から成り，特にバスク，カタルーニャ，ガリシア，そしてアンダルシアといった州は自治意識の強い地域として知られています。バルサが本拠地を置くカタルーニャ州はとりわけ伝統的に独立意識の強い場所です。このようにスペインには，国より地域を重視する「地域主義」が根付いているとされます。その結果，スペイン人というナショナル・アイデンティティーより，カタルーニャ人というローカル・アイデンティティーを大切にする人も多いと言われます。地域主義が成立するだけの文化的差異をそれぞ

図1 バルサのエンブレムの一部には黄色と赤色の縦縞模様が描かれている。これはカタルーニャ州旗から取られている

（出典：FC BARCELONA Official ホームページより）

れの地域が有しているのです。例えば，言語です。バスクではバスク語が，カタルーニャではカタルーニャ語が，ガリシアではガリシア語が，それぞれスペイン語に加えて使用を奨励されています。

以上のようなスペインの文化的多様性は，フランコ独裁政権の時代（1939-75年）に受難を迎えます。カタルーニャ州ではカタルーニャ語の使用が禁止され，カタルーニャ旗の掲揚も禁止されました。ただし，そうした中でも，バルサはカタルーニャの文化的シンボルとして，カタルーニャ人たちの暗い時代を支えました（図1）。とりわけ，フランコのお膝元にあったレアルとの試合，つまりクラシコはカタルーニャ・アイデンティティーを確認する格好の舞台でした。

3 「17分14秒」の意味：スポーツと政治

バルサのホームスタジアム「カンプノウ」では，試合経過から17分14秒を過ぎると，どこからともなく独立を謳う合唱が始まることがあります。17分14秒は西暦1714年を意味します。それは，かつてのカタルーニャ王国が，マドリードを中心とするカスティーリャ王国に敗れた年でした。ファンたちは，その歴史を忘れぬために，あえてこの時刻に叫びをあげると言います。

いったい我々はスポーツを政治から切り離すことなどできるのでしょうか。ダービーマッチで肥大化したモルボは，直接的な暴力をともなう運動にたやすく移行する危険性も含んでいるでしょう。しかし，スポーツという代理戦争で済んでいる場合には，むしろ現実の世界は安定することもあります。カタルーニャにおける「17分14秒」の独立合唱のように，スポーツのガス抜き機能が臨界を迎えそうな時，我々は注意をする必要があります。スポーツは社会的暴力の発生を見極めるバロメーターにもなりえます。そうであるならば，我々はむしろ，スポーツを優れた政治装置として冷静に扱う視座を忘れないようにしなくてはならないのかもしれません。「ダービーマッチのスポーツ人類学」は，単なるスポーツの試合に，社会の深層を読み解こうとする試みなのだと言うことができるでしょう。

（小木曽航平）

おすすめ文献

†田澤耕（2013）『レアルとバルサ——怨念と確執のルーツ』中公新書ラクレ。
†ダグラス・ビーティ／実川元子訳（2009）『英国のダービーマッチ』白水社。
†フィル・ボール／近藤隆文訳（2002）『バルサとレアル——スペイン・サッカー物語』日本放送協会出版。

B　サブカルのスポーツ人類学／11　サッカーの人類学

サポーターの文化

1 12番目の選手たち

サッカーのサポーターは，他のスポーツにおける観客とはいささか様子が違います。ユニフォームやマフラーで着飾り，試合になれば飛び跳ねたりチャント（応援歌）を歌ったりしてひいきのチームを応援します。「応援でチームを勝たせる」と息巻いてスタジアムに陣取る彼ら彼女らは，いつしか世界中で“12番目の選手”と呼ばれるようになりました。

日本ではサッカーを応援する人をサポーター（支持者）と呼びますが，呼び名は国によって様々です。イギリスではfanです。ラテン語の「寺院」を意味するfanumから，神への狂信によって「我を忘れた人々」fanaticが派生し，これが略されてfan[1]になりました。イタリア語で熱狂的なサポーターをさすtifosoは，もと「チフス病患者」を意味しました。またポルトガル語のtorcedorは「身悶えして苦悩する」という意味を持ち，いずれも強烈な語義を持つ言葉ばかりです。

このようにサッカーにおけるサポーターは，単なる試合の観客という以上の存在であると言えます。より熱狂的で主体的であり，時には攻撃的になることさえあります。サポーターたちの行動は，我々が生きる社会と深く結び付き，様々な文化を生み出しています。

2 サポーター・コミュニティ

イギリスのロンドンには，プロリーグに所属するものだけでも14のクラブがあります。ロンドンに住む人々は居住地や階級，宗教など，自分自身のアイデンティティーにしたがって応援するクラブを選択します。例えば東ロンドンの下町に本拠地があるウェストハム・ユナイテッドは「労働者階級のクラブ」とされ，西ロンドンの高級住宅地にスタジアムを構えるチェルシーは「富裕層のクラブ」とされます。こうしたクラブ同士の争いには単なるサッカーの試合を超えて，地域対立や階級対立の要素も持ち込まれます。またライバルとの争いを通して味方同士の「我々」意識が強まります。このようにサッカークラブはサポーターたちが持つ集団的なアイデンティティー[2]を代弁し，結束させる存在として機能します[3]。

一方でグローバル化の波に乗り，地域の枠を超えて世界中で愛されるクラブ

▶1　一方，18世紀のイギリスにおいて，プライズ・リング（賭博ボクシング）などの運動競技に熱狂する人が“fancy”と呼ばれており，こちらをfanの語源とする向きもある。現代でもイギリスにおける動物愛好家は“animal fancy”と呼ばれる。

▶2　本書「レアルとバルサ」(86-87頁）の項目，また第Ⅱ部C「アイデンティティーとスポーツ」なども参照されたい。

▶3　こうした研究のごく一例として，リーヴァーによるブラジルのサッカークラブの研究がある。リーヴァー，J.／亀山佳明・西山けい子訳（1996）『サッカー狂の社会学——ブラジルの社会とスポーツ』世界思想社。

もあります。例えばマンチェスター・ユナイテッド（イングランド）は世界中におよそ6億5000万人ものサポーターがいると推定され[4]，日本や中国にもサポータークラブが存在します。サッカーのグローバル化や商業化にともなって，サポーターのコミュニティも世界規模で拡大しています。

▶4 “World's Most Popular FC,” Manchester United Official Website. http://www.manutd.com/en/News-And-Features/Club-News/2012/May/manchester-united-global-following-confirmed-as-659million.aspx?pageNo=1（2012年5月29日掲載，2016年5月10日閲覧）

3 スタジアムの演出家

1920年代のイギリスのサポーターたちの写真を見ると（図1），みなスカーフを巻いて帽子をかぶり，トロフィーをかたどった木板やクラブを連想させるアイテムを持っています。応援における服装やアイテムといった“見た目”は，いつの時代でもサポーターにとって重要なテーマです。クラブカラーを身につけることでクラブへの忠誠心を示すとともに，スタジアムという祝祭空間にのめりこんでいくスイッチとなるのです。

図1 お手製のグッズを持って駆け回るウェストハム・ユナイテッドのサポーター

（出典：Guggeis, K. (2006) *FOOTBALL One Game — Many Worlds*, ARNOLDSCHE, p. 147）

また，ドイツやイタリアにおける試合中の応援は，各クラブのウルトラス（ultras）と呼ばれる私設応援団によって統率されています。ウルトラス的な応援形式は1970年代初頭にイタリアで生まれ，日本を含めた世界中に伝播しました。

ウルトラスはスタジアムを横断幕や旗で埋め尽くして自分たちのクラブカラーに染め上げます。重要な試合の前には色紙や布などを用いてコレオグラフィー（人文字）を作り上げます（図2）。そして試合になると太鼓や拡声器を用いて，統率された迫力のある応援を繰り広げます。その様子はパンクロックなどユース・サブカルチャーの強い影響を感じさせるものであり，サポーターが様々な大衆文化との関わりによって応援文化を深化させていることが読み取れます。

（海江田保雄）

図2 ボルシア・ドルトムント（ドイツ）のウルトラスによるコレオグラフィー

（出典：Burkhardt, Alexander (2013) *BLICKFANG ULTRA Saisonrückblick 2012/13*, Burkhardt & Partner Verlag, p. 222）

おすすめ文献

†有元健・小笠原博毅編（2005）『サッカーの詩学と政治学』人文書院。

†パトリック・ミニョン／堀田一陽訳（2002）『サッカーの情念（パッション）——サポーターとフーリガン』社会評論社。

†J. リーヴァー／亀山佳明・西山けい子訳（1996）『サッカー狂の社会学——ブラジルの社会とスポーツ』世界思想社。

3 サッカーの中のジェンダー問題

1 ジェンダーとは

ジェンダー（gender）[1] とは，身体的・生物学的な性差（セックス，sex）に対して，社会的・文化的に形成された性差のことです。具体的には，生物的な男や女にとって，社会的にふさわしいとされている役割や行動・思考全般を指します。例えば「男は外で働く」「女は家を守る」というのは，近代社会における伝統的なジェンダー表現です。

サッカーをはじめとする近代スポーツは，イギリスのヴィクトリア朝時代[2]に，男らしさを追求する男文化として創られました。そうしたスポーツ観が蔓延する社会において，サッカーをプレーする女性たちはどのように受け止められていたのでしょうか。

2 権利闘争史

1894年にイングランドで世界初のサッカークラブが結成されると，女性のあいだでもサッカーは大きな人気を博しました。1920年にリバプールでおこなわれた女子サッカーの試合はなんと約５万3000人もの観衆を集め[3]，その頃にはイングランド北部を中心におよそ150の女子チームが活動していました。これほどの人気を得ながらも，女性は「デリケートな性」として激しい動きには向かないと考えられていました。そのことが当時の医学や生理学などによって科学的に根拠付けられるようになった[4]こともあって，1921年にFA（イングランドサッカー協会）は女子サッカーを禁止しました。

女子サッカーに転機が訪れたのは1960年代です。医学の進歩やフェミニズムの高まりとともに女子サッカーがふたたび盛り上がりを見せるようになり，ドイツやイングランドで女子サッカーの禁止令が撤回されました。アメリカでは1972年に通称「タイトルⅨ[5]」が可決され，女子サッカーの教育現場への導入も進みました。

こうした人気の高まりを背景に，1991年からFIFA（国際サッカー連盟）女子世界選手権（現在のFIFA女子ワールドカップ），1996年からオリンピックの正式種目として女子サッカーがおこなわれています。その後はアフリカやイスラーム文化圏など，女性の権利が十分でないとされる地域でも女子サッカーは徐々に広がりを見せています。

▶1　昨今ではセックスとジェンダーを対立的に捉えるのではなく，「性はすべて文化的構築物としてのジェンダーである」という見方が優勢である。江原由美子（2001）『ジェンダー秩序』勁草書房など。

▶2　大英帝国の繁栄をつくりあげたヴィクトリア女王（1837-1901年）治世下の時代を指す。この頃台頭著しかった中流階級には福音主義（evangelism）と呼ばれる，禁欲と道徳を重んじるキリスト教的価値観が広まっていた。その思想は中流階級の子弟が通う男子校のパブリックスクールへと持ち込まれ，スポーツによって強い心身を鍛錬することで，一人前のジェントルマンを輩出していくというアスレティシズム（athleticism）へと接合されていった。

▶3　多くの男子サッカーの選手たちも第１次世界大戦に徴兵されていた中，こうした女子サッカーの試合は，戦争で負傷した兵士へのチャリティーマッチとしておこなわれることが多かった。

▶4　石井昌幸（2015）「イギリス・スポーツ史」中村敏雄・高橋健夫・寒川恒夫・友添秀則編集主幹『21世紀スポーツ大事典』大修館書店，576頁。

3 女性サッカー選手へのまなざし

女性がサッカーを自由にプレーできるようになったからといって，ジェンダー問題がなくなったわけではありません。人々が女性選手のプレーやふるまいについて語る時，様々な形でジェンダー問題が立ち現れます。

1970年にイタリアで非公式の世界選手権が開催された際，スイス代表のユニフォームには，スイス協会のマークが付いていませんでした。マークは大会直前に開催地に届けられましたが，そこには，「女性なのだから，ユニフォームに縫い付けるくらい簡単でしょう」と記されたメモも同封されていました。「女性ならば裁縫はできて当たり前」「女性は家に居るもの」という典型的なジェンダー観を示したエピソードです。[6]

また1999年のFIFA女子世界選手権決勝では，アメリカがPK戦の末に3度目の優勝を果たしました。PKのキッカーだったブランディ・チャスティンは優勝を決めた瞬間，喜びのあまりユニフォームを脱いで喜びを爆発させました。彼女の写真は翌日の新聞や雑誌・テレビで大きく取り上げられましたが（図1）[7]，「女性として品がない」など，彼女のふるまいに対する批判が読者から殺到し，大きな議論を呼びました。

男子サッカーならば「喜びのあまりユニフォームを脱ぐ」ことなど日常茶飯事であり，まず批判の対象になることはなかったでしょう。しかしグラウンドの内外において，彼女たちは“女性らしく”ふるまうことを暗黙のうちに社会から義務付けられています。女性選手は常に，こうしたまなざしにも向き合わなければなりません。

（海江田保雄）

図1　女子ワールドカップ優勝翌日の『Newsweek』表紙

▷5　男女教育機会均等法案。学校における男女のスポーツの機会を平等にすることなどが定められ，ほとんどの高校・大学で女子サッカーチームが結成された。

▷6　Steinbichler, K.(2006) “It's a Man's Game? The Women's Battle for the Ball,” in Guggeis, Karin, *FOOTBALL One Game — Many Worlds*, ARNOLDSCHE, pp. 78-87.

▷7　*Newsweek*, 19, July 1999.

おすすめ文献

†飯田貴子・井谷恵子(2004)『スポーツ・ジェンダー学への招待』明石書店。
†江原由美子(2001)『ジェンダー秩序』勁草書房。
†森田浩之(2009)『メディアスポーツ解体——〈見えない権力〉をあぶり出す』NHKブックス。

通過儀礼の場としてのスタジアム

1 通過儀礼とは

通過儀礼は，「個人の地位や身分，さらには状態を変更する際におこなわれる儀礼[1]」を指します。日本の通過儀礼の一つに成人式があります。成人式を経験することで未熟な子供状態を脱して一人前の大人の仲間入りを果たすことになるのです。また候補者になんらかの課題を課し，それを達成することで一人前とみなす通過儀礼も世界中に数多く存在します。いずれにせよ，人は通過儀礼を体験することで，自分が所属する集団との結び付きを強め，より社会的に成熟した（つまり社会化された）人間という立場を獲得していきます。

こう言うと，通過儀礼はどこか“伝統的”で古くさく，縁遠いものに思われるかもしれません。しかし我々がふだん親しんでいるサッカーにも，様々なかたちで通過儀礼が入り込んでいます。スタジアムは今や「通過儀礼の場」として機能しているのです。

▶1　大塚和夫（2012）「コミュニタス」山下晋司・船曳建夫編『文化人類学キーワード［改訂版］』有斐閣双書，118頁。

2 ゆりかごから墓場まで

サッカーと通過儀礼は，大きく分けて２つの関わりがあります。一つは，スタジアムの中で結婚式や葬儀といった通過儀礼がサポーター向けにおこなわれていることです。これは西欧や南米のスタジアムに顕著に見られます[2]。

例えばドイツのサッカークラブであるシャルケ04は，スタジアムに教会と墓地を持っており（図１），専属の神父が儀式を執りおこないます。サポーター

▶2　Lembert, C. and Rusch, B. (2006) “Passages — Lifelong with the Club,” in Guggeis, K. *FOOTBALL One Game—Many Worlds*, ARNOLDSCHE, pp. 162-165.

図１　シャルケ04のスタジアムにあるチャペル（左）と墓地（右）

（出典：Schalke 04.de, http://www.schalke04.de/de/（2016年７月30日閲覧））

はスタジアムで洗礼から結婚式，葬儀までおこなうことができます。これまでに（2016年現在）およそ800人のサポーターが洗礼を受け，200組のサポーターが結婚式を挙げたと言います。まさしくゆりかごから墓場まで，愛するクラブとともにあることができるのです。

サポーターはスタジアムでの通過儀礼を経験することにより，応援するクラブへの愛着と同一化を深めていきます。また周囲の人々にも“一人前”のサポーターとして認められていくことになります。スタジアムにおける通過儀礼は結果として，クラブに深い愛着を持ったサポーター全体のまとまりを生み出すことにつながると言えます。

3 サポーター集団内における通過儀礼

サッカーと通過儀礼の関わりとして，もう一つ挙げられるのが，スタジアムにおけるサポーター集団の内部で通過儀礼がおこなわれているということです。ここで言うサポーター集団とは，例えばフーリガンにおけるファーム[3]やウルトラス[4]など，なんらかの目的を持って組織された特定のサポーターたちの集まりを指します。

例えばファームでは定期的な活動参加に加え，敵のフーリガンとの争いにおいて“勇気”を示すことが成員として認められるうえで不可欠であると言います[5]。映画『フーリガン』（2006年）ではアメリカ人の主人公が，フーリガンである甥を守るために敵のフーリガンと血まみれになって闘い，結果的にファームの正式なメンバーとして迎えられる様子が象徴的に描かれています[6]。また，浦和レッズサポーターによるノンフィクション書籍には，とある母娘が深夜の遠征や敵サポーターとのにらみ合いといった困難を通して次第にレッズサポーターとしての“気合い”や“覚悟”を身に付け，ついにはサポーターグループに正式加入する過程が記されています[7]。

いずれの例においても，なにか決まった形で儀礼がおこなわれるわけではありません。しかしここで紹介したサポーターたちは困難な状況を乗り越える中で，集団の成員としてふさわしい行動や態度を学び，その結果，グループの正式なメンバーとして認められていきます。その意味では，彼らの経験も一種の通過儀礼と捉えることができます。

以上のようにスタジアムは「通過儀礼の場」として，サポーターやサポーターがつくる集団の強固なまとまりを生み出す機能を持っています。今後は儀礼研究の観点からも，サポーターの文化研究がいっそう進められることが望まれます。

（海江田保雄）

▶3　フーリガンとは，スタジアム内外で敵サポーターに暴力を振るうことを主たる目的として試合にやってくるサポーターの総称。ファームはフーリガンによる組織を指す。

▶4　本書「サポーターの文化」（88-89頁）の項目を参照されたい。

▶5　Giulianotti, R. (1999) “Spectator Cultures,” *Football a sociology of a global game*, Polity Press, p. 51.

▶6　レクシー・アレキサンダー監督，ドゥギー・ブリムソン，ジョシュア・シェロフ，レクシー・アレキサンダー製作（2006）『フーリガン』（映画），イギリス・アメリカ合作，KADOKAWA メディアファクトリー。

▶7　清尾淳（2001）「アウェー応援の珍道中——ゴール裏に居場所を見つけた母娘」清尾淳『浦和レッズがやめられない』ランドガレージ，182-184頁。

おすすめ文献

†ファン・ヘネップ／綾部恒雄・綾部裕子訳（2012）『通過儀礼』岩波文庫。

†レクシー・アレキサンダー監督，ドゥギー・ブリムソン，ジョシュア・シェロフ，レクシー・アレキサンダー製作（2006）『フーリガン』（映画），イギリス・アメリカ合作，KADOKAWA メディアファクトリー。

†阿南透（1999）「Ｊリーグにおける『祝祭』と『騒動』——儀礼研究の視点から」『情報と社会 Communication & society』江戸川大学紀要，第９号，89-94頁。

B　サブカルのスポーツ人類学／12　マンガのスポーツ人類学

『キャプテン翼』とグローバル文化

1 『キャプテン翼』とは

『キャプテン翼』は，1980（昭和55）年から『週刊少年ジャンプ』に10年間連載されたサッカーマンガです。1983（昭和58）年にはアニメ化され大好評を博したほか，主人公たちの成長に合わせて「ワールドユース編」「Road To 2002」などの続編も発刊されています。「将来日本をワールドカップで優勝させる」ことが夢の天才少年・大空翼が，次々に登場するライバルたちと切磋琢磨しながら成長していくストーリーは，連載当時から根強い人気を誇り，現在の日本国内におけるサッカー人気の基礎をつくったと評価されています。

また特筆すべきことに，アニメ版は世界50カ国以上で放映され，ジネディーヌ・ジダン[1]をはじめとした世界的に有名なサッカー選手たちも，少年時代にキャプテン翼の影響を受けたと公言しています。2001年にはフランスの有名サッカー雑誌『FRANCE Football』の表紙を飾り（図1），2004年にはイラクにおける自衛隊の給水車にキャプテン翼のデザインが採用されるなど，世界に通用する日本の「MANGA」ブランドの筆頭作品となっています。なぜこれほどキャプテン翼は世界中の人々から愛され，評価されているのでしょうか。

▶1　1972年フランス・マルセイユ出身の元サッカー選手。アルジェリア系移民２世。フランス代表のミッドフィルダーとして1998年FIFA ワールドカップ優勝，FIFA 世界最優秀選手を３度獲得。2016年現在はレアル・マドリー（スペイン）の監督を務める。

▶2　「キャプテン翼 35年目の真実」文責・細江克弥『スポーツマンガ最強論』スポーツ・グラフィック『Number Plus』文藝春秋，2015年７月号：21-22頁。

▶3　同上，22頁。

図１　表紙を飾るキャプテン翼

（出典：*FRANCE Football*, 23 Mar. 2001）

2 「必殺技」と身体のメタイメージ

キャプテン翼と聞いて真っ先にイメージするのが，「オーバーヘッドキック」や「タイガーショット」といった，登場人物たちが繰り出す超人的なプレーの数々でしょう。作者である高橋陽一は「読者の印象に残すポイント」として，毎週一つ印象的なシーンを意識的に描いたと言います[2]。それはマンガのコマ割りを大胆に崩し，キャラクターの躍動感を生み出しながら描かれる必殺技でした。技のアイデアは多様で，例えば立花兄弟の必殺技「スカイラブハリケーン」は，高橋が好きなプロレスのタッグ技からヒントを得たと言います[3]。

もちろん，ほとんどの技が実際にできるわけではありません。元イタリア代表選手のフィリッポ・インザーギ[4]

は，

「僕はデリック（立花）兄弟が繰り出す奇想天外でアクロバティックな技が大好きだったんだ。……放送が終わったら，すぐ弟と一緒に真似したものさ。できっこないってわかっていながらね（笑）。一体どうすればこんなアイデア思いつくんだって，その想像力に惹かれていたんだよ。……あの頃の僕も，たとえデコボコの空き地でやるサッカーであっても，いつだってゴールだけを狙い続けた。オーリー（翼）のゴールをイメージしながらね[5]」。

と振り返っています。ここで重要なのは，インザーギが必殺技じたいの実現可能性こそ否定しつつも，それらを生み出す「想像力」に惹かれながら，アニメのイメージを実際のプレーに投影しようとしている点です。

フランスの文化人類学者であるM. モースは，人がその身体を用いる伝統的な仕方を「身体技法」と名付け，あらゆる身体技法は世界共通のものではなく，それぞれの社会における文化的な産物であるとしました[6]。当時の子供たちは毎週繰り出される必殺技を見たり，真似をして失敗したりしているうちに，キャプテン翼の世界における身体のメタイメージ，すなわち“創造性”や“自由さ”を持った身体の在り方を獲得していったと考えられます。キャプテン翼がいまだに評価される要因は，実際のサッカーでも重要視される“創造性”や“自由さ”を，キャラクターの身体を通して明快に示した点にあるのではないでしょうか。

▶4　1973年イタリア・ピアツェンツァ出身の元サッカー選手。フォワードとしてACミラン，ユベントス（イタリア）などで活躍。イタリア人史上4人目のプロ通算300得点達成者。イタリア代表としても2006年FIFAワールドカップ優勝に貢献した。

▶5　「レジェンドが語る『CAPTAIN TSUBASA』」同上書（▶2），26頁。

▶6　モース，M.／有地亨・山口俊夫訳（1976）「身体技法」『社会学と人類学』II，弘文堂。

3　キャプテン翼文化の伝播と変容

本項ではキャプテン翼の評価の要因を身体技法の視点から考えてきました。一方で人類学には文化の伝播と変容，すなわちある文化が世界に広がり，それぞれの土地に土着化していく中でどのようにその在り方を変えていくのかというテーマもあります。

例えば，キャプテン翼は放送される地域によって，「Olive et Tom」（フランス），「Captain Majed」（中東地域）などと題名を変え，登場人物の名前もそれぞれ違っています。もちろん台詞も各国語に吹き替えられています。日本人と外国人が，まったく同じ見方でキャプテン翼を見ているとは限らないのです。

他方，東京都葛飾区にある亀有香取神社には，キャプテン翼の図柄が入った絵馬とゴールポスト型の絵馬掛けが置かれています。御祭神である経津主大神（ふつぬしのおおかみ）は天照大神の使いとして，中つ国（人間界）を平定した武神であると『日本書紀』に記され，この神話によって亀有香取神社は足腰健康・スポーツ振興・勝負事の霊力があるとされます。そこへ地元・葛飾が舞台であるキャプテン翼が絵馬に取り入れられました。絵馬は神の世界と人間の世界をつなぐ文化的仕掛けです。聖俗を媒介する「キャプテン翼」，これも土着化の一つの形です。

（海江田保雄）

おすすめ文献

†高橋陽一『キャプテン翼』単行本全37巻，集英社。

†杉本厚夫（1995）『スポーツ文化の変容——多様化と画一化の文化秩序』世界思想社。

†松田恵示（2001）『交叉する身体と遊び——あいまいさの文化社会学』世界思想社。

B　サブカルのスポーツ人類学／12　マンガのスポーツ人類学

日中韓にみるスポーツマンガ事情

マンガは今や日本を代表する文化です。様々なジャンルがありますが，スポーツマンガは戦後に頭角を現しました。1970年代から1990年代までは柔道，剣道，空手，相撲など武道を扱うのが主流でしたが[1]，それ以後は，サッカー，バスケットボール，テニス，野球，バレーボール，水泳などのスポーツをテーマにしたものが数多く出版されています。更に近年では，宮廷文化を背負った競技かるたも，スポーツマンガとして人気があります。

▷1　松本秀夫（2004）「武道の教育・普及にマンガの与える影響」『マンガ研究』６：63-70頁。

1 『スラムダンク』

『スラムダンク』（井上雄彦作。『週刊少年ジャンプ』1990-96年に連載）は高校バスケットボール部をテーマにした作品です。主人公の桜木花道はもともと少し問題児で，バスケットボールに興味がありませんでしたが，赤木晴子に恋をし，彼女に勧められたことがきっかけでバスケットボールを始め，仲間やライバルたちとの練習や試合を重ねる中で次第にバスケットボールに情熱を抱き，活躍していく様子を描いた作品です。悩める若者がスポーツを通して成長してゆく物語で，日本や海外で大きなブームを引き起こしました。

2 中国：縦社会の儒教マンガ

中国でも日本のマンガ，アニメは絶大な人気を誇り，ネットや書店などでは海賊版まで流通する状況にあります。中国ではマンガ，アニメを総称してカートン（英語「cartoon」の音訳」）と呼びます。カートンには中国産も含まれます。「マンガ」はもともと日本発祥の言葉で，海外でMANGAと言えば，たいてい日本のマンガを指します。中国では，1980年代に日本のマンガが入るようになってから，良い意味でも悪い意味でも中国の若者に影響を与えてきました。やがて，中国政府は日本のマンガの「文化侵食」を恐れ，これに対抗するために自国のオリジナルカートン作りを支援し，その指針となる「中国児童動画出版工程」などの条例[2]を発布してきました。中国の国産カートンにも“体育動画片”というスポーツアニメのジャンルがあり，サッカー，ゴルフ，卓球，カンフー，マラソンや囲碁などを扱った作品が創られています。その中に『スラムダンク』に似た作品があります。中国の国技である卓球を題材にした『乒乓（ピンポン）旋風』です。天空中学校に通うやんちゃな生徒の頼兵兵（ライビンビン）を主人公にしたもので，彼を中心に仲間たちが学校生活や部活動・試合を通して絆を深め，卓球競技へ

▷2　他に「関于動漫産業増値税和営業税政策的通知」「国電総局関于2006年（第一批）全国電視動画片題材企画申報立項劇目的批復」などがある。南雲大悟（2003）「中国のカートン」『マンガ研究』４：70-78頁。

の情熱を高めてゆく過程を描いています。これは国の企業である央視動画有限会社が作った作品です。この作品で注目すべきは人間関係の描き方です。『乒乓旋風』では，指導する側（先生，コーチ，親）の役割の大きさが強調されるのです。卓球部のコーチである馬志遠（マーツィーエン）と童学年主任の部員たちへの指導の様子が丁寧に，かつ重点的に描かれます。主人公である兵兵の両親も度々登場し，卓球に夢中になることが学業や習い事に支障をきたすのではと心配し，先生に相談し，アドバイスを受ける様子が注意深く描かれます。

『乒乓旋風』が指導者と生徒という縦の人間関係を主軸とするのに対し，『スラムダンク』を含む近年の日本のスポーツマンガでは生徒同士や仲間同士といった横の関係を軸とするのがふつうで，先生や親は時折登場し，どちらかと言うと陰で見守り，必要最小限のアドバイスや援助を与えるという役割です。『乒乓旋風』は，指導者（その究極は政府？）の影響力の大きさと正しさを子供たちに伝える有効な教育手段として機能していると言えるでしょう。

3 韓国のスポーツマンガ事情

韓国では，1948年の独立後，日本から数多くのアニメやマンガが伝わり，大変な人気です。近年では韓国製も登場しますが，スポーツを扱った作品はながらく見ませんでした。おそらく最初と思われるのが2014年に放送が始まった『아스타를 향해 차구 차구（明日に向かって蹴って蹴って）』というサッカーアニメです。この作品の画風や試合シーンの誇張した表現は，日本アニメの『イナズマイレブン』（レベルファイブ原作・監修。『月刊コロコロコミック』2008-11年に連載）を少し彷彿させます。韓国製のスポーツマンガ，スポーツアニメが少ない状況は，韓国では日本製が絶大なシェアを誇り，わざわざ自前のものを作る必要がないという事情の他に，日本製はタイトルや人物名や作中に出てくる看板などの文字がすべて上手に韓国風に改められ，そのため，韓国の人には違和感なく韓国で作られたと思い込まれていたらしいという事情があります。

（成順恵）

図1　韓国語版『スラムダンク』より：ヒロインである赤木晴子は作中桜木花道のことを，韓国人っぽい名前の「ベクホ」と呼んでいる

（出典：http://www.seoul-gogaku.com/2014/03/blog-post_27.html（2016年8月28日閲覧））

おすすめ文献

†南雲大悟（2003）「中国のカートン」『マンガ研究』4：70-78頁。

†松本秀夫（2004）「武道の教育・普及にマンガの与える影響」『マンガ研究』6：63-70頁。

†細萱敦編（2007）「世界の日本マンガ事情」『マンガ研究』12：128-151頁。

B　サブカルのスポーツ人類学／12　マンガのスポーツ人類学

『ちはやふる』の翻訳文化

1 『ちはやふる』の世界的広がり

競技かるたを題材にしたマンガ『ちはやふる』[1]は，男女を問わず幅広い年齢層に支持を得ています。そして今や日本のみならず，中国，台湾，韓国やアメリカなど海外でも強い人気です。海外の人が日本の『ちはやふる』を楽しむためには，当然のことながら，その内容がわかるように翻訳されなければなりません。しかし，競技かるたはサッカーや野球やバレーボールといったスポーツと違って日本独自の言語文化である和歌の百人一首を使うことから，和歌という文化が理解される特別の翻訳方法が求められます。ここに難しさがあると言えます。それでは中国語版と韓国語版の翻訳を比較してみましょう。

▶1　主人公であるかるた大好き女の子ちはやが，同じ志を持つ仲間たちとともに，競技かるたの団体戦優勝や個人戦クイーン位を目指して奮闘し，同時に仲間たちとの友情や恋に悩み，立ち向かっていく姿を生き生きと描いた作品。アニメ化や映画化もしている。

2 中国文化への翻訳

同じ中国語でも翻訳バージョンがいくつかありますが，大抵は共通しています。例えば，題名の『ちはやふる』は『花牌情縁（ホアパイチンエン）』と訳されます。「花牌」の「牌」は札やカード，「情縁」は男女間の愛の縁または一般的な人と人との関わりを指しますので，「花札を通じて得られた良い人間関係」を意味します。中国人にとってかるたはあまり馴染みがないので「花札」と訳しますが，これはかるたよりは多少知られている（主に韓国花札の影響で中国の朝鮮族に普及した）日本の「花札」からヒントを得たものかもしれません。

五・七・五・七・七の和歌である百人一首は，中国文化である漢詩の絶句に変換されます。これはとても興味深いことです。絶句は一首が起・承・転・結の四句からなるもので五語と七語がありますが，例えば「ちはやぶる　神代も聞かず　竜田川　からくれないに　水くくるとは」は「千早神代時（チエンザオシエンダイシュ）　猶未聞（ヨウウェイウェン）此事（ツシュ）　紅葉随風舞（ホンイェスイフォンウ）　赤染龍田川（ツランロンティエンツゥワン）」[2]と五語絶句に訳されます。直訳すると「神の時代にもこんなことは聞いたことがなかった。紅葉が風に吹かれて舞い竜田川を赤く染めるなんて」となります。これは，原義を最大限尊重しつつ，日本の歌形式を中国の詩形式に変換する翻訳方法と言えます。和歌は平仮名が創出された平安時代に大きく発展しますが，倭歌（やまとうた）とも称されたように強い日本意識の下に中国の漢詩に対抗してできたものでした。漢詩の影響を受けて創られた日本の和歌が『ちはやふる』によって中国に「逆輸入」され，人々に知られるようになりました。しかし，それはあくまで中国人になじみの深い漢詩

▶2　尤静慧訳（2009）東立出版集団有限公司。http://www.kanmh.com/Manhua/huapaiqingyuan/275774.html?p=1

図1　中国語版『ちはやふる』

（出典：尤静慧訳（2009）東立出版集団有限公司。http://www.kanmh.com/Manhua/huapaiqingyuan/275774.html?p=1（2016年8月28日閲覧））

図2　韓国語版『ちはやふる』

（出典：서현아訳（2009）（주）학산문화사）

の形をとってのことでした。

3 韓国文化への翻訳

題名は『치하야후루（ちはやふる）』と音訳されます。先ほどの「ちはやぶる」の歌の訳は「신화에서도（シヌァエンド） 들어보지（トウロボジ） 못했네（モッヘンネ） 타츠타강에（タツタカンエ） 곱디고운（コディコウン） 단풍（タンプン） 빛（ピッ） 물들어（ムルトゥロ） 있다고는（イッタコヌン）」です。直訳すると「神話でも　聞いたことがなかった　竜田川にとても美しい　紅葉の光が染まっているなんて」と，原義が反映されています。韓国には新羅時代の郷歌に始まる時調（シジョ）という古典短歌があり，これが18世紀には楽器の伴奏に合わせて歌われるようになり大流行しました。[3] 今でも盛んです。その詩形は七・八，七・八，八・七の三句四十五字が原則です（多少の字余りや字足らずは許されます）。[4] 韓国語に訳された『ちはやふる』100首の字数は大体30-31字で，句の数とともに，翻訳は時調の形式に合っていません。時調の字数が和歌より約1.5倍多いことが困難の理由かもしれません。また翻訳に際し，他の伝統的な詩形に当てはめて訳しているわけでもなさそうです。これは中国の翻訳事情と異なるところです。ことによると，翻訳者が，異なる国の文化である和歌と時調を完全に別物と捉えていたためかもしれません。

韓国語版の翻訳にはもう一つ特徴があります。翻訳文の横に，日本語の発音がわかるよう，日本語読みのハングルが書き添えられています。これは作中の「決まり字」[5] などを説明する必要から出たもので，読者に原作の持ち味をより忠実に伝えるための工夫と言えます。もともと韓国語の発音と日本語の発音が似ているところが，うまくいった原因かと思われます。

（成順恵）

▶3　裴成煥（1986）『韓国の古典短歌——古時調のいぶき』国書刊行会。

▶4　裴成煥，同上書。

▶5　競技かるたで，聞けば下の句を特定できる上の句の文字。例えば，「吹くからに　秋の草木の　しをるれば　むべ山風を嵐といふらむ」の場合，上の句が「ふ」から始まる歌は百首のうちこの一首しかないので，「ふ」が詠まれた瞬間に下の句の「むべ山風」を取りにいくことができる。この「ふ」が「決まり字」。ちなみに，百人一首には一文字で下の句がわかる「一字決まり」の歌が7首，「二字決まり」が42首，「三字決まり」が37首，「四字決まり」が6首，「五字決まり」が2首，そして「大山札（六字決まり）」が6首ある。

おすすめ文献

†吉川学洋（2002）「中国における海賊版日本マンガについての考察」『マンガ研究』2：131-136頁。
†金慈恵（2007）「韓国における『NANA』の受容」『マンガ研究』10：21-28頁。
†伊藤公雄（2007）「グローバル化の中で日本マンガを読む」『マンガ研究』11：135-139頁。
†吉田裕子（2013）『百人一首を知りたい』えい出版社。

B　サブカルのスポーツ人類学／12　マンガのスポーツ人類学

武術マンガ：『グラップラー刃牙』にみる「止め」の美の世界

1 人知を超えた技の世界

マンガ[1]には様々な世界が描かれますが，少年誌を中心に人気があるものの一つに格闘マンガ，バトルモノなどと言われるジャンルがあります。このようなマンガには日本の武術を題材としたもの，『るろうに剣心』『バガボンド』『グラップラー刃牙』シリーズ（以下，『刃牙（ばき）』）など，多数存在します。マンガを読むことで武術や格闘技の世界に入った人も少なくないはずです。実は武術マンガの世界は，現実の武術伝承と時にリンクすることがあります。では，武術マンガの世界では武術はどのように描かれているのでしょうか。

2 『刃牙』にみる武術言説の再生産

『刃牙』シリーズは，『週刊少年チャンピオン』誌上に板垣恵介によって1991年から現在まで連載される格闘マンガです。主人公「範馬刃牙（はんまばき）」の格闘家としての成長過程を描いた本作品に登場するのは，刃牙とその仲間やライバルで，いずれも我々が知っている武術や格闘技やスポーツの世界で，これを極めたとされるキャラクターたちです。神心会空手創始者である愚地独歩（おろちどっぽ），ドーピングを限界までおこなった超人ジャック・ハンマー，実戦合気柔術の達人渋川剛気（しぶかわごうき），超実戦柔術を標榜する本部以蔵（もとべいぞう），プロレスラーのアントニオ猪狩（いがり）などなど，古今東西，様々な格闘技の使い手たちが登場します。

ところで『刃牙』には，現実の武術世界でしばしば聞かれる語りが登場します。例えば，渋川剛気が「合気」を使う場合では，「本物の合気」「お約束の中」「実戦の場」といった言葉で説明がなされます[2]。我々の知る合気道には，大人数で一人を襲う時，触れた瞬間，みんな飛ばされる技がありますが，『刃牙』では，こうした演武を「お約束の中」と言って，そうでない「本物の合気」が存在すると語られます。そしてマンガの中ですが，実戦場面でそうした「本物の合気」が披露されるのです。また「武術はスポーツとは違う」という語りも様々なシーンに登場します。武道や武術がスポーツであるか否かは，長らく研究者や実践者らが議論を続けてきたところです[3]。背景に武道や武術とはなにかという本質論があるわけですが，殺傷技法としての在り方をほとんど見ることのない現実世界と違い，マンガは我々が試すことのできない技を様々に展開し，それゆえに多くの人を魅了するのです。ルールの下に「最強」を決め

▶1　現在ではいくつかの大学で，マンガを中心にした学科が設置されている。マンガを対象とした研究も社会学やサブカルチャー研究などでなされてきた。また，日本マンガ学会が2001年に発足し，現在まで継続している。吉村和真（2004）「マンガとアカデミズムの出会い――日本マンガ学会」『大学時報』第53巻295号，88-91頁。

▶2　該当箇所では，登場人物が試合を観戦しながら以下の説明をおこなう。「明治時代以降近代武術会100年の歴史で本物の合気を身に付けた武術家は恐らく10人にも満たない　しかしそれらの使い手は全てお約束の中でしか合気を使用できなかった　実戦の場で合気を使用したのは　この男　渋川剛気が初めてだろう」。板垣恵介（1998）「第308話 愚地，舞う!!」『グラップラー刃牙』35：156-157頁。

▶3　武道や古武道といった語の誕生に「スポーツ化」を軸とした議論があったことを明らかにしたものとして下記の論文がある。中嶋哲也（2010）「対抗文化としての古武道――松本学による古武道提唱と日本古武道振興会の活動を中心に」『スポーツ人類學研究』12：51-73頁。

るスポーツに我々が白熱する一方で，ルールなしの世界の「最強者」を夢想します。そのような期待が武術マンガの世界に投影されているのです。

3 「止め」の美

『刃牙』は，格闘技や武術を実践する人々からも人気のあることが知られています[4]。彼らが魅了されるのは，そのバトルシーンや肉体美であると言います。作者である板垣恵介は，本当の動きや姿勢とは違う技や打撃であっても，こっちの方が痛そうだと思うような絵を描いていると言います[5]。

マンガに描かれる技を見た時，現実との違いは，技の一瞬が捉えられ描かれる点です。我々は流れる動きの美しさにも感動しますが，逆に，その一部が切り取られた場合にも美とかっこよさを感じます。あらゆる絵画，彫刻，写真がそうであるように，マンガも一瞬を捉えて描写します。つまり，本来は動きの一コマで見えないはずのものが，瞬間に「止め」られたところに美を感じるわけです。普段は決して見ることも知ることもできない「止め」られた動きを，マンガは我々に送ってくれるわけです。実はこのような「止め」を導入した世界が日本の伝統芸能にあります。それは歌舞伎です。歌舞伎では「どんな場合にも『絵になる形』の美しさ」＝「絵面（えめん）」[6]を大切にするように言われます。この「絵面」は歌舞伎の特徴的動作とも言える，見得（みえ）によって作られます。見得の連続により作られる「絵面」とは，まさに現実における動作の一瞬を引き延ばしたものと言えます。

このような「止め」の美しさは武術にも見られます。例えば居合は，「止め」を組み込むことで形に美しさを与えます。実際の斬り合いであれば，とにかく相手より速く致命傷を与える必要がありますが，現代では技の持つ美しさが優先されます。実戦では存在しなかった新たな工夫として「止め」の技術が導入されたと言えます。この「止め」の美しさが，まさにマンガで描かれるバトルシーンとリンクするのです。

4 マンガから実技へ

今，中国に剣道ブームがおきています。ブームは日本のマンガ，アニメ，時代劇の影響かと思われますが[7]，日本でも同様の現象が過去に存在しました[8]。

それでは，ブームを背景に，マンガによって現実の技が影響を受けることはあるのでしょうか。この問題，更に技や理念などについてのマンガと現実の影響関係，こうした事柄がスポーツ人類学で扱われることは，これまでありませんでした。変容問題は魅力的です。

（田邊　元）

▶4　例えば，総合格闘家の山本“KID”徳郁や亀田兄弟が挙げられる。石塚隆(2015)「板垣恵介(『グラップラー刃牙』)×山本“KID”徳郁「『刃牙』と神の子の特別な関係」」『Sports Graphic Number PLUS』文藝春秋，83-87頁。

▶5　吉田大助（2002）「板垣恵介ロング・インタビュー」『QuickJapan』太田出版，44：90-98頁。

▶6　服部幸雄（2012）『大いなる小屋――江戸歌舞伎の祝祭空間』講談社，309頁。

▶7　川越一（2015）「『剣道は中国が起源』と言い出した中国　韓国に続く荒唐無稽な“主張”…油断するな，本当に盗まれる」『産経ニュース』電子版，2015年1月8日付。

▶8　松本秀夫（2004）「武道の教育・普及にマンガの与える影響」『マンガ研究』6：63-70頁。

おすすめ文献

†服部幸雄（2012）『大いなる小屋――江戸歌舞伎の祝祭空間』講談社。

†ドナルド・キーン（1999）「日本演劇における写実性と非現実」ドナルド・キーン／金関寿夫訳『日本人の美意識』中公文庫。

†岡田斗司夫（1996）『オタク学入門』太田出版。

部活という日本文化

1 部活の歴史的変遷

文明開化の時代，新しい学問や技術などとともにスポーツが日本に持ち込まれました。そうしたスポーツの担い手となったのは学生でした。特に東京大学では1875（明治８）年に赴任したイギリス人教師ストレンジ（お雇い外国人の一人で，日本近代スポーツの父と呼ばれる）の指導のもとにボートや陸上競技など様々なクラブが結成され，1886（明治19）年にはそれらを統括する学内スポーツ組織「帝国大学運動会」[1]が設立されます。これを受け，その後次々に，他の高等教育機関でも同様の学生スポーツ団体が組織されました。さらに1890年代には中等教育機関にも同じ現象が見られ，中等学校については1915年に始まる野球の全国大会を皮切りに各種スポーツの全国大会が開催され，部活は全国的に盛んになっていきました。しかし，第２次世界大戦の始まりを機に状況は一変します。1941年，スポーツ組織であった校友会は文部省訓令により学校報国団に改編され，部活は鍛錬部と国防訓練部に再編成されました[2]。更に，戦局が激化していく中，軍事教練，防空訓練，勤労作業が日課となり，部活は休止状態になっていきました[3]。

終戦後，軍国主義を否定する形で，自由と自治を基調とする部活には民主主義の価値が与えられ，奨励されました。他方，東京オリンピックの1964年開催が決定すると，部活はそのための準備として注目され一部エリート生徒を中心とする活動になりましたが，オリンピックが終わると，再び生徒に均等にスポーツ機会を保証する場に戻り，加入者も増え，また教員の部活への関わりも増加していきました。しかしこのことは，教員の手当や責任問題を引き起こし，その解決策として部活の社会体育化が模索されることもありました。1980年代になると部活は生徒の非行防止の管理に使われ，そのため，生徒の意思を尊重しない加入の推奨や強制がおこなわれ，その結果，教員の関わりと負担は更に大きいものとなりました。1990年代中頃には，文部省・学校・教員の介入を低減させるべく，指導・運営・活動母体を地域に委託する外部化の流れが再燃しますが，多くの部活はいまだ学校に残ったままというのが現状です[4]。

2 部活の日本独自性

現在，部活は日本各地の中学校・高等学校に広く普及し，多くの生徒が参加

▶1　当初は漕艇，水泳，陸上の３部。明治30年には漕艇，陸上運動，球戯，水泳，柔道，撃剣，弓術の７部に増える。

▶2　ベースボール，テニス，バスケットボール，バレーボール，サッカー，フェンシング，ゴルフ，アメリカンフットボールなどのいわゆるカタカナ競技は，敵性スポーツとして廃止された。

▶3　戦前の部活の歴史は，竹之下休蔵（1950）『体育五十年史』時事通信；木村吉次（1987）「部活動」『最新スポーツ大事典』大修館書店に詳しい。

▶4　戦後の部活の歴史は，中澤篤史（2014）『運動部活動の戦後と現在』青弓社に詳しい。

▶5　関喜比古（2009）「問われている部活動の在り方――新学習指導要領における部活動の位置付け」『立法と調査』294号，参議院事務局，51-59頁に詳しい。

▶6　中澤篤史（2011）「運動部活動の戦後史（上）――実態と政策の変遷」『一橋社会科学』３：26頁。

▶7　中村敏雄（1979）『クラブ活動入門』高校生文化研究会，15頁。

する日常的光景となっています。しかし，この光景は日本に限定的で，海外では稀なケースです。[5] 部活に似た活動は中国などにも見られますが日本ほどは普及していません。欧米でも日本の部活に当たる活動は盛んでなく,，またシーズンごとに違った活動をおこなったり，地域のスポーツクラブに所属して活動することが多いと言われます。

一つの部活のみに長期間所属し，単一のスポーツをおこなう部活は日本に特徴的なスポーツ文化だと言えます。中澤篤史は，「運動部活動が青少年のスポーツの中心的な場としてこれほどまでに大規模に成立している国は他にない」[6] と言います。また中村敏雄は，日本ではスポーツを単なる遊びと捉えず，部活に人間形成を求める「日本の伝統的クラブ観」を窺うことができると指摘しています。更に「この『伝統的クラブ観』というものも，いわば先人たちの努力によって組織化されてきたものであって，はじめから伝統的であったのではない」[7] とし，明治期の旧制高等学校におけるクラブ設立の精神性との関わりについて触れています。[8] こうした特殊背景を有して誕生した部活は，更に歴史の流れの中で教育の一環として国家の思惑と密接に関わりながら独自の発展を遂げました。そうした歴史的背景が，日本の部活の固有性を生んだと考えられます。

3 部活とスポーツ人類学

これまでスポーツ人類学や文化人類学では，部活を対象とした研究は多く見られませんでした。しかし，近年，海外の文化人類学者によって日本文化研究として部活が取り上げられるようになりました。[9] 海外の社会学者や歴史学者などによるフィールドワークを用いた研究もおこなわれています。しかし，国内においては部活を文化と捉える視点を持った研究は，いまだ多くないのが現状です。

スポーツ人類学は伝統的社会のスポーツ文化研究に力を入れてきました。これには親学問である文化人類学が，19世紀の未開社会研究に始まり発展してきたという歴史的経緯が関係しています。しかし今日の文化人類学は，山下晋司が「いわゆるサルベージ人類学と決別し，『科学技術時代』に正面から向き合う中で，人類学の新たな地平を切り開く」[10] と述べるように，現代社会を対象とする研究も進んでいます。[11] 更に，異文化研究として始まった文化人類学ですが，アメリカでは1980年代には自文化を対象とした研究が重要視され，現在では，研究対象は異文化・自文化にとらわれないものとなっています。[12]

部活はすぐれて日本的な現代の自文化です。これを，文化人類学が蓄積してきた秘密結社（ある社会の中で，特定の秘密を共有することにより，成員を制限している集団），年齢階梯制（その間に一貫した厳しい序列関係があって制度化している年齢集団制），通過儀礼，アイデンティティーなどの理論モデルから接近する新しい部活研究が期待されています。

（庄形　篤）

▶8　木下秀明（1970）『スポーツの近代日本史』杏林新書；坂上康博（2001）『にっぽん野球の系譜学』青弓社に詳しい。

▶9　Cave, Peter（2004）“Bushido：The Educational Role of Japanese School Clubs,” *The Journal of Japanese Studies*, 30(2)：383-415など。

▶10　山下晋司・福島正人編（2005）『現代人類学のプラクシス』有斐閣アルマ，3頁。

▶11　初のスポーツ人類学の概説書とされる Blanchard, K. and Cheska, A.（1985）*The Anthropology of Sport*, Bergin & Garvey には「現代の諸問題とスポーツ人類学」という章が設けられている。

▶12　Messerschmidt, Donald A.（1981）*Anthropologists at Home in North America*, Cambridge University Press など。日本では，関一敏（2001）「特集“人類学 at home”――日本のフィールドから」『民族学研究』65-4：341-343頁；山本真鳥（2006）「序 ネイティブ人類学の射程」『文化人類学』71-2：196-201頁に詳しい。

おすすめ文献

†中澤篤史（2014）『運動部活動の戦後と現在』青弓社。

†中西匠・森敏生編（2009）『中村敏雄著作集第4巻　部活・クラブ論』創文企画。

†トーマス・ローレン／友田泰正訳（1988）『日本の高校』サイマル出版会。

B　サブカルのスポーツ人類学／13　部活のスポーツ人類学

生徒が創る“体罰を正当化する文化”

1 部活における体罰の現状

2012年大阪で起きた体罰自殺事件を契機に，体罰問題への関心が高まっています。しかし，体罰の問題は今に始まったものではありません。体罰は世界のあらゆる場所で，古くよりおこなわれてきたと言われています。[1] 日本でも数多くの報告があり，問題視されてきました。特に，教育現場における体罰は早くからの禁止に反して，一定限度内の体罰を裁判所が認める判決などもあり，各々の時代で社会的背景の影響を受けながらも存在し続けました。[2] 1980年代初期には学校の「荒れ」に対抗する手段として，一定の評価を受けましたが，過剰な体罰が横行するなどの問題が生じ，徐々に批判の的となっていきました。体罰を原因とする教員の懲戒処分数の推移に着目すると，2000年以降高い値で横這いとなり，部活に限定すると増加傾向にあります。[3] このことは，体罰に対する社会の厳しい姿勢とともに，体罰が今なお伏在していることを示唆しています。

2 体罰研究とスポーツ人類学

長年禁止され続け，社会の批判的風潮も強い中，なぜ体罰はなくならないのでしょうか。先行研究では，「勝利至上主義[4]」「愛の鞭論[5]」「部活の指導者による私物化[6]」「国家主義・軍国主義[7]」など，様々な要因が模索されてきました。[8] しかし，それらは体罰というデリケートな問題ゆえにアンケート調査に頼った研究が多く，方法論的限界を内包しています。これを克服し，体罰の実態をより包括的に捉えるためにはフィールドワークを用いたスポーツ人類学的方法が有効と考えられます。田中雅一は，文化人類学では暴力的事象を研究対象とすることが避けられてきたと述べたのに続け，その困難さと重要性を指摘しています。[9] 体罰についても同じ困難さが存在すると考えられますが，一方で，先行研究が踏み込みえなかったところまで迫ることができる可能性があります。以下に，その試みを具体的事例として紹介します。[10]

3 「成長」と体罰の正当化

部活には伝統などと呼ばれる部活独自の文化（以下，部活動文化）が多く存在し，徹底的に遵守されます。いわゆる強豪校では，その傾向は顕著です。筆者がフィールドワークをおこなった部活（以下，部活A）にも多くの部活動文化

▶1　沖原豊（1980）『体罰』第一法規出版に詳しい。

▶2　坂本秀夫（1995）『体罰の研究』三一書房に詳しい。

▶3　文部科学省「体罰に係る懲戒処分等の状況一覧」より筆者集計。また，「部活中の体罰で処分された教員についての新聞記事数」は，1980年代後半に現れ，1990年代半ばから徐々に増加し，2000年代半ばから高い値で安定している。このことから，マス・メディアが体罰を大々的に扱い，一般の人に問題意識が形成されたのは1990年代後半から2000年代初頭にかけてであると指摘できる。

▶4　勝利を絶対的目的とする考え方。一般に，いき過ぎた勝利志向を指し，体罰の要因として語られることがもっとも多いものの一つである。

▶5　愛するゆえに被罰者のために体罰をおこなうとする論。体罰肯定論の代表的な一つである。

▶6　外部の目が届きにくい部活の密室性ゆえに，指導者の横暴がまかり通る状況があり，そこに体罰の要因を見る説。

▶7　軍隊式の指導法が部活に導入されたことに体罰の要因を見る説。近年，歴史的根拠がないことを指摘する研究も出されているが俗説として広く流布している。

が見られました。[11] それらを共有し実践することは部員間の強い連帯意識と仲間意識を醸成し，部員が部活から脱落することを阻む背景として機能していました。

部活Aは勝利志向型です。しかし同時に部員は「成長」という言葉を頻繁に使用し，重要視しています。部誌[12]の中でも「いかにして勝利するか」より「いかにして成長するか」が多く綴られます。成長は，「チームの成長」と「みずからの成長」の2つに分けて語られます。チームの成長とは，部員同士が友人とは差異化された「仲間」として，時に厳しく指摘し合い，時に優しく支え合いながら，強力な連帯意識を形成することです。みずからの成長とは，部活を通して「理想の部員像」に近付くことです。部員は，全員があるべき「理想の部員像」を目指し，上級生になれば下級生に伝えることでこれを再生産していきます。2つの成長の相互作用の中で部員は成長していきます。部活の日々はチームの勝利を目指す日々であると同時に，現時点での自分と部員としての理想像との隔たりを埋める努力を重ねる成長の日々でもあると言えます。部員にとって成長は最重要課題であり，あらゆる場面で部員たちを方向付けます。

部員は，体罰を受けた際，「できていないのは自分だし，殴られるのは仕方がない」と考えます。体罰に対して，批判的な感情を有していることも事実ですが，同時に「体罰は必要な時もある」「体罰を通して強くなった」などとも語ります。実際に強くなったかどうかは別にしても，体罰に耐えたことで厳しい練習と並行して「どこのチームにも負けないものを得た」と語るように，被罰者である部員が，みずから体罰に正の価値を付与していることが指摘できます。

部員にとって体罰は「できないこと」の代償であると同時に，敗北・挫折のメタファーであり，勝利と成長の対極にあるもっとも避けなければならないものです。部員は，敗北と挫折のメタファーである体罰を常に恐れ，理想の部員を目指して行動します。そして，被罰時には「できないこと」が体罰を受けた理由と解釈します。つまり，体罰はできない自分を可視化させ，みずからを更なる成長に向かわせるツールになっています。成長は部員にとってもっとも重視されるべきものであり，そこからの逸脱は部員としての敗北を意味します。ここに部員が体罰を受容し，正当化するもっとも大きい要因があると考えられます。

さらに，勝利という目的が達成されなかった時も，成長は大きな役割を果たします。部員は勝利を得られずとも，成長というもう一つの目的を達成したと考えるからです。成長した自分こそが勝者である以上，この予定調和的結末において，部員は最終的に敗者になりえないのです。これは，体罰の正当化の一助になると考えられます。加罰者から一方的に押し付けられているのではなく，被罰者自身が体罰に価値を見出している点に，体罰問題の根の深さがあると考えられます。[13]

（庄形　篤）

▶8　スポーツ心理学，スポーツ教育学，スポーツ社会学の研究が多い。近年，法学やスポーツ哲学の分野でも研究がおこなわれ始めた。

▶9　田中雅一（1998）『暴力の文化人類学』京都大学学術出版会。

▶10　以下，特に指示がない場合は筆者がおこなったフィールドワークに基づいた知見であるが，紙数に限りがあるため，事例の詳細を記述することは叶わなかった。詳細については，庄形篤（2013）「運動部活動における体罰受容のメカニズム」『スポーツ人類學研究』15：97-122頁を参照されたい。

▶11　部活内のみで適用される規範，共有される服飾類，部員として取るべき身体技法やOB・OG会など，多岐に亘る。

▶12　部員一人ひとりが毎日記述し，顧問教員に提出するノート。ページの関係上，詳細は省略するが，部誌は様々なツールとして機能している。

▶13　本項は決して体罰を肯定するものでないことをここで強調しておく。本項が体罰の実態理解と撲滅のための一助となることを期待したい。

おすすめ文献

†坂本秀夫（1995）『体罰の研究』三一書房。
†田中雅一（1998）『暴力の文化人類学』京都大学学術出版会。
†庄形篤（2013）「運動部活動における体罰受容のメカニズム」『スポーツ人類學研究』15：97-122頁。

3 駅伝・六大学野球・ラグビー対抗戦の儀礼性

1 運動部という伝統空間とその儀礼性

日本の学校教育にスポーツが持ち込まれたのは近代化の早い時期でした。明治の学校では成立当初から「身体教育」が焦眉のテーマだったからです。学校では国家のための理想的国民づくりが期待され，特に「体育」がその役目を担いました。運動部に関してもこの状況は大きく影響しました。運動部は，教育政策に直接取り込まれないまでも，それらに一役買うことになります。更に，運動部はもう一つの重要な機能を担っていました。それは外来文化として輸入されたスポーツの受け皿となった点です。その結果，異文化であるスポーツが日本的要素や思想を受容して日本の身体・運動文化として定着することになったのです。

ベースボールやラグビーなど欧米から輸入されたスポーツは学校という空間を介して日本社会に導入されましたが，その過程で脱構築がなされ，精神修養を旨とする新しい日本文化として発展することになりました。つまり，運動部は最新の外来文化スポーツを受容し，それらを新しい日本文化に再編し発信する場として機能していたのです[◁1]。結果として，そこには和魂洋才的な“伝統的クラブ観”とも呼べる思想が生成されることになりました。戦後のスポーツは効率や合理性を追求しながら発展・変容してきましたが，明治の系譜を持つ伝統校運動部では，「心身鍛錬」や「精神修養」といった心の問題に重きを置く独自の体育会的世界観を再生産し続けることになりました。そこには，合理的な物差しでは量り切れない儀礼的な枠組みも存在し，これが集団の維持・強化の重要な核として存在し続けているのです。

▷1　瀬戸邦弘（2013）「大学応援団空間とその身体」『近代日本の身体表象——演じる身体・競う身体』森話社，281-314頁。

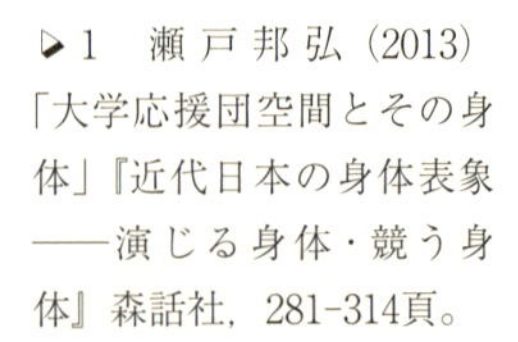

2 競走部（陸上競技部）におけるユニフォームとその伝統

伝統校の競走部ではユニフォームに特別の意味が付与されます。早稲田大学では正ユニフォーム（エンジの生地にWの白文字が入ったユニフォーム）は特別で，部が定めた大会（関東学生対校選手権，日本学生対校選手権，箱根駅伝など）の出場選手のみ着用が認められます。また正ユニフォームの所有（拝領私物化）に関しても厳格な決まりが存在します。上記競技会において部の設定する記録や順位を達成した選手のみが，これを所有する権利を持ちます。つまり，「着用」にも「所有」にも大きなハードルが存在するのです。更に，近年早稲田大学競走部では主要大会に際し「ランニングの授与式」なる儀式をおこなっています。

図1　早稲田大学の正ユニフォーム

（出典：筆者撮影）

例えば，箱根駅伝前に長距離ブロックの部員が一堂に集まり，駅伝監督から正ユニフォームの授与がおこなわれます。早大では「エンジにW」は特別な存在であり，授与式というセレモニーがその価値を可視化させるのです。同様の儀式は他校にも見られます。箱根駅伝の強豪校駒澤大学陸上競技部でも同様の「ゼッケン引き渡し式」なる儀式が執りおこなわれます。このようにユニフォームは特別で，そこには神聖性すら存在しているのかもしれません[2]。先輩たちも着用した歴史の重層性の中に存在するものと理解されているのです。ユニフォームを聖視し，これに特別な価値を与え，集団内で共有する例は，その他の運動部においても確認されます。

▶2 瀬戸邦弘（2013）「エスニック・スポーツとしての"箱根駅伝"」『文化人類学研究』14：41-54頁。

3 東京六大学野球やラグビー部に見る儀礼性

例えば立教大学野球部では，大学内のチャペルでユニフォームを祝福する「ユニフォーム祝福・推戴式」がおこなわれ，立大野球部にとって欠かすことのできない儀式となっています。このセレモニーでは野球部全員で聖歌を歌い，礼拝文を読み上げた後，チャプレンがユニフォームの祝福をおこないます。そして野球部長から，監督，助監督，選手の順にユニフォームが手渡されます。ユニフォームには（キリスト教の）神の加護があらんことが祈られ，チャプレンからは「神と国の為に」という言葉が送られます。これによりユニフォームは神の加護の下に存在する，単なる衣類を超えた存在となるのです[3]。

図2 対抗戦における早明戦

（出典：筆者撮影）

▶3 ベースボールマガジン社（2015）『立教大学野球部――セントポール自由の学府（東京六大学野球連盟結成90周年シリーズ）』ベースボールマガジン社。

ラグビー部でもユニフォームにまつわる不思議な世界観が確認できます。かつて明治大学ラグビー部では寮に「ジャージ部屋」なる特別な部屋がつくられ，そこに試合で使用される紫白のファーストジャージが保管されていました。試合用ジャージは特別で，これを管理するために部員の中から「ジャージ係」が選出されました。とりわけジャージの「白」の部分は純白でなくてはならず，ジャージ係は真っ白になるまで何度も何度も洗濯をすることが求められたのです。同部では関東大学ラグビー対抗戦の最終戦である「明早戦」の前日の練習が終わると，その場で，泥だらけのままで「ジャージ授与式」がおこなわれます。これはラグビーファンには有名な儀式ですが，興味深いことに，この授与式で手渡されたジャージ（ジャージ係が精魂込めて「白」くした試合ジャージ）は翌日の試合では着用しないのです。よりうまく言えば，着用できないのです。手に泥がついたまま受け取ったジャージは，その時点で，白が汚れてしまうからです。授与式はあくまで"「白」を渡す"ことが重要なのであり，実際に汚れてしまった「白」は聖性を喪失したため，対外試合には着用できないのかもしれません。明治大学と同様の「ジャージ授与式」は，もちろん細部は異なりますが，対戦相手である早稲田大学ラグビー部でもおこなわれています。このように，伝統的枠組みを重視する大学体育会運動部は，自分たちの歴史や文化を継承し体現する一つの祭祀集団として存在していると言えましょう。 （瀬戸邦弘）

おすすめ文献

†生江有二（2008）『タスキを繋げ！――大八木弘明駒大駅伝を作りあげた男』晋遊舎。

B　サブカルのスポーツ人類学／13　部活のスポーツ人類学

応援団の文化：近代日本を創ったバンカラ身体文化

応援団は，時に時代錯誤と揶揄されるように，旧来の行動様式や人間関係を堅持し，独自の世界観を維持する傾向を持ちます。他方，そこには，既に失われた明治の日本スポーツ文化が残っているとも考えられます。学ランに破帽，高下駄，日本手ぬぐい，時々ハカマなども身に纏う，いわゆるバンカラ文化[1]の系譜の中に存在する彼らの活動は非常に興味深いものでもあります。彼らの目指すもの，遺そうとするものは，いったいどのようなものなのでしょうか。

1　祭祀集団としての応援団

そもそも歴史ある運動部では，国際スポーツの基底にある合理性や効率性を求めるより，むしろ「伝統」という慣習や形式を遵守したり，「魂」と呼ぶ精神や思想的価値を共有することが重要な要件となる傾向が見られます。そのために部員は，まず集団の構成員になるために通過儀礼を求められることになります。多くの伝統校運動部には独自のしきたりが存在し，決して合理的とは言えない練習方法や過度とも映る上下関係の構築など独自の行動倫理が求められることになるのです。[2]

ところで，一見して非合理的に見えるそれらの行動は，実は“祭祀集団”とも言えるコミュニティ形成のために必要な儀礼と言えるかもしれません。すなわち，運動部という空間には西洋の合理性の外側にある言わば「日本の理」とも言える独自の合理性が存在しているのかもしれません。学生応援団にも彼らなりの「理」が存在し，そのために必要な活動が実践されているのです。彼らからすれば，これらの鍛錬はすべて必要な“修行”と言えるのです。[3] 例えば団旗。掲揚中に団旗を地につけようものなら，旗手は厳しい罰を負うことになり，退部させられる場合もあります。「ただの」備品の取り扱いに対する決まりとすれば，厳しすぎるでしょう。しかしそこには彼らなりの「理」が存在しているのです。応援団における団旗とは，団全体の象徴として母校や団の誇りを一身に受け止め体現するものとなります。そのため団旗は最大の敬意を持って扱われるべき存在なのです。それを地（不浄）につける

図1　國學院大學應援團による団旗掲揚

（出典：國學院大學應援團）

▶1　旧制高等学校に端を発すると言われる。弊衣破帽に代表される粗末な服装を身にまとい，表面的な姿形にとらわれず崇高な真理を求める当時のエリートたちのスタイルの一つ。

▶2　瀬戸邦弘（2013）「エスニック・スポーツとしての“箱根駅伝”」『文化人類学研究』14：41-54頁。

▶3　瀬戸邦弘（2016）「体育会という日本文化を考える」国立民族学博物館『月刊みんぱく（特集体育会系）』2-3頁。

▶4　瀬戸邦弘（2013）「大学応援団という空間とその身体」瀬戸邦弘・杉山千鶴『近代日本の身体表象──演じる身体・競う身体』森話社，281-314頁。

ことなどどのような理由があるにせよ，決して許されないことであり，その任を負うものの責任は想像以上に重いのです。また，例えば國學院大學應援團では団旗を新調する場合「団旗入魂式」なる儀式がおこなわれます。同団では学内の神社において神主による「魂」を込める儀式がおこなわれます。つまり，団旗は単に神聖性を帯びるだけでなく，「神」になる場合さえあるのです。こうして，団旗は単なる備品の域を大きく超え出た，応援団の誇りをすべて受け止める象徴的存在になるのです。応援団の世界では，様々な備品や役職などに独自の文化的な価値が付与され，独特の世界観が形作られているのです。

図2　応援練習（高松北高校応援団）

（出典：筆者撮影）

2 独自の世界観として受け継がれる応援団文化

例えば野球の応援において，野球部が敗戦すると応援団員はその罰として球場外周を10周させられたと言われます。時代遅れのシゴキとも感じられますが，この行動は，この判断の依拠する世界観に関係しているのかもしれません。なぜ彼らは「罰走」をおこなわねばならないのでしょう。例えば，もしも彼らが自身を応援儀礼を司るシャーマン（超自然的な存在と交信し，祭祀を司る人物，職能者）と位置付けているのなら，そして，勝利を予定調和とする儀礼行為をおこなったにもかかわらず失敗したなら，その責を負う必要があることになります。“我々応援部員の力が足りなかったため野球部員は試合に勝てなかった”という論理が成立するのです[◁4]。そのため，新入部員たちは優秀なシャーマンになるべく，様々な通過儀礼（鍛錬）を経て応援団員という心身とその資質を手に入れるべく努力することになります。そして修行が進み幹部になれば，団長を筆頭に言わば「神域」へ移行し，儀礼の責務を負うことができるようになるのです。

おすすめ文献

†瀬戸邦弘（2013）「エスニック・スポーツとしての“箱根駅伝”」『文化人類学研究』14：41-54頁。

†瀬戸邦弘（2016）「体育会という日本文化を考える」国立民族学博物館『月刊みんぱく（特集体育会系）』2-3頁。

†瀬戸邦弘（2013）「大学応援団という空間とその身体」瀬戸邦弘・杉山千鶴『近代日本の身体表象――演じる身体・競う身体』森話社，281-314頁。

3 応援団という日本独自の学生文化

上記のように考えると，彼らの一見不可思議に見える行動様式や人間関係とは決して単なる「時代錯誤」の墨守ではないことになります。彼らは，彼らが自覚的に創り上げた独自の文化と，その文化を護るために合理的な行動をしているだけなのです。（瀬戸邦弘）

図3　応援団におけるリーダー公開

（出典：筆者撮影）

スポーツ動物をめぐる文化と倫理

動物を生きたまま楽しみのために使う文化つまり動物スポーツの始まりは，人類が動物飼養原理を我が物とした時点までさかのぼります。それは，農耕の開始にほぼ符合して，メソポタミアの紀元前8000年頃とされます。以来，牛，山羊，羊，馬，ラクダ，トナカイなどが人間によって管理されるようになり，これら家畜を使った様々なスポーツがおこなわれるようになりました。

1 動物スポーツの多様性

動物スポーツは多様です。動物同士を闘わせるもの（闘牛，闘羊，闘犬，闘鶏，闘馬，熊かけ，牛かけなど），動物にソリなどを牽かせる競走（トナカイ橇レース，犬橇レース，４頭立て戦車競走，競牛，ばんえい競馬など），動物に乗っておこなうもの（競馬，流鏑馬（やぶさめ），ポロ，ジリッド[1]，馬上槍試合，馬場馬術，ラクダレース，ブズカシ[2]など），動物に動物を捕らせるもの（鷹狩など）などです。更に人が楽しみでおこなう狩猟や，昆虫や魚を使ったもの（コウロギ相撲，クモ合戦，闘魚など）も動物スポーツですし，イルカや猿を調教して見せるショーやサーカスも含まれるでしょう。人類が，役畜や食畜以外に，動物を楽しみのためにいかに広範に利用してきたかがわかります。

▶1　馬に乗った２チームが，手にした槍（穂先は安全にされている）を投げ，敵をいとめるのを競うゲーム。トルコやインドネシアでおこなわれる。

▶2　頭と手足を切断した胴体だけの羊や仔牛をボールにし，馬に乗った２チームがこれをゴールに持ち込むのを競うゲーム。中央アジアで盛ん。

2 動物愛護

動物スポーツは，永らく，その実施に特に問題があるとは考えられていませんでした。もちろん，近代のヨーロッパで動物に苦痛を与えることに異を唱える識者はいましたが，はっきりした変化は19世紀のイギリスに現れます。

それまでイギリスでは，動物スポーツは支配層の教養と考えられていました。歴代の王室は闘鶏を庇護しましたし，町には専用の熊かけ場や牛かけ場がありました。つないだ熊や牛に犬をけしかけ，制限時間内に犬が何匹死んだかを賭けるのです。ブルドックはこのために改良された犬種でした。こうした慣習に倫理の視点から批判がおこります。1824年に動物虐待防止協会[3]が設立され，1835年には熊かけ，牛かけ，闘鶏，闘犬などを対象にした動物虐待防止法が成立します。影響はイギリスに留まらず世界に広がり，動物に無益な苦痛を与えるべきでないとする趣旨の法律が各国でつくられました。日本では1973年に「動物の愛護及び管理に関する法律」が制定され，幾度かの改正を経て今日にいたっています。動物スポーツの在り方が法的に論じられる時代を迎えたのです。

▶3　The Royal Society for the Prevention of Cruelty to Animals.

3 動物スポーツと動物愛護の共存を目指して

動物愛護法は動物スポーツのすべての種目に適用されますが，もっぱら問題として取り上げられるのは民族スポーツ・伝統スポーツとしての動物スポーツです。例えば，最後には剣で牛を殺してしまう闘牛はポルトガルやフランス，それに本家本元のスペインのカタルーニャ州などでは禁止になりました。動物愛護運動の成果でした。他方，IOC（国際オリンピック委員会）系統の国際スポーツについては，こうした目立った非難はまだおきていません。オリンピック種目に馬場馬術を持つ国際馬術連盟は，早くも，動物愛護の精神を体した「馬スポーツ憲章」を創り，自身が展開する全種目について日常と競技時の馬の適正な取り扱いに関するガイドラインを定めています。世界各地の民族伝統動物スポーツは，まだこうした手厚い対応策を構築できていないのが現状です。

日本の場合，三重県桑名市の多度神社の「上げ馬」神事で事件がおきました。神事は，少年の乗る馬が緩い坂道を助走し，その勢いでほぼ2 mの垂直崖に跳び上がるもので，見事クリアできれば，その馬を出した地区はその年は豊年と喜ぶ県無形民俗文化財の伝統行事です。しかし，成功率は3割以下で，転倒した馬が骨折し，殺処分されることも稀ではありません。地元の愛護団体の要請を受け，2012年に初めて関係者が書類送検されました。

動物愛護と伝統動物スポーツのこうした衝突は，世界各地でおきていますが，解決策も模索されています。例えばポルトガルの新生闘牛は，牛を殺さず，突進する牛の角に手をかけて，これを倒す仕方に改めました。鷹狩も，獲物を野生動物ではなく，縫いぐるみの鳥や獣に替える試みがおこなわれています。

従来の形を改めない方法はないのでしょうか。フランスの例が参考になります。フランスでは，新しく始めるのではなく昔からその地方の伝統文化としておこなわれる場合は，闘牛も闘鶏も合法なのです。動物虐待には当たらないと刑法に明示されています。韓国でも，闘犬や闘鶏は禁止ですが，伝統文化と認定されている闘牛は合法で，おまけに公営ギャンブルとしてもおこなわれます。しかし，こうした法的対応は国内法での対応であって，そのままグローバルに通用するというのではありません。愛護運動の象徴とも言えるフォアグラ[4]は，確かにフランスの伝統食としてEU法とフランス法では合法ですが，例えばアメリカのいくつかの州法では禁止されています。

対立は伝統文化と国際倫理の衝突と言えます。伝統文化であることが実施の根拠や免罪符とならない時代です。グローバルに通用する動物観を我々がまだ形成できないことも原因でしょう。これまで様々な宗教が様々な動物観を提供し，我々はこれを民族の動物観として受け入れてきました。諸民族の動物観をどう調整するのか，動物スポーツをもあつかうユネスコの人類無形文化遺産の評価基準は，この意味で注目されます。（寒川恒夫）

▶4 ガチョウやカモの肥大した肝臓。高価な珍味とされる。肥大は通常ではおこらず，そのため強制的に餌を与えて大きくする。その方法に虐待の非難が集まっている。フランス産が世界の供給の大部分を占める。

おすすめ文献

†Harrison, B. (1973) "Animals and the State in nineteenth-century England," *English Historical Review*, October：786-820.
†寒川恒夫（1987）「動物とスポーツ」岸野雄三代表編集『最新スポーツ大事典』大修館書店，870-874頁。
†Gorini, P. (1994) *Encyclopedia of Traditional Games*, Cremese International.

鷹狩：生き残る「人類の文化遺産」

鷹狩と狩猟文化

鷹狩（Falconry）は，およそ4000年前，中央・西アジア周辺で発生したと言われます。その猟法や使用する猛禽，獲物の種類などは民族や地域，国ごとに異なり，スタンダードに言えるのは「猛禽を使って獲物を捕らえる狩り」という程度です。

「狩り」という表現は強く猟をイメージさせますが，日本では「放鷹」「鷹野」とも呼ばれ，天皇や貴族，将軍など身分の高い人が鷹，犬，従者など大勢を引き連れてゆく野遊びでした。ヨーロッパでも同様です。

一方，中央アジアやかつてのアラブでは，遊牧民族が家畜を守り，日々の糧を得るために鷹を放っていました。厳しい自然の中で獲物を捕らえることは楽ではなく，限られた家柄や民族が，代々伝承してきました（図1）。

近代の動物愛護運動は，家畜や動物園の動物たちの飼育環境に対して苦痛を取り除くための改善要求でしたが，過激な活動家は，家畜の飼育そのものや一切の狩りが残酷だと主張するようになりました。

鷹狩もそのあおりを受けて，狩猟行為として禁止される脅威が迫っていました。このような圧力に対して，鷹匠はどのように対抗したのでしょうか。

2　動物愛護に抗う鷹狩

猛禽の人工繁殖が積極的に進められるようになったのは，1970年代でした。アメリカでDDT[1]の影響を受けたハヤブサの卵の殻が薄くなり，親鳥が抱卵しているうちに卵が割れてしまう事故が多発し，猛禽の数が激減しました。1970年，アメリカのコーネル大学で，トム・ケイド博士（鳥類学者）が中心になってハヤブサ基金（Peregrine Fund）が設立されます。アメリカは鳥類学者と鷹匠が非常に良好な関係を築いており，鷹匠は，猛禽の捕獲，育雛，雛に狩りを教える飛行の訓練などといった鷹狩術が猛禽の野生復帰にも生かせることを証明しました。現在はアイダホのボイジにThe World Center for Birds of Prey（猛禽センター）を運営し，施設内にThe Arc-

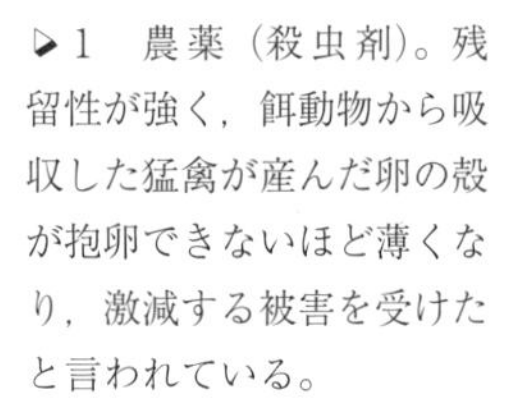

▶1　農薬（殺虫剤）。残留性が強く，餌動物から吸収した猛禽が産んだ卵の殻が抱卵できないほど薄くなり，激減する被害を受けたと言われている。

図1　モンゴルの鷹匠の子供

（出典：「IAF」websiteより）

hives of Falconryという鷹狩資料館が設けられています。

鷹狩に関連した団体は各国にあり，また国際的な問題を協議する鷹狩協議会であるIAF[2]（International Association for Falconry and Conservation of Birds of Prey）には，現在80カ国以上が登録しています。この協議会は鷹狩の理解を求めるための会議や講演を積極的におこなっています。近年は，ヨーロッパにおける実績の高いCIC[3]（International Council for Game and Wildlife Conservation）に協調して，持続可能な猟法[4]（sustainable hunting）をおこなうための保護活動をおこなっています。

欧米の鷹匠には鳥類学者，生物学者が多く，もともと渡り鳥の調査などの科学的な研究を積極的におこなってきた地盤がありました。このため，鷹狩に必要な自然環境，猛禽類，猟鳥の習性を熟知しており，狩場の環境を整え，猛禽および猟鳥を人工繁殖し，放鳥することが可能だったのです。近年は中東などの富裕層のため，欧米の専門家の知識を生かした猛禽専門の動物病院や獣医も増えています。

虐待を訴えて感情的になる傾向にある動物愛護活動に対し，環境保護活動は，よりリベラルに社会的な活動をおこなうことが可能です。鷹匠たちは，富裕層や行政と協力して野生の猛禽や環境の保護活動を積極的におこないながら，鷹狩のイメージアップを図り，鷹狩を自然の摂理に反しない持続可能な狩猟方法としてアピールしているのです。

3 伝統文化としての鷹狩

2011年11月16日，鷹狩はユネスコの諮問委員会において，「人類無形文化遺産（Intangible Cultural Heritage of Humanity）」として登録されました。これはUAE（アラブ首長国連邦）を始めとする11カ国による初の共同申請によるもので，鷹狩の持つ文化的な多様性が認められたことになります。2012年にオーストリアとハンガリーが申請し，現在は13カ国が登録されています。2013年，IAFはこの日を記念して，11月16日を鷹狩の日（Falconry Day）と定め，国際的な啓発活動を呼び掛けています。日本も含めて，国によって行政の判断や審査方法に課題が残されていますが，現在も申請の門戸は開かれています。

鷹狩は鷹と獲物，人間と獲物という直接的な狩関係の前に，人間と鷹との精神的な結び付きが非常に強く存在しています。鷹匠は鷹を守ることが第1であり，そこが銃猟やわな猟など，他の狩猟と大きく異なります。

宗教，民族，社会など立場の異なる国々が協力して果たしたユネスコ登録は，鷹狩をローカルな伝統文化であるとともに，グローバルな人類文化であると位置付けました。鷹狩は，環境保護という柔軟性によって生き延びることができた稀少な例と言えるでしょう。

（大塚紀子）

▶2　直訳すれば国際鷹狩・猛禽保護協会。「国際鷹狩協議会」などと略される。1968年，ドイツのデュッセルドルフで設立。伝統的なスポーツである鷹狩と獲物が棲息する環境の保護に関する活動をおこなっている。

▶3　直訳すれば「猟獣・野生生物国際評議会」。1900年頃から計画され，1930年にフランスのパリで設立された。

▶4　鷹狩などの伝統的な猟法は銃による猟などと異なり，得られる獲物はわずかであり，人間および自然に対して優しく，共存共栄が図れると考えられている。

おすすめ文献

†国末憲人（2012）『ユネスコ「無形文化遺産」』平凡社。
†Dr. Ceballos, Javier (2009) *Falconry Celebrating a Living Heritage*, Motivate Publishing.
†塚本学（1995）「江戸時代における動物の生命と人命」『国立歴史民俗博物館研究報告』第61集。
†大塚紀子（2011）『鷹匠の技とこころ──鷹狩文化と諏訪流放鷹術』白水社。

中国の全国少数民族伝統体育運動会

全国少数民族伝統体育運動会（以下，運動会）は，広大な中国の諸所に住む漢族ではない55の少数民族が一堂に会して民族スポーツと民族歌舞を披露し，また競い合うイベントです（図1）。第1回大会は1953年におこなわれました。[1] その後，伝統文化を全面否定した文化大革命時代の長い中断を経て1982年に再開された第2回大会からは，4年に一度おこなわれるようになりました。主催は国家民族事務委員会と国家体育総局という中央政府組織で，開催地の省政府や市政府が実行委員会を組織して実際の運営に当たります。一大国家行事です。

▶1　1953年11月8-12日に天津でおこなわれた「1953年全国民族形式体育表演及競賽大会」が1984年に「第1回全国少数民族伝統体育運動会」と遡って認定された。この大会には漢族も参加している。そのためか「全国少数民族伝統体育運動会」と名称が変わっても漢族の参加は続いたが，2011年の第9回大会から漢族参加は認められていない。

図1　民族衣装を纏った55少数民族の入場行進（1995年第5回昆明大会）

（出典：寒川恒夫撮影，1995年）

1　政府の意図

中華人民共和国（以下，中国）が1949年に建国されると，人口の9割強を占める漢族は多民族国家のスローガンの下に漢族以外の55民族を少数民族と認定し，新国家を，漢族と55少数民族が融合する「中華民族」国家と宣言しました。[2] こうした統治姿勢はそれまでの中国史には見られないものでした。運動会は，中華民族国家が正しく機能していることを内外にアピールするスポーツ大会として始められました。

人口では漢族が圧倒しますが，少数民族の住む地は僻遠ながら国家防衛上の

▶2　「中華民族」の語は20世紀に現れる比較的新しいものである。初めは漢族，次に漢・満・蒙・回・蔵の5族を意味し，中華人民共和国成立後に漢族・非漢族の56民族の意となる。

図2 「中華民族の母」

（出典：中華人民共和国第8回全国少数民族伝統体育運動会開会式ビデオ）

要衝に当たり，また地下資源などを豊かに持っています。漢族と非漢族を共存させるため「民族団結」[3]や「和諧」[4]のスローガンが掲げられましたが，2007年に広州市で開かれた第8回大会の開会式に登場した「中華民族の母」は注目されます（図2）。国家を一つの家族にたとえ，漢族と少数民族の56民族が共通の一人の母に生を受け育てられたというストーリーのパフォーマンスが演じられました。

2 少数民族の反応

運動会に期待するところは国家と少数民族とで微妙な温度差があります。政府は民族共存・民族団結を求めますが[5]，中国経済の発展が運動会に多額の賞金をもたらし，運動会が膨大な商取引を生む交易会をともない，運動会じたいが観光化を始めると，少数民族の関心は経済に傾くようになり，アスリートのプロ化現象も見られるようになりました[6]。

3 台湾の少数民族

運動会の目的は中華民族アイデンティティーづくりにありますが，眼差しは台湾にも向けられています。台湾には漢族のほか人口数%の非漢族が先住民として住んでいますが[7]，55少数民族の中に台湾先住民も含まれており，中国政府は1991年の第4回大会以来，台湾の先住民に招待状を送り続けています。以来今日まで，台湾政府が認める公式のものではありませんが，民間交流として台湾先住民の参加が続いています。双方の思惑を孕みながら，運動会は，台湾先住民をも中国大陸発のオーストロネシア語族であるとする中国側アイデンティティー戦略を体現するツールとしても機能しています。（鄭稼棋）

▷3 中国の憲法にこの語が見える。

▷4 胡錦濤（こきんとう）総書記時代（2002-12年）に国家の基本原理となる。漢族と非漢族の間のみならず，鄧小平（とうしょうへい）の改革開放政策以後に急速かつ広範に中国社会に出現した格差の解消を目指した。

▷5 このほか，開催地の発達した都市生活に触れさせることを含め，運動会の様々な機会を捉えて少数民族に文明化教育を施すことも目論まれていた。

▷6 例えば，2011年の第9回貴州大会では，地元の龍舟競漕チームは16クラス中12クラスで優勝し，州政府から888万元（約1億5000万円）を得ている。

▷7 台湾先住民は，かつて日本統治時代に「高砂族」と称されたが，今日では「原住民」が台湾の法律用語。中国では「高山族」と称する。「原住民」ではインドネシアやフィリピンに故地を持つオーストロネシア語族とされ，台湾では内部が更に13族に分類されている。

おすすめ文献

†鄭稼棋（2014）「中国少数民族伝統体育運動会研究――民族問題を中心にして」早稲田大学博士学位論文。

†寒川恒夫監修（1995）『21世紀の伝統スポーツ』大修館書店。

†中華全国体育総会宣伝部編（1983）『中国少数民族伝統体育運動』中華全国体育総会宣伝部。

テコンドーと花郎道

1 テコンドーとは

テコンドーは韓国の伝統武芸の一つで，拳と華麗な足技を使って闘う素手格闘技です。漢字では「跆拳道」と書きます。組手の競技が中心となっていますが，2006年からは形の競技もおこなわれています。テコンドーの組織は，韓国を中心とする「世界跆拳道連盟（World Taekwondo Federation：WTF，1973年設立）」と北朝鮮を中心とする「国際跆拳道連盟（International Taekwondo Federation：ITF，1966年設立）」があります[1]。中でもWTFテコンドーは競技スポーツ化を進めたことで1975年に「国際オリンピック委員会（IOC）」傘下の「国際競技連盟（ISF）」に入り，2000年からはオリンピック正式種目となり，電子防具を使った安全性と公平性を確保した国際スポーツとして展開しています。2016年現在WTFには，パンアメリカ44カ国，ヨーロッパ50カ国，アフリカ50カ国，アジア43カ国，オセアニア19カ国の合計206カ国・地域が加盟しています[2]。

▶1　崔泓熙によって先に「国際跆拳道連盟」が組織化されたが，政治的理由で崔が亡命することとなり，連盟もともに移動したので，韓国は新たに「世界跆拳道連盟」を創立した。

▶2　World Taekwondo Federation, 2016.

2 空手道からテコンドーへ

テコンドーは日本の空手道をモデルに創られました。「大韓跆拳道協会」は，テコンドーははるか昔におこなわれた韓民族固有の闘技から生まれたと説明していますが，歴史的根拠は不明です。実際，独立（1945年）前後の韓国には，日本で空手道を学んだ人たちによって多くの空手道場が開かれていました。李元国（イウォンクッ）の「唐手道　青濤館（チョンドグァン）」（1944年），黄琦（ファンギ）の「鉄道局　唐手部」（1945年），田祥燮（ジョンサンソプ）の「朝鮮錬武館（ヨンムグァン）　空手部」（1946年），尹炳仁（ユンビョンイン）の「YMCA拳法部」（1946年），盧秉直（ノスンジッ）の「唐手道　松武館（ソンムグァン）」（1947年），崔泓熙（チェホンヒ）の「吾道館（オドグァン）」（1954年）などが主な道場で，まだテコンドーという名称は使われていませんでした。そうした中，1956年崔泓熙が主導した「名称制定委員会」で，テコンドー（跆拳道）の名称採用が決まり，そして1959年に協会が設立されました。

今日では，テコンドーと空手道の競技特性に共通点はほとんど見られません。しかし，両者の関連性は「形」から確認することができます。1959年に崔が著した『跆拳道教本』にテコンドーの形（韓国名：プンセ）が初めて紹介され，そこに「・小林流（ソリン）：太極（テクッ），平安（ピョンアン），抜塞（バルセッ），観空（クァンゴン），燕飛（ヨンビ），岩鶴（アムハッ）　・昭霊流（ソリョン）：鉄騎（チョルギ），十手（シップテ），半月（バンウォル），慈恩（ザウン）　・蒼軒流（チャンホン）：花郎（ファラン），忠武（チュンム），乙支（ウルジ），三一（サムイル），忠壮（チュンジャン）」という形名が載せられていますが，小林流と昭霊流は日本の空手流派の名前です。小林流は首里手系，昭霊流は那覇手系と，いずれも沖縄空手の源流を汲む流派です。更に，「太極，平安，抜塞，観空，燕飛，岩鶴，鉄騎，十手，半月，慈恩」という形名は現在の松濤館空手の形名と同じものです。[3]

3 花郎道

花郎とは，韓半島に最初の統一国家を築いた新羅の時代（576年）に創られた若者による修養団のことです。花郎徒とも言います。目的は国家に必要な人材を育成することでした。[4] 実際に花郎出身の多くの人物が功績をあげ，新羅を支える重要な役割を果たしました。こうした花郎の精神を表現したのが「花郎道」です。しかし，この言葉は日本の植民地時代に日本人によって創られたものでした。日本は当時，植民地朝鮮の同化政策を進める必要から，日本と朝鮮は源を同じくする民族であるという同根思想を展開するべく，日本の武士道に対応する概念として花郎道を提唱しました。新羅民族の民族精神である花郎道の勇ましい気質は，大和民族の武士道が受け継がれたからであると主張したのです。[5] 本家日本と分家朝鮮という民族的系譜を正当化するためのツールの一つになったのが花郎道でした。結果的に，花郎道は朝鮮民族を日本の戦争に動員する思想的根拠となりました。

花郎道はこのように日本によって創られ，その植民地政策に利用されましたが，他方で，支配された側の朝鮮民族にも利用されました。朝鮮側はこれを朝鮮民族のアイデンティティーとして反日運動の支えとしたのです。更に，花郎道に託した朝鮮の民族精神は，独立後の韓国社会において，国民を反共産主義の下に一致団結させる救国精神として広く利用されました。

4 テコンドーにみる韓民族アイデンティティー：「花郎道」づくり

独立後，韓国はナショナル・アイデンティティーを花郎あるいは花郎道に求める一方で，残った日本文化を取り除こうとしました。日本の残存文化であった空手道は，その存続のために，自身のアイデンティティーを新たに韓国文化の花郎道に求める必要がありました。

とりわけ崔は韓国軍の重要ポストに就いていたため，日本文化である空手道をそのまま続けるには困難な状況にありました。そこで崔は多くの空手道場主の反対を押し切ってテコンドーの新名称を提唱し，自身の『跆拳道教本』の中で，「テコンドーは，テッキョンという名で新羅時代から始まったが，日本の植民地時代にほとんどなくなっていた。しかし日本人はそれを空手道と呼んで実践し，テコンドーは空手道として独立後も続けられた」と，テコンドーの韓国固有性を主張し，さらに1965年には，形名も韓国の歴史上の偉人の名を付したものに改め，[6] テコンドーの韓国化を図りました。空手道の起源をも新羅花郎道に求める創造がおこなわれたのです。

（朴周鳳）

▶3　WTF では1975年から形名を「太極1，太極2，太極3，太極4，太極5，太極6，太極7，太極8，高麗，金剛，太伯，平原，十進，地胎，天拳，漢水，一如」としている。

▶4　金富軾（1145）『三国史記』。高麗17代王，仁宗の命によって編纂された歴史書。三国時代（高句麗，百済，新羅）から統一新羅までの歴史を書いたもので，全50巻で構成されている。中でも花郎に関する記述は「新羅本紀 眞興王」編に収録されている。

▶5　鮎貝房之進（1932）『雑攷』第4輯「花郎攷」；鮎貝房之進（1973）『雑攷 花郎攷・白丁攷・奴婢攷』国書刊行会。

▶6　「天地（チョンジ），檀君（ダンクン），島山（トサン），元曉（ウォンヒョ），栗谷（ユルコク），重根（ジュングン），退溪（テゲ），花郎（ファラン），忠武（チュンム），廣開（クァンゲ），圃隠（ポウン），階伯（ケベク），庚信（ユシン），忠壮（チュンジャン），乙支（ウルジ），三一（サムイル），崔瑩（チェヨン），古堂（コダン），世宗（セジョン），統一（トンイル）」。

おすすめ文献

†朴周鳳（2014）『韓国における伝統武芸の創造』早稲田大学出版部。
†寒川恒夫（2014）『日本武道と東洋思想』平凡社。

3 トンガ王国のラグビー選手：ディアスポラとスポーツ

1 ディアスポラが支える祖国の経済

南太平洋の島国トンガ王国は，ディアスポラ社会[1]の一つです。トンガでは農業や漁業が主な国内産業となっていますが，雇用が不足しており，多くの人々が職を求めて海外に移住しています。主な移住先はニュージーランド，オーストラリア，アメリカ合衆国で，こうした国外で生活するディアスポラの数は，トンガ国内の人口約10万人を大幅に超え，25万人にのぼるとも言われています。ディアスポラは，国外で自らの生活を築くとともに，トンガに住む両親を始めとする近親者への送金を通して，トンガ経済の中で重要な役割を果たしています。

トンガ国内では，畑を所有して主食となるタロイモやキャッサバを自給用に作る家庭は多いのですが，肉類などの食品やその他生活必需品は購入する必要があり，光熱費や教育費なども含め，生活する上で現金収入は不可欠となっています。現金収入がないまたは少ない多くの家計では，ディアスポラからの送金によって生活が成り立っており，その送金総額は GDP の約20％に達しています。国家レベルでも，近隣のニュージーランドやオーストラリアを筆頭とする諸外国からの支援に頼る部分は大きく，トンガを含むこうした南太平洋の島国の経済は MIRAB 経済[2]と特徴付けられています。

2 トンガ王国とラグビー

ラグビーはトンガにおける国民的スポーツであり，老若男女に親しまれています。実際に競技に参加するのは，若い男性が中心ですが，学校や地域のチームの試合には多くの人々が応援に駆けつけます。イカレ・タヒ（海鷲）の愛称を持つ15人制ラグビーのトンガ代表チームの選手たちは，国際試合から凱旋帰国すると空港に多くのファンが詰めかけるほど国民的ヒーローとして人気があります。しかし，国内ではラグビー選手は職業として成り立たず，イカレ・タヒのメンバーですら，そのほとんどがヨーロッパ，ニュージーランド，オーストラリア，日本など国外のチームを拠点としています。

祖国を離れて生活するディアスポラは，特に移民第一世代では，清掃員や警備員や飲食店店員といった低収入の肉体労働に従事してきましたが[3]，より多くの収入が得られるラグビー選手たちは経済的な成功例として認識されており，

▶1 「離散」を意味するディアスポラとは，祖国や出身地域を離れて生活する国民や民族集団，またはそのように離散すること自体を言う。

▶2 バートラム（G. Bertram）とワッタース（R. Watters）は太平洋地域の小さな島国の経済を移民（Migration），海外からの送金（Remittances），国家間の援助（Aid），肥大した官僚制度（Bureaucracy）の頭文字を取って MIRAB と特徴付けた。Bertram, G. and Watters, R. (1985) "The MIRAB economy in Pacific microstates," *Pacific Viewpoint*, 26(3)：479–519.

▶3 Lee, Helen (2003) *Tongans Overseas：Between Two Shores*, University of Hawai'i Press.

トンガ政府もアスリートの「輸出」を奨励してきました[4]。しかし，スポーツ産業の中にあり，チームとの契約で成り立つ職業としてのラグビー選手は，自身の体が資本であるがゆえに，選手生命自体が短いことに加え，怪我や病気，パフォーマンスの低下といった理由で簡単に契約の更新ができなくなってしまうという危うさも含んでいます。また，特に日本などの英語圏以外では文化や言葉の壁もあり，契約が切れた際，他のチームへ移籍できなければ，他の業種で新たに働き口を見つけることは非常に難しく，再び別の国へ移動せざるを得なくなることもあります。

▶4 Besnier, Niko (2015) "Sports Mobilities Across Borders : Postcolonial Perspectives," *The International Journal of the History of Sport*, 32(7) : 849-861.

3 日本で活躍するトンガ人ラグビー選手と帰化

ディアスポラの経済的成功例としてのイメージ形成に大きく貢献したのは，1980年代から日本で活躍したトンガ人ラグビー選手たちでした。もともと，そろばんの教師になるために大東文化大学に留学してきた彼らは，ラグビー部で才能を発揮し，卒業後も国に帰らず，日本の社会人チームで社員として働きながらラグビーを続け，日本代表としても活躍しました。それ以降，日本のラグビー界でトンガ人選手の認知度や需要が高まり，高校，大学，社会人と幅広い年代で多くの選手が家族の期待を背負って来日しています[5]。

▶5 ベズニエ，ニコ・北原卓也（2009）「在日トンガ人ラグビー選手」『季刊民族学』財団法人千里文化財団，130：48-54頁。

一方で，すべてのトンガ人選手が活躍できるわけではないという現実もあります。自身の能力の問題だけではなく，外国籍選手には試合出場に人数制限が設けられており，他国からの選手，時には他のトンガ人選手と出場枠をめぐる激しい競争があり，出場の機会を得ることは容易ではありません。こうした状況を少しでも有利にできるのが帰化です。日本国籍を取得して外国籍選手枠の規制対象から外れることで，選手本人が出場機会を得やすくなるだけでなく，チームにとっても他の有力な外国籍選手を同時に出場させることが可能になるため，所属先が積極的に帰化申請をサポートすることもあります。

また，その他の帰化の利点として日本のパスポートの強さもあります。トンガのパスポートは限定的でニュージーランドなど一部の国を除いて渡航にはビザが必要ですが，日本国籍のパスポートが取得できれば，ビザを取得することなく日本に滞在できるだけでなく，諸外国との行き来が容易になります。

日本の法制度上，二重国籍は認められていないため，帰化は「日本人になること」を意味しますが，トンガ人選手たちにとって日本国籍を取得しても，トンガとのつながり，家族とのつながりが切れるというわけではなく，自身が「トンガ人であること」には変わりありません。日本人が彼らを一括りに「外国人」というステレオタイプに当てはめてしまうことも，「日本人ではないトンガ人としての自分」を認識させられる要因となっています。帰化はトンガ人ラグビー選手にとって，アイデンティティー形成に大きく影響しているというよりは，将来に備える戦略的な施策の一つとなっています。　（北原卓也）

おすすめ文献

†エバレット・ブラウン／稲垣収訳（1999）『俺たちのニッポン』小学館。

†Lee, Helen (2003) *Tongans Overseas : Between Two Shores*, University of Hawai'i Press.

†ニコ・ベズニエ，北原卓也（2009）「在日トンガ人ラグビー選手」『季刊民族学』財団法人千里文化財団，130：48-54頁。

4 メキシコのペロタ・ミシュテカ

1 グローブとボール

「ペロタ・ミシュテカ」は，メキシコのオアハカ地方で盛んに遊ばれている民族スポーツです。日曜日ともなれば，オアハカのどこかの街，どこかの村で，このペロタ・ミシュテカがおこなわれます。ペロタ・ミシュテカの特徴は用いるグローブとボールの独自性にあります。選手は片手に重さ5kgほどのグローブをつけて（図1），900gほどのゴムのボールを打ちます（図2）。グローブはボクシング・グローブほどの大きさで，厚手の牛革を5枚ほど張り合わせて作ります。それを長い鉄釘で固定するのです。鉄釘はボールが当たる面を覆いつくしており，ボールの反発力を高めます。ボールは空洞のない詰め型のゴムのボールで，時には10mも20mも跳ね上がります。勢いのついたボールはいとも簡単にプラスチックの椅子を壊してしまいます。ペロタ・ミシュテカは危険なスポーツなのです。

図1　ペロタ・ミシュテカのグローブ

（出典：筆者撮影，2015年）

図2　ペロタ・ミシュテカのボール

（出典：筆者撮影，2015年）

試合は5人1組のチームが縦100m横11mのコートに向き合っておこなわれます。片側からサーブが放たれたら試合の開始です。経験のある選手たちはとても簡単に重いグローブを操り，素早い反応とダッシュで相手のボールを打ち返します。重いグローブから打ち出されたボールが目まぐるしく展開する攻防は，観る者を引き込む興奮に満ちています。

この興奮に満ちたプレー空間を，フガドールと呼ばれる選手たちは愛着を込めて「パサフエゴ」と呼びます。パサフエゴは単にコートを指すわけではなく，プレーの興奮や喜び，プレー後の食事や会話など，あらゆる共通経験が生まれ，また，記憶されていく文化空間です。子供たちは，父や叔父に連れられてこのパサフエゴにやってきます。最初は，重さ2，3kgほどの子供用グローブを与えられ，大人たちの試合の前や後に練習します。やがて，彼らが十分な力を持つと，親子兄弟，親戚，あるいは地元の仲間でチームが作られます。

オアハカ全土には150以上のパサフエゴが存在すると言われます。年に数回，大きな大会も開かれています。オアハカ地方を代表する民族スポーツとして，2013年には州の無形文化遺産に指定されました。

2 ヨーロッパ生まれ，メキシコ育ち

現在のテニスのように，1対1，あるいは複数のプレーヤーが対面で向き合い，手あるいはそれに準ずる道具を用いて，ボールを打ち返し合う球技はヨーロッパの多くの地域でおこなわれています。ドイツ人の歴史家であるハイナー・ギルマイスターはその浩瀚（こうかん）な著書『テニスの文化史』の中で，そうしたヨーロッパ球技文化の多様性を明らかにしました。

大航海時代を経て，ヨーロッパ大陸と新大陸の交流が開始されると，互いの球技文化も出合い，混淆していきました。例えば，ゴムが南米からヨーロッパ大陸に伝わると，ペロタ・バスカ（今もバスク地方で盛んにおこなわれる球技）のボールの芯にゴムが使用されるようになりました。その結果，様々な道具が新たに生み出され，今日のような多様なゲーム形式が生まれたとされます。[1] 他方，そのペロタ・バスカやフランスの「ポーム」（テニスの原形）が持つゲーム形式（例えば，0，15，30，40，デュースというカウントの仕方やチェイスのルール[2]）がメキシコに伝播し，オアハカ地方で土着化してペロタ・ミシュテカができたと考えられます。そして今やペロタ・ミシュテカは次なる変容の局面にあります。

3 トランスローカル・アイデンティティー

「オアハカリフォルニア」という地名が存在します。[3] これはアメリカのカリフォルニア州にあるオアハカ人移民コミュニティを指しています。メキシコからアメリカに渡る移民は現在も大変な数に上ります。そうしたメキシコ系移民やディアスポラの中には自分たちのルーツを忘れず，故郷の伝統文化を重んじる人々がいます。オアハカ人移民はペロタ・ミシュテカを忘れませんでした。そして，オアハカリフォルニアに作られたいくつものパサフエゴの存在が，オアハカ人同士の結び付きを強くし，また，出身地のオアハカとの継続的な交流を生んでいます。1998年に始まった競技大会はやがてカリフォルニアのいくつもの都市を巡って続くトーナメントツアーとなり，今年で18回目を迎えました。この大会にはカリフォルニアのチームに加えて，オアハカやメキシコシティのチームが参加します。[4]

このように国を越えてつながる「トランスローカル」なアイデンティティーがペロタ・ミシュテカをおこなうことで形成され始めています。ヨーロッパからメキシコ，そしてアメリカへ。この球技は人の移動の歴史とともにその発展の軌跡を描いてきました。その過程で様々に文化変容し，今なおその進みを止めることなく，新たな価値や意味を生み続けています。そして，こうした“移民と民族スポーツ”の研究はまだ始まったばかりです。ペロタ・ミシュテカの今後に注目していきましょう。

（小木曽航平）

▶1　松井良明（2015）『球技の誕生』平凡社，83頁。

▶2　「チェイス（chase）」とは，今日のテニスの原形であるポームのルールで，2バウンドのボールが守備側コートの後半分（ウィニングコートと言う）以外のコート内に落ちた時のプレーの仕方に関わるもの。今日のテニスには受け継がれていない。メキシコでは「ラヤ（raya）」と言う。

▶3　Berger, M. E. and Peña, L. (2014) “Creating Spaces of Transborder Play：Indigenous Mexican Migrants in California and the Game of Pelota Meixteca,” *Streetnote*, 22：108-118.

▶4　小木曽航平（2015）「越境する民族スポーツ――『ペロタ・ミシュテカ国際トーナメント2015』調査報告」『スポーツ人類學研究』17：11-22頁。

おすすめ文献

†アルジュン・アパデュライ／門田健一訳（2004）『さまよえる近代』平凡社。
†ハイナー・ギルマイスター／稲垣正浩ほか訳（1993）『テニスの文化史』大修館書店。
†松井良明（2015）『球技の誕生』平凡社。

5 スリランカのクリケット：国民統合のシンボル？

1 スリランカという国と民族

スリランカは永らくシンハラ人の王が統治する国でしたが，16世紀からポルトガルとオランダの支配を受け，1815年にはイギリスの植民地となり，ようやく1948年に独立しました。この歴史が，今日のスリランカの複雑な民族構成を作っています。人口の74％を占める仏教徒シンハラ人，18％のヒンドゥー教徒タミル人，１％のキリスト教徒バルガー人（ポルトガル人，オランダ人，イギリス人とスリランカ人の混血），７％のイスラーム教徒ムーア人，それに1000人弱の先住民ベッダ人です。

2 クリケットは民族交流空間

クリケットはイギリスから持ち込まれました。1830年に最初のコロンボクリケットクラブが作られましたが，メンバーはイギリス人だけでした。1881年設立のヤングセイロンが初めのスリランカ人クラブでしたが，メンバーは混血のバルガー人でした。[1] スリランカ人の２番目のクラブは，1899年結成のタミル人のタミルユニオンでした。なぜ多数派のシンハラ人でなかったのでしょう。英語教育を受けてイギリス化された少数派タミル人を官吏に優遇登用することで，多数派シンハラ人と反目させるイギリスの分断統治政策が背景にありました。クリケットはイギリス化を意味しました。その結果，国際試合に出場するスリランカ代表は20世紀まではイギリス人とバルガー人だけ，その後1930年までは

▶1 Wagg, S. (2008) *Cricket and National Identity in the Postcolonial Age*, Routledge : London and New York.

図１　スリランカの国旗（左）とクリケット・ナショナルチームのエンブレム

国旗は，右からシンハラ人，タミル人，ムーア人のシンボル・カラーで諸民族共存をイメージさせるが，スペースは多数派の仏教徒シンハラ人が圧倒し，また彼らのシンボルである“剣を持つライオン”と菩提樹の葉を四隅にあしらい，シンハラ人優位のメッセージを送っている。クリケット・ナショナルチームのエンブレムでは，シンハラ優位は薄まっているものの，それでも“剣を持つライオン”が残っている。

（出典：筆者撮影）

タミル人が半数を占めました。

統治者側が独占する中，英語教育を受けたシンハラ人エリートの中からクリケット選手が現れ，1930年代には代表入りを果たします。クリケットの民族的オープン化現象は，1937年に始まった国内リーグ（8クラブから今日では12クラブ）が，シンハラ人，タミル人，バルガー人，ムーア人のそれぞれのクラブで構成される状況をもたらしました。クリケットは民族交流空間として機能したと言えます。もちろん多数派シンハラ人と少数派タミル人の民族対立は根強く，独立後も何度も流血の惨事がおきています[2]。特に1982年から2009年まではタミル過激派（LTTE：Liberation Tigers of Tamil Eelam）と政府の間で激しい軍事衝突が続きましたが，しかしその期間中も国内リーグは毎年穏やかに，また国際試合も毎年のようにスリランカでおこなわれていました。代表選手も民族混成でした。リーグ戦中に民族同士の暴動などは一切起きていません。

▶2 シンハラ語を公用とするなどシンハラ人を優遇するシンハラ・オンリー政策が原因。澁谷利雄（2010）『スリランカ現代誌』彩流社。

3 民族の主張

こうした状況に，近年，変化が見られます。海外でおこなわれるクリケットの国際試合にタミル人の分離独立をアピールする運動が増加しているのです。2000年の初め頃からカナダなどの国々に住むタミル人が試合中にデモを起こし物議をかもしました。海外のタミル人はスリランカのタミル王国（13-16世紀に北部に展開）復興の夢を諦めていないという意思表示でした。マイケル・ロバートによると，国内でもタミル人のほとんどが国際試合ではスリランカの対戦相手を応援すると言います[3]。また，現在仏教徒とイスラーム教徒の関係が悪化しているスリランカでは，イスラーム教徒代表選手へのいやがらせも見られ，そこで，国内のイスラーム教徒ムーア人も国際試合ではスリランカではなくパキスタンやバングラデシュを応援することがよく見られます。スリランカ代表チームは多数派仏教徒であるシンハラ人チームと映るのでしょうか。

▶3 Michael, R.（2006）*Essaying Cricket : Abusive Cricket Fans A Clarification*, Vijitha Yapa Publishers.

1996年にスリランカがクリケットの世界チャンピオンになってからは，クリケットはスリランカを世界にアピールできる一つのシンボルになっています。2011年に世界の最優秀選手に選ばれたクマー・サンガッカーラ（元代表キャプテン）は，スリランカのクリケットが民族，宗教，カーストを問わず全国民のスポーツであること，またクリケットがそれぞれ異なるアイデンティティーを持つ人々を一体化していると宣言しました。

このようにスリランカのクリケットは，実のところ，2つの顔を持っています。民族が交流し合う場と民族が自己主張する場という2つの顔です。

（マワッタラゲ・サンジーワ・マナワラタナ）

おすすめ文献

†澁谷利雄（2010）『スリランカ現代誌』彩流社。
†川島耕司（2006）『スリランカと民族――シンハラ・ナショナリズムの形成とマイノリティ集団』明石書店。
†Michael, R.（2006）*Essaying Cricket : Abusive Cricket Fans A Clarification*, Vijitha Yapa Publishers.

6 ヘレネス国家の創造：近代ギリシャのオリンピック

1 ギリシャの独立とオリンピック復興

古代のギリシャ人は自分たちの土地をヘラス，自分たちをヘレネスと呼びました。ギリシャという言葉は，古代ローマ人が用いた他称でした。

近代オリンピックがフランス人のピエール・ド・クーベルタンによって1896年に復興されるよりも半世紀前に，ギリシャのアテネでは，ギリシャ人によるギリシャ人のための復興オリンピック（ギリシャオリンピック）が開かれていました。[1]

ギリシャ人は15世紀からオスマントルコに支配されていましたが，19世紀の初めに独立戦争が起こり，1832年にようやく独立を勝ちとりました。それを契機に街づくりや芸術などで古代ギリシャの文化や伝統を復活しようとする機運が高まり，古代オリンピックの復興を提唱する知識人が現れました。そしてE. ザッパス[2]が貿易で築いた私財を提供することで，ギリシャ人によるオリンピックが1859年10月にアテネの公園で開催されました。種目は，古代の競走，円盤投げ，槍投げ，跳躍などでした。第2回と第3回は，アテネ市内に残っていた古代の競技場を復元しておこなわれ，競走，幅跳び，三段跳び，円盤投げ，槍投げ，レスリング，棒高跳びなどの種目で競い，観客も数万人が集まりました。

2 産業博覧会

独立後のギリシャ政府は，経済力に富む近代国家の建設を目指していたため，産業製品のコンテストに重点をおいた産業博覧会とスポーツ競技会を抱き合わせた形で大会をおこないました。当時はパリやロンドンなどで万国博覧会がおこなわれ，真新しい産業製品が展示されるようになった時代でもありました。独立を果たしたギリシャ人は，産業製品で優劣を競うこともオリンピックの要素の1つであると考えて復興を実施したのでした。産業を競技の範疇に含める近代的なオリンピックの構想です。

産業博覧会の展示物の中にはギリシャ人の手になる芸術作品も含まれていましたが，それらは1870年の第2回大会ではより重視されて独自の芸術競技部門（絵画，彫刻，音楽，詩歌，建築）を構成しました。文学や芸術を司るミューズ神[3]の競技です。芸術競技はその後，更に発展し，海外在住のギリシャ人も作品を出展したり，賞を贈呈するようになるなど，国際的な様相を見せるようになり

▶1　真田久（2010）『19世紀におけるオリンピア競技祭』明和出版。

▶2　エバンゲリス・ザッパス（1800-65年）はオスマントルコ支配下のギリシャ北西部（後にルーマニア領）に生まれた人物で，貿易で富を築いた。トルコからの独立戦争に身を投じ，独立を果たすと，古代オリンピックの復興と競技場の整備のために彼の財産を供与することを1856年に政府に提案した。それによりギリシャ政府は古代オリンピックの復興を決議した。

▶3　ギリシャ語で文芸や音楽を司る女神たちをムーサイ，フランス語でミューズと言う。絵画，彫刻，音楽，建築，詩歌（文学）をミューズの競技と考え，ギリシャオリンピックや近代オリンピックにおいて芸術競技としておこなわれた。

ました。

また第2回大会の産業博覧会では,「市民の道徳的,身体的改善」の部門が設けられ,第3回大会では,市民の身体的教育や学校における健康面の計画など,体育や健康に関する産業製品も展示されました。産業製品の競技は健康や学校体育の発展に寄与していきます。

産業博覧会とスポーツ競技会から成るギリシャオリンピックはクーベルタンによる近代オリンピック開始の1896年まで4回(1859, 1870, 1875, 1888・1889年)[4],アテネで開催されました。

もっとも,第3回大会の開催後,ギリシャは財政難に陥ってしまい,オリンピックの開催はままならない状況になりましたが,この窮状を救ったのが王室でした。コンスタンティヌス皇太子(ギリシャ王室はデンマーク出身でした)を中心とする王室がスポーツを積極的に支援したのです。第4回大会もそうして開催されました。第1回近代オリンピックをアテネで開催しようとIOC(国際オリンピック委員会)が決めた際にも,王室が支援を申し出ました。王室の支援を受けたギリシャオリンピック,それはギリシャ人が新しい国を形成する重要な支えになりました。

図1 1889年の第4回ギリシャオリンピックに出場した選手と体操学校の生徒

(出典:ギリシャ歴史民族協会編(2004)『第1回国際オリンピック競技会』アテネ)

ギリシャオリンピックのスポーツ競技は,古代のアテネで使われていた競技場が復元され,ここで第2回・第3回大会がおこなわれました。近代的な産業を重視しながらも,古代との連続性を大切に思っていたことがうかがえます。ギリシャオリンピックを媒介に,古代とつながりながら,近代的なヘレネス意識が醸成されていきました。

3 近代オリンピックとの接点

ギリシャ独自のオリンピックは1896年の第1回近代オリンピックの下地となりました。大会の組織委員会にはギリシャオリンピックの関係者がいて,これを支えました。メダルやポスターのデザイナー,行進曲の作曲者,今日でも開・閉会式で歌い続けられているオリンピック賛歌の作詞者(パラマス)はギリシャオリンピックの芸術競技の受賞者たちでした。会場となった競技場も,ギリシャオリンピックのために復元された競技場を更に改修したものでした。[5]

ギリシャオリンピックは,文化,芸術,教育をも包摂する広範な産業振興と手を携えながら,独立を果たしたギリシャ人にヘレネスへの意識回帰をもたらす文化運動であったと言えます。 (真田久)

▶4 1888年に産業博覧会,1889年にスポーツ競技会がおこなわれた。

▶5 1896年の近代オリンピックが終了すると,ギリシャでの永久開催案がギリシャ王室より出され,それを支持する国も現れた。クーベルタンが強く反対したことから,オリンピックの中間年にアテネでおこなうことがIOC総会で決められ,1906年にアテネで中間オリンピックが開催されている。

おすすめ文献

†真田久(2010)『19世紀におけるオリンピア競技祭』明和出版。
†日本オリンピック・アカデミー(2019)『JOAオリンピック小事典2020』メディアパル。

スペイン・カタルーニャ州における「人間の塔」

1 「人間の塔」とは

スポーツ好きがカタルーニャと聞いて，まず思い浮かべるのは州都であるバルセロナとそこを本拠地にする世界的スポーツクラブのFCバルセロナ（1899年設立）でしょう。そのスペイン・カタルーニャ州において，FCバルセロナよりも更に長い歴史を持つのが民衆文化として230年以上の伝統があるとされる「人間の塔」です。[1] 老若男女を問わず，人が人の肩の上にのぼり塔を作ります。そして崩れずに最後までおりてくることも評価の一つです。一般的に上から３段目までは体重の軽い小さな子供たちがのぼりますが，落下の際の怪我を最小限に抑えるため2006年からはヘルメットを着用しています。現在，もっとも高い塔は１段に３人か４人が立つ10段で，年々，塔の高さや複雑さを求めた競争が激しくなっています。人間の塔がおこなわれた週明けには，マス・メディアによるランキングが発表されます。カタルーニャ州には，コリャ・カステリェーラと呼ばれる人間の塔のグループが100以上あり，[2] 週に２-３回の練習をおこないながら，週末に開かれる各市町村のお祭りや，２年に１度，共通のルールをもとに公式に勝者を決める競技会などに参加しています。1992年にはバルセロナ・オリンピックの開会式に登場したり，2010年にはユネスコの人類無形文化遺産に登録されたりと，国内のみならず世界的にもカタルーニャの伝統文化としての認知度を高めています。

人間の塔は「バレンシア人たちの踊り」に起源があるとされ，その名が示す通り，カタルーニャ州の南に位置するバレンシア州で執りおこなわれていた宗教的祭事の踊りに端を発しています。それが，カタルーニャ州に伝わってからは，その踊りの最後に作られていた塔の部分のみが残り，高さを求めた人間の塔に分化していったとされています。[3] 人間の塔を担ったのは，カタルーニャ社会の最下層に位置していた人々で，副収入を目当てとしてきました。そのため，農作業の閑散期にあたる，特に６月から10月の夏のあいだに上演が集中していましたが，[4] 現在では，無償で人間の塔を作る人々がカタルーニャ全土に広がり，ほぼ１年中，人間の塔を見ることができます。

2 「カタルーニャ」のアイデンティティーを担って

この人間の塔が，近年，高まりを見せているスペイン政府からの独立運動[5]に

▶1　Cervelló Salvadó, A. (2017) *Els orígens del fet casteller : Del ball de valencians als Xiquets de Valls* (del segle XVIII al 1849), Cossetània Edicions.

▶2　グループをまとめるコーディネーターの調べ。大学生のグループや養成中のグループを含む（2021年12月25日現在）。

▶3　Bertran Luengo, J. (1997) *El ball de valencians : de la dansa a les torres*, Quaderno de la festa major, No. 12, Santa Tecla 1997, Ajuntament de Tarragona.

▶4　Sans Guerra, R. and Martínez del Hoyo, P. (2013) *Quarts de nou*, Ara Libres, s.c.c.l.

▶5　カタルーニャは独立国であったが，1714年のスペイン継承戦争に敗れ，カタルーニャ語の公的使用が禁止された。敗戦日の９月11日は「カタルーニャの日」として祝日にされている。

おいて「カタルーニャ」を代表する伝統文化の一つとして政治利用されています。アメリカの有名紙である『ニューヨーク・タイムズ』は，みんなの力で一つの塔を作るという人間の塔の形成過程が，みんなの力で一つの国を作るという独立運動の過程と重なると評しました[6]。また，これまで政治から距離をとっていた人間の塔のグループも，独立運動に賛成であるという立場を表明しました。2014年10月５日に開かれた競技会には，当時，独立運動の顔であったカタルーニャ州政府のマス首相が登場し，会場はカタルーニャ州国旗の掲揚とともに「独立，独立」の大合唱で沸きました。また翌年９月11日の「カタルーニャの日」に開かれた独立を訴えるデモにも人間の塔は登場し，カタルーニャの象徴としての存在を人々に印象付けました。

図１　人間の塔

（出典：筆者撮影，2011年９月）

しかし，調査を続けてみると，コリャの中には独立に賛成の人もいれば反対の人もいて，近年，人間の塔が政治へ歩み寄っていることを危惧する声も聞かれます。また，大勢の観客が集まるデモの場は，人間の塔を広めたい人にとっては絶好の機会であり，独立支持を表明することで，より人間の塔の知名度を上げられると期待する人もいます。つまり「カタルーニャ」のアイデンティティーを担うことと人間の塔の普及とのあいだには，持ちつ持たれつの共存関係があることがわかります。

▶６　『ニューヨーク・タイムズ』紙電子版，2014年11月７日付。

3 アイデンティティーを超えて？

ただ，人間の塔の練習に実際に参加してみると，人々はカタルーニャ文化としての人間の塔を作っているばかりではないことがわかります。塔の最下部に位置する筆者が「カタルーニャ人でない」ことも関係ありません。よく聞かれるのが「みんなに役割がある」という言葉です。どうしても，塔にのぼりおりする花形メンバーに注目が集まりがちですが，塔にはそれを支える無数の人がいます。更に，塔に加わらなくても，お祭りの際に仲間の貴重品を管理したり写真を撮ったりする人やお金を寄付することでグループを支える人もいます。そこには，独立運動に見るようなスペインから「カタルーニャ」を分けて論じる流れとは異なる，お互いを受け入れる関係があります。人間の塔で個々人がアイデンティティーを感じるのはコリャです。けれども，自分たちの塔を作り終えたら，別のコリャの塔の一番下に加わり助ける姿も見られます。コリャは自分たちのアイデンティティーを示すためにそれぞれ色の異なるシャツを着ますが，塔の裾野に目を移すと，様々な色の寄せ集めで塔が成り立っていることがわかります。この相互扶助の精神こそが人間の塔の美徳とされており，アイデンティティーを超えた「連帯」が人々の誇りなのだと言えます。

（岩瀬裕子）

おすすめ文献

†立石博高・奥野良知編著（2013）『カタルーニャを知るための50章』明石書店。
†立石博高編著（2015）『概説 近代スペイン文化史——18世紀から現代まで』ミネルヴァ書房。

土俵と鞠場：道教のコスモロジー

スポーツの場が創られる時，かつても今も，設計には物理的建築学だけでなく思想が織り込まれるのが普通です。これによって場は象徴的意味を持ちます。

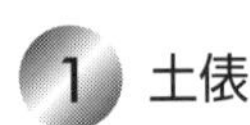

土俵

我々が国技館の大相撲をテレビで見る時，画面はいつも行事さんと対面するように映されます。そして向かって左が東方，向かって右が西方と，方位が定められています。実はこれ，天皇陛下が来場されご覧になる時の視線なのです。天皇は北に座されることになっています。このお約束は平安時代宮中の年中行事「相撲節」に由来します。当時，宮中では毎年七夕に相撲全国大会を開いていました。全国から招集された屈強な男たちが天皇の前で相撲を取りましたが，天皇が北の紫宸殿(ししんでん)に着座すると，南庭に，東から左衛府チーム，西から右衛府チームの相撲人がそれぞれ陰陽師に先導されて入場してきます。つまり相撲の場は北の天皇を中心に，南に控える力士が左（東）と右（西）に分かれて対戦する構造を持っていたのです。もともと「天皇」は中国の道教が主神とあがめた宇宙の支配者である北極星を指したもので，その地上における代理である天子（皇帝）はしたがって北に位置し，南面して臣下にまみえることになっていました。そうすると天皇の左手は東，右手は西を指します。相撲節の場は，この道教のコスモロジーに倣ったものでした。当時はまだ土俵はありませんでしたが，江戸時代に造られると，さらに土俵に工夫が加わります。四角い基壇の上に丸い土俵を載せますが，これは方によって大地，円によって天をあらわす，これまた道教の宇宙論に由来するものです。古墳が円と方によって，前方後円墳や下方上円墳に造られたのと同じ発想です。◁1

▶1　寒川恒夫（2010）「力士のシンボリズム」『現代思想』38-13：204-215頁。

つまり，今日見る国技館の土俵は，自身の天地と，“吊り屋根の北の黒房，南の赤房，東の青房，西の白房がつくる天地”とが協働して，大宇宙を現出させる象徴的しかけであると言えます。

2 鞠場

蹴鞠は日本を代表する民族スポーツです。奈良時代からおこなわれたもので，４人（正式には８人）が協力して一個の鞠を長く蹴り続けることを楽しむ遊びで，その場を鞠場(まりば)と言います。鞠場で蹴る鞠は鹿革で紙風船のように造ります。鞠は，白く塗った白鞠(しろまり)と，いぶして茶褐色にした燻鞠(ふすべまり)の２種類があります。

▶2　妙見は妙見菩薩の略で，その信仰は平安時代に始まる。国土守護や厄払など上下ともにまつられたが，妙見が北極星の神格化であることから，道教と仏教の習合とされる。

白鞠は秋と冬に，燻鞠は春と夏に使います。なぜ，鞠が使い分けされるのでしょう。白鞠は陰の鞠，燻鞠は陽の鞠と呼ばれました。道教は，１年は陰と陽が戦う世界で，夏は陽が極大で陰が極小の時，冬は陰が極大で陽が極小の時と教えます。鞠場で，陽が支配する春と夏に陽の燻鞠，反対に陰が支配する秋と冬は陰の白鞠を蹴ることで，それぞれの気を盛んにし，そのことで季節の順調な推移と，その結果もたらされる世界の安寧を保証しようとしたのでした。

図１　鞠場

（出典：東京天理教館（1969）『天理ギャラリー・第23回展：蹴鞠』東京天理教館，表紙。原在孝画，安政頃）

そのため，さらに，鞠場にも工夫が施されました。鞠場の地面の四隅に樹が植えられたのです（図１）。東北に桜，東南に柳，南西に楓，西北に松です。十二支で言えば，桜の位置は艮（うしとら），柳は巽（たつみ），楓は坤（ひつじさる），松は乾（いぬい）に当たります。中国の古い卜占の式盤によると，艮は鬼門で死者の世界に通じる道，坤は人門で生者の人間世界に通じる道，乾は天門で天に通じる道，巽は地門で大地に通じる道をあらわしました。つまり，４本の樹によって天地生者死者の宇宙世界が現出されたわけです（図２）。

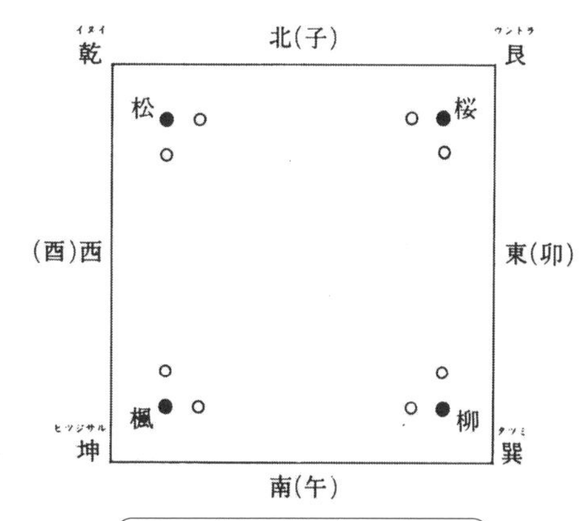

図２　鞠場（鞠懸）の説明図

（出典：東京天理教館（1969）『天理ギャラリー・第23回展：蹴鞠』東京天理教館，裏表紙裏）

鞠場というミニチュア大宇宙の中で，陰陽それぞれの鞠を落とさず長く蹴り続けることは，それがそのまま人々の平安を担保する呪術的営みであったと言えましょう。

3 道教

儒教や仏教と違って，我々日本人には道教という言葉はあまりなじみがありません。しかし，道教という言葉は知らなくとも，仙人や不老不死，風水や日の吉凶，妙見信仰◁2，修験の呪術，養生法，おまじない，お札，それに上述した天皇，これらはすべて道教のものです。道観（道教の寺）や道士（道教の僧）といった目に見える制度を持たなかったことも手伝って，道教として意識されることはありませんでしたが，日本人の日常生活の中に深く広く道教は根を張っていると言えましょう。

（寒川恒夫）

おすすめ文献

†寒川恒夫（2010）「力士のシンボリズム」『現代思想』38-13：204-215頁。
†東京天理教館（1969）『天理ギャラリー・第23回展：蹴鞠』東京天理教館。

ラオス・ルアンパバーンのボートレース場

地理的状況と歴史

ルアンパバーンは北部ラオスに位置する古都です。街の中心地はメコン川とその支流であるカーン川に囲まれており，かつて王が暮らした王宮が街の中心に位置しています。

ルアンパバーンは，ラオスに仏教を広めたファーグム王が14世紀に建国したラーンサーン王国の都でした。度重なる周辺国からの攻撃を受け，16世紀には都が現在の首都であるヴィエンチャンに移されましたが，18世紀初頭にラーンサーン王国がヴィエンチャン，ルアンパバーン，チャムパーサックの三王国に分裂したことによって，再び王都となります。19世紀後半から20世紀にかけてフランスがラオスを植民地化した際にも，ルアンパバーン王国は保護され，1975年に現政権が王制を廃止するまで，ルアンパバーン王はラオス王国の君主で在り続けました。こうした歴史を受け，ルアンパバーンではかつて年中行事としての王室儀礼が数多くおこなわれ，そのうちのいくつかは，王がいなくなった現在でも，ルアンパバーンの伝統的な祭りとして存続しています。その一つがボートレース祭です。ラオスは年間を通して雨季と乾季の２つの季節に分けられますが，ボートレース祭は雨季が明ける少し前の祖先霊を祀る仏教行事に合わせておこなわれます。

2　ルアンパバーンを守るナーガ

ルアンパバーンには，水を司る水神ナーガが15柱存在しており，川や池，沼，洞窟などに住んでルアンパバーンの土地を守護していると信じられています。水と関わりの深いボートレース祭においては，参加する舟がレース前に供物を捧げる場所が，３カ所あります。一つは，王国の象徴的北端とされるカーン川河口の岩で，そこに住むタオ・ブンニュアというナーガに対して供物が捧げられます。ここには次のような言い伝えがあります。ルアンパバーンの地に２人の隠者が最初の王国を創った時，王国の領域を確定する４つの地点を定めた後で，その一つ目の地であるカーン川河口の岩に15柱のナーガを呼び集め，王国の守護を約束させたというのです。そして，この岩の形が空へ向かって伸びていることから，天界に住むインドラ神[1]とのつながりを表す場所とも言われており，15柱のナーガを束ねる重要な場所とされてきました。ボートレース祭にこ

▷1　インドのベーダ神話の神。仏教では帝釈天に当たり，神話的聖山である須弥山（しゅみせん）に住むとされる守護神。

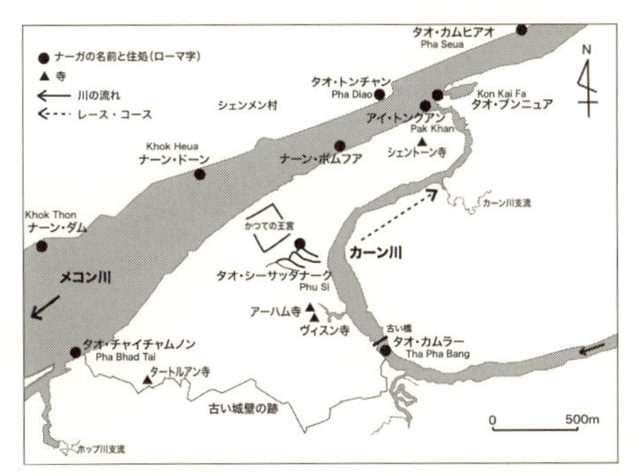

図1　ルアンパバーンのボートレース祭に関わるナーガの住処

（出典：筆者作成）

の岩に供物を捧げることには，王国の地の守りを願う意味が強く込められているのです。２つ目はカーン川中流の古い橋のたもとで，そこに住むタオ・カムラーというナーガに対して供物が捧げられます。３つ目は，年代記によればかつての王国の象徴的な南の境界であったホップ川河口で，そこに住むタオ・チャイチャムノンというナーガに対して供物が捧げられます。

レース場は，つまり，かつての王国領域を浮かび上がらせているのです。加えて，レースの本戦が始まる直前に，メコン川に住む２柱の女性のナーガ，ナーンダム（黒い婦人）とナーン・ドーン（白い婦人）が黒い服を着た女性たちの乗るフア・ダム（黒い舟）と白い服を着た女性たちの乗るフア・ドーン（白い舟）に迎え入れられ，聖なるナーガたちの代表としてレースをおこないます。ナーン・ドーンは幸運を招くナーガで，ナーン・ダムは不幸を招くナーガとされていることから，白い舟が黒い舟に勝利することでレース全体の安全，そして国の富と繁栄が保証されると考えられています。

また，レースのコース取りにもラオスの主産業である水稲耕作に関する象徴的意味があらわれています。ラオスの民間信仰によれば，ナーガは乾季にはメコン川に住み，雨季には内陸の水場に住むと考えられています。そのため，稲に水が必要な雨季におこなわれるルアンパバーンのボートレースでは，水神ナーガの移動をなぞるように，第一支流から第二支流へとレース・コースが設定され，ナーガが内陸の水田に移動し，留まり，豊かな水を供給し，豊穣をもたらしてくれるようにと願ってレースをおこなうのです。

3 王国のヒエラルキーをあらわす儀礼的レース

ルアンパバーン王国でかつておこなわれていた旧暦12月のボートレースでは，あらかじめ勝敗が決められた儀礼的レースがおこなわれていました。このレースでは，舟の組み合わせが王国の権力構造の上下関係に従ってあらかじめ決められており，必ず高位の舟が勝つように定められていました。王を中心とする王国ヒエラルキーの秩序を国民に示す目的を持っていたと考えられます。[◁2]（橋本　彩）

▷2 Archaimbault, C. (1972) *La course de pirogues au Laos : un complexe culturel*, Ascona：Artibus Asiae (Supplementum, 29), p. 19.

おすすめ文献

†ラオス文化研究所編（2003）『ラオス概説』めこん。

†田村克己（1995）「ラオス，ルアンパバーンの新年の儀礼と神話——東南アジアの水と山」松原孝俊・村松一男編『比較神話学の展望』青土社，157-177頁。

†寒川恒夫（1990）「東南アジアのボートレース」伊藤亜人著者代表『民族文化の世界（上）——儀礼と伝承の民族誌』小学館，55-76頁。

3 北京オリンピック建築の象徴性

2008年に中国の北京で開催された第29回オリンピックでは，新しい多くの競技施設と関連施設が建造されました。それらは，競技の実施に実際に役立ったとともに，政府の思惑も秘めていました。期待はどのようなものであったのか，これを文化の問題として象徴論的に見ていきましょう。

1 「鳥の巣」と「ウオーターキューブ」

競技施設は主に北京市内に集中するように造られましたが，ここで重要なのは，次ページに示した地図です。Aは，オリンピックのメイン会場である陸上競技場（斬新なデザインで話題になった「鳥の巣」）と水泳競技場の「ウオーターキューブ」を取り込んだオリンピック公園です。そしてこの公園と一本の南北に走る道路によって北京旧市街（B）に結ばれています。この設計は，何を意味するのでしょう。

この問題を考えるのに，「鳥の巣」と「ウオーターキューブ」の形がヒントになります。「鳥の巣」は円形，「ウオーターキューブ」は方形（四角）に設計されました。中国の古代宇宙論では天は円，地は方であらわされ，天地が一体として表出されることで人の世の安寧が保証されると考えられました。さらに天・円は陽，地・方は陰に当たりますので，中央道路を挟んで，「鳥の巣」は陽の方位の東，「ウオーターキューブ」は陰の方位の西に配置されました。天と地を行き来する龍も人造湖に表現されています。

2 北京旧市街

同じ構造は旧市街にも見られます。今日の北京の原型とされる13世紀の大都も天円地方の宇宙原理に則って設計されていました。[1] その後さらに天壇・地壇を加えることで，原理の補強がはかられました。大都では，皇帝の宮城から南北に一本の中軸道路（中軸線）が走るよう設計されましたが，これは儒教の基本理念である中庸を表徴したもので，皇帝が中庸を備えた理想の存在であることをあらわすものでした。

北京旧市街は，こうして歴代の支配者が君臨した宇宙論的理想郷であり，この状態は今日も変わりません。国家行政のシンボルである天安門広場・人民大会堂[2]はまさにここに設けられているのです。

▶1　大都の設計に当たったのは劉秉忠（りゅうへいちゅう）（1216-74年）。『周易』の思想を反映させたとされる。大都が北京と改称されるのは明の1421年である。

▶2　天安門広場は人民英雄記念碑や毛沢東記念堂など中華人民共和国の建国功労者をまつる聖地であり，人民大会堂は日本の国会に当たる現実の最高行政機関である。

3 オリンピック公園の象徴的意味

このように深い歴史を持つ北京旧市街と21世紀のオリンピック公園が中軸線によって，それも，西洋起源のオリンピックを天円地方や龍によって中国文化に取り込む形で結ばれています。オリンピック公園には選手村も設けられました。世界のアスリートもオリンピックも中国伝統文化に抱かれる，そんな象徴世界が中国政府に期待されていたのでしょうか。（袁書營）

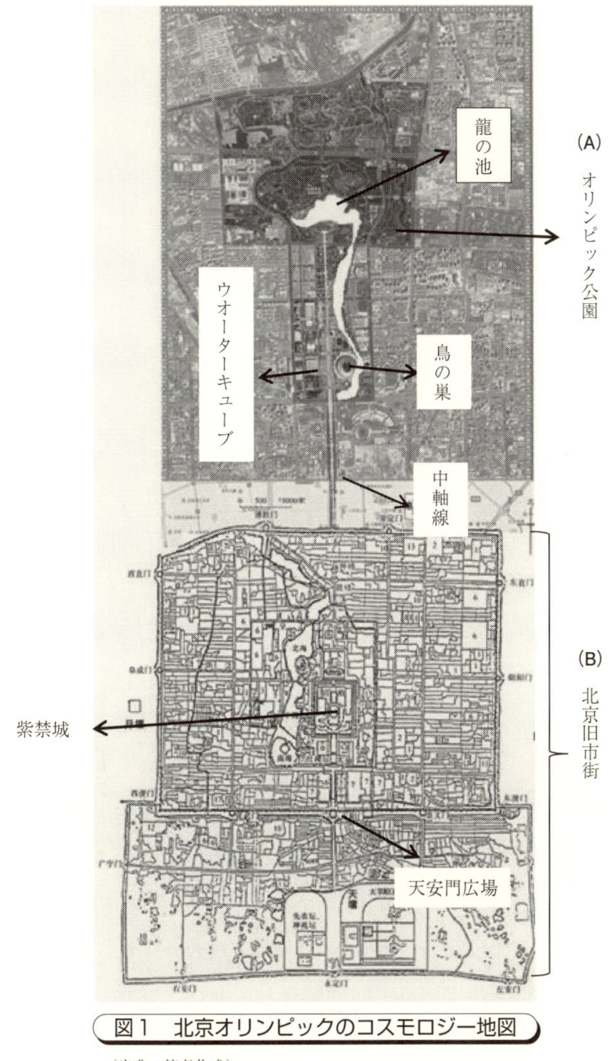

図1 北京オリンピックのコスモロジー地図

（出典：筆者作成）

おすすめ文献

†袁書營（2016）「北京オリンピックの文化研究」早稲田大学博士学位論文。

4 文化としての駅伝空間：バーチャルな伝統空間で創られるスポーツ文化

1 学生三大駅伝

現在，大学駅伝には一般に「三大駅伝」と呼ばれるものがあり，これを軸に大学長距離界は一年間の活動を展開していると言われます。三大駅伝とは，出雲全日本大学選抜駅伝競走（通称：出雲駅伝），秩父宮賜盃全日本大学駅伝対校選手権大会（通称：全日本大学駅伝），東京箱根間往復大学駅伝競走（通称：箱根駅伝）です。出雲駅伝は体育の日に開催され，駅伝シーズンの幕開けを告げます。全日本大学駅伝は，その開催地から“伊勢路”とも呼ばれ，11月の第１日曜日に伊勢神宮を目指し開催される大会です。この大会には全国の強豪校が参集し，文字どおり大学駅伝日本一を決める大会となっています。箱根駅伝は１月２，３日の２日間に関東学生陸上競技連盟主催で開催されます。東京から箱根芦ノ湖までの往復217.9kmを往路・復路10区間で競う大会で一都七県の大学が参加する駅伝の地方大会です。

図１　出雲大社前をスタートした選手たち

（出典：筆者撮影）

ところで「三大駅伝」の中でも箱根駅伝はもっとも注目される大会です。多くの長距離選手の憧れで，選手や関係者はもとより多くの国民が関心を寄せるイベントであることは周知の通りです。10月の出雲駅伝，11月の全日本大学駅伝を経て正月の箱根駅伝へ……と学生駅伝シーズンは毎年展開していくことになります。しかし，そもそもオリンピック種目でもない「駅伝」になぜ大学長距離界は力を入れるのでしょうか。また，中でも関東大会にすぎない箱根駅伝にもっとも大きな注目が集まるのはなぜでしょうか。ここでは，スポーツの競技会がメディアの力を借りて独自のスポーツ文化を形成していく過程を見てみましょう。

2 バーチャルな空間が創る伝統スポーツ空間

箱根駅伝は「正月の風物詩」とも表現される人気テレビ番組となっています。ところで，現在箱根駅伝という番組は単なるスポーツ中継の域にはなく，この大会のこれまでの歩みや歴史的背景などが積極的に取り込まれた「重層的スポーツ空間」となっています。例えば，「箱根駅伝今昔物語」（以下，「今昔物語」）なるコーナーがあります。このコーナーは単なるスポーツ中継であった箱根駅伝を「スポーツ文化が紡ぐ歴史ドラマ」に昇華させることに大きな役割を果たしました。この「今昔物語」は長い歴史を有する箱根駅伝歴代の参加者や箱根駅伝を支えてきた人々に焦点を当てて，大会との関わりを取り上げ，駅伝の重層性を伝えるものです。[1] 箱根駅伝はこのコーナーにより「過去と現在を繋ぐバーチャルな空間」となったと言っても過言ではありません。過去の資料映像や関係者へのインタビューを織り込み創り出される駅伝空間は，過去と現在を繋ぐ「通時的空間」となったのです。つまり，箱根駅伝という番組自体がスポーツ中継でありながら，一つの「歴史的なバーチャル空間」に生成されていったのです。[2]

▶1 ベースボール・マガジン社(2012)『B. B. MOOK 782 箱根駅伝 激闘の記憶』ベースボール・マガジン社。

▶2 瀬戸邦弘 (2013)「エスニック・スポーツとしての“箱根駅伝”」『文化人類学研究』14：41-54頁。

3 日本の原風景と駅伝走路の関係

番組としての箱根駅伝の成功は，その他の駅伝にも大いに影響を及ぼしたようです。偶然かもしれませんが，三大駅伝がおこなわれる出雲，伊勢，箱根（富士山を目指す）はすべて，日本の歴史的に重要な土地，言わば「原風景」に重なるようになっています。出雲大社や伊勢神宮といった神話の世界を疾走する駅伝は，我々を単なるスポーツ空間から日本を意識する特別な空間へと誘います。また，チームの「団結」「絆」「伝統」などという日本人が好むイメージを，駅伝の必須アイテムである「襷（たすき）」でつないでいく様は，まさに過去から現代，そして未来へ「伝統を繋ぐ」行為として象徴的に映るのかもしれません。

図2 襷を繋ぐ（出雲駅伝第1中継所）

（出典：筆者撮影）

上述したように，そもそも駅伝という競技自体はオリンピック種目ではなく，トレンドである五輪を頂点とする一元化された国際スポーツの価値体系には属さないものです。そのため，主催者側には，駅伝を意味あるものにするための新たな独自の価値の創出が必要でした。駅伝がメディアと密接に関係しながら育んできた，言わば日本文化としての駅伝づくりが成功したのかもしれません。そのような意味では夏の甲子園も然りです。オリンピックに縁付かないスポーツイベントは，なにか日本独自の文化文脈と結び付きながら生成されたのかもしれません。

4 バーチャルな伝統空間に存在する駅伝文化

大学駅伝は，テレビ中継によって，「今」と「過去」とをメディア空間で繋ぐバーチャルな重層的共時空間を手に入れることに成功しました。テレビという（当時）最新のバーチャルメディアが創り出した空間で養育されたスポーツ文化として「駅伝」は，IOC（国際オリンピック委員会）が展開する国際スポーツとは異なる価値を身に付けたのです。日本の伝統に接ぎ木された文脈に生きる新しい伝統スポーツとして，独自のスポーツ文化世界が成立することになりました。

「駅伝」は独自の世界観を生成する「走路」という空間をベースとして，歴史的重層性，実施集団が根本魂として育んできた体育会運動部精神，そしてメディアが創った過去との共時空間，これらにより，オリンピックを中心とする国際スポーツの枠組みには存在しない独自の“駅伝文化”を生成していると言えるでしょう。

（瀬戸邦弘）

おすすめ文献

†ベースボール・マガジン社(2012)『B. B. MOOK782 箱根駅伝 激闘の記憶』ベースボール・マガジン社。

†瀬戸邦弘 (2013)「エスニック・スポーツとしての“箱根駅伝”」『文化人類学研究』14：41-54頁。

わざ言語

1 わざ言語とは

「わざ言語」とは，スポーツや芸道の教授過程において，指導者から学習者に対し頻繁に発せられる独特の言語表現です。

ハワード（V. A. Howard）は，声楽の教授に際し，教師がしばしば口にする“chest voice”や“head voice”という言葉に着目しました。「胸声」「頭声」……文字通り解そうと試みると当惑してしまうのですが，声楽教授の場では「胸や頭頂から響かせるように出す声」を言うそうです。この言葉は，「譬え」をもちい発声時の身体感覚を表現した技術的用語（technical〔practical〕jargon）であり，発声の方法を科学言語や記述言語で正確に説明したものではありません。にもかかわらず，声楽の指導においてこれが頻繁に使用されるのは，指導者の身体感覚をありのままに表現することによって，学習者の身体にそれと同じ感覚を生じさせ，技能改善に有効に作用する言語“action-directed language”であるからだと述べています[1]。ハワードは，このような独特の言語表現を“The Language of Craft”と名付けました。この語は，生田久美子により「わざ言語」と訳され，「わざ言語」の研究に関心が寄せられる契機を提示しました。「わざ言語」にはどのような働きがあるのでしょうか。

▶1　Howard, V. A.(1982) *Artistry : The Works of Artists,* Hackett Publishing Company, pp. 46-47, 72-74.

2 「わざ言語」の役割：「主体的学び」から「感覚の共有」へ

ここでは，生田が『「わざ」から知る』[2]で著した「わざ言語」の事例をもとに，その働きを見ていきましょう。例えば，日本の伝統芸能の教授過程で扇を差し出す動作を指導する場合，「天から舞い降りてくる雪を受けるように」という表現をもちいることがあります。この動作は，科学言語を使い「手を右上45度の角度に上げなさい」と指示し，到達すべき「形」を角度や方向で示してもよさそうです。それなのに敢えて，感覚的・比喩的な表現をもちいるのはなぜでしょうか。

▶2　生田久美子（1987/2007）『「わざ」から知る』東京大学出版会，93-105頁。

学習者は，「天から舞い降りてくる雪を受けるように」と指示され，当惑しながらも，まずはこの言葉が喚起する情景をイメージするでしょう。「天」からひらひらと「舞い降りる」「雪」，その属性はどのようなものか，そしてこの雪を「どのように受けるべきか」……想起されるイメージと，自身の身体に蓄積された技法や知識，師匠の模範とを比較しながら，望ましい「形」の探索を

▶3　Ryle, Gilbert（1949）*The Concept of Mind,* Hutchinson（＝1987，坂本百大・井上治子・服部裕幸訳『心の概念』みすず書房，161-219頁）.

繰り返します。比喩表現を媒介に促されるこの主観的認識活動は，到達すべき「形」をストレートに示す科学言語とは異なり，学習者を「推論活動」という迂回経路へと誘います。投げかけられた言葉のイメージと自己の身体が成すイメージとの往復を繰り返し，やがて師匠と限りなく近い身体感覚の共有，すなわち身体全体での納得をともなった「型」（わざ）の習得へと導きます。納得をともなった「型」（わざ）とは，「形」（技術）の体得のみならず，「形」の意味，それを含む演目の内容，その演目が育まれた社会文化の理解へと重層的に展開される「身体知」の会得をともなって達成されるのです。

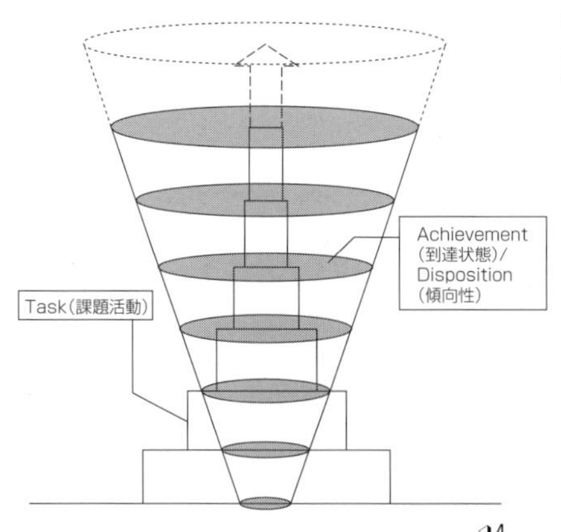

図1 TaskとAchievementの関係概念図 ◁4

Taskは垂直軸によって，下位から上位へ段階を追って課題をこなしていくこととして表されている。それに対して，Achievementは水平軸によって，各段階での到達状況が表されている。上位の段階における「到達した状態」は下位のそれと比べて広く描かれており，それはまさに単純な「傾向性」から，多様な表れをする高次の「傾向性」への移行が表されている。

（出典：生田久美子・北村勝朗編著（2011）『わざ言語——感覚の共有を通しての「学び」へ』慶應義塾大学出版会，13頁）

3 拓かれる「創造性」

こうして，学習者は学びの諸段階で「わざ言語」をふんだんに浴び，主観的認識活動を深化・拡大させていきます。それを促す「わざ言語」もまた，学習者の到達度に応じて選択・吟味・更新され，新たな「わざ」の創発へと導いていきます。

図1は，ライル（G. Rile）の技能論◁3などを踏まえ，生田が考案した「わざ」伝承の概念図◁4です。「わざ」の学習は，ピラミッド状の階段を登るように，「課題活動（Task）」を，下位から上位へと垂直軸方向に積み重ねていきます。上位にいくほど「課題活動」の量は減少していきます。一方，各段の水平面上に描かれた灰色の円は「わざ」が到達した状態（Achievement）を意味します。その面積は上位にいくほど豊かな広がりとなり，与えられた「課題活動」の達成を超えた「多様な表れ」（高次の到達状態）へと移行します。「わざ言語」は，学習者をより高次の到達状態に導くべく，新たな「わざ」を見出し「創造」する媒介としても作用しているのです。

4 スポーツ人類学における「わざ言語」研究の意義と課題

本項では，関連諸科学にて提起された「わざ言語」研究の一端を紹介してきました。ここで示した音楽や芸能の事例と同様，様々な民族スポーツにおいても，「わざ言語」は，当該地域の身体文化の表象としての「わざ」を，伝承・創造する媒介として重要な役割を果たしています。

「わざ」を担う人々が発する「個別」の言葉に今一度光を当て，その本質に可能な限りアプローチし，「普遍」化した言葉に翻訳して伝えるという作業もまた，スポーツ人類学研究の醍醐味の一つです。翻訳に際しては，「わざ言語」が伝えんとするイメージ，それが喚起する身体感覚，その表れとして身体動作の繋がりを構造的に記録する手法を見出すことが必須の課題と言えます。

（波照間永子）

▶4 生田は，ライルの技能論のほかシェフラーとハワードの「技能」に関する発展理論を踏まえ，TaskとAchievementの関係概念図を作成している。生田久美子（2011）「わざの伝承は何を目指すのか——TaskかAchievementか」生田久美子・北村勝朗編著『わざ言語——感覚の共有を通しての「学び」へ』慶應義塾大学出版会，5-15頁。

おすすめ文献

†福島真人(2010)『学習の生態学』東京大学出版会。
†生田久美子（1987/2007）『「わざ」から知る』東京大学出版会。
†生田久美子・北村勝朗編著（2011）『わざ言語——感覚の共有を通しての「学び」へ』慶應義塾大学出版会。
†茂呂雄二編（2001）『実践のエスノグラフィー』金子書房。

技の修行論：武術伝書の語り方

武術や武道の世界では，今日なお，学びの営みを練習とは呼ばず，好んで稽古や修行と言います。稽古はいにしえの聖人の仁徳を想起し，規範たる過去に立ち返ること，修業は悟りにいたる方途を意味します。いずれも，儒教や仏教の用語で，そこには，今在る自分を相対化し，理想に向けて自己を変革する意志が反映されています。人を殺し・傷つけ・捕縛する技，すなわち武の技の学びをこうした哲学の中に位置付けて論じるのは，日本文化の特徴と言えます。そして，その前提となったのが事理一体という考えでした。

1　事理一体

事は森羅万象，理は，そうした森羅万象すなわち現実に目にする様々な物や現象を秩序付ける普遍の原理を意味します。この原理は，ビッグバンで宇宙の始まりを説く科学的原理と違いますので思弁的原理と言います。儒教や道教では理は道と表現されました。人を含むこの世の一切の現象すなわち事は理によって在らしめられて在る，という考えを事理一体（または道器一貫）と言います。技は人間の営みとして事に属する行為ですので，その学びに際しては，技とともに，いな技よりも優先して理について学ぶことが要請されました。技は技として即自的に在るとは考えられていなかったのです。江戸時代の伝書『猫の妙術』は，勝軒（しょうけん）という剣術家の家に現れた大ネズミの猛者をヨボヨボの老猫がいとも簡単に捕え食った，その夜，不覚をとった若く屈強の猫どもが集まり，老猫を上座に請し，神妙に秘訣を尋ねるというコミカルな内容ですが，全体が剣術の学習論の形をとっています。技術から始めて気，次に心へと学びの対象を移していきますが，日ごろ技の習得に余念のない黒猫に対し，「汝の修する所は，所作（技）のみ。……其所作，易簡にして其中に至理を含めり[1]」と語り，事である技は理に支えられてあるため，まずは理について学ぶべしと論します。どの武術伝書にも理の学習の大事なことが，大なり小なり述べられています。朱子学は理が人（人の心）に分有されたのが性（仁義礼智信の五常の心）と説きましたので，多くの伝書は，武の技を学ぶ者は儒教的徳の内面化につとめるべきと語ります。この時，大事なのは，技は理に基礎付けられているからといって，技の学習がおのずと理の内面化を導くとは理解されていなかったことです。技の学習とは別に道徳の学習が要請されました。『夕雲流剣術書[2]』では理は「道学（朱子学，または儒仏道三学）」で学べと教えます。

▶1　寒川恒夫（2014）『日本武道と東洋思想』平凡社，96頁。

▶2　1686（貞享３）年頃，無住心剣の祖，針谷夕雲の剣法を夕雲の高弟であった小出切一雲が編述したもの。

2 不動智，無心，不執着

理は技を基礎付けますが，しかし現実に人を殺す技の上達に必要とされたのは仏教と道教の心でした。人をみごと殺す技の発現に，こともあろうに，人を救う仏の悟りの心が導入されたのです。これを教えたもっとも著名な人物が沢庵(たくあん)禅師でした。彼は徳川将軍の剣術師範で幕府総目付の大名であった柳生宗矩(やぎゅうむねのり)に請われて『不動智神妙録』を物し，殺しの心を教示します。もちろんそこには禅の逆説が働いていますが，沢庵は執着心を捨てよと説きます。自分の心を相手の心身の一所，また自分の心身の一所に留めず（つまり一所に執着させず），水のように漂わせておけと教えます。不執着は仏教を仏教たらしめる概念で，仏陀は，一切の苦は執着心より生じるゆえに苦からの解放を望む者は執着を去れと教えます。執着を捨てた心が悟りで，様々に言語表現されますが，武術伝書にはよく不動智や無心として出ます。『不動智神妙録』の影響は大でした。明治に書かれた夏目漱石の『吾輩は猫である』にも，苦沙弥先生の友人である迷亭の伯父さんが語る精神修養論として登場します。殺しの心は，道教も貢献しました。『猫の妙術』の老猫は武の技を学習する最終段階である心の在り様は和であると教えます。和は道教の理想概念で，自己が宇宙論的原理である道と一体化した状態を言います。伝書では，敵とこれを殺す我との自他が解消された心境を意味させています。この心が果たして役に立ったのか，この問題はしばらくおくとして，和も不動智と同じく武術伝書に頻出した殺しの心でした。

3 武の技の修行論のルーツ

武の技を儒仏道の哲学で語ることは，しかし，武術伝書がオリジナルではありません。平安時代末の藤原俊成・定家が拓いた歌道と，これに導かれ中世の能と茶で大成した芸道[3]に既におこなわれていた伝統を受け継いだものでした。そもそも日本において“わざ”が仏教と縁付いたのは，歌詠み（「ことわざ」）が仏教の禁じる十悪である妄言・綺語の世界を生むと非難されたのに対し，「ことわざ」が描き出す世界は仏を讃え人を悟りに導く方便的寓意であると抗弁する中から生まれたものでした。定家は歌詠みを「稽古」と称し，これを「修理の道」と言っています。“わざ”を事理一体で意味付けること，不執着を技の学習上で重視すること，これらは武の修行論以前に既におこなわれていたものでした。

日本の歌道や芸道は中国古代の哲学を援用して創られたものですが，古代中国の儒仏道の宇宙論も中国オリジナルではありませんでした。20世紀前半の歴史的民族学はメソポタミアに発して世界の古代文明に伝播した一つの宇宙論[4]を抽出しましたが，それは大宇宙と小宇宙（地上の王国）は対応するというもので，儒仏道の宇宙論はその中国バージョンと考えられています。（寒川恒夫）

▶3 「芸道」の語の初出は1456年の金春禅竹『歌舞髄脳記』とされる（西山松之介・渡辺一郎・郡司正勝（校注）（1972）『近世芸道論』岩波書店，585頁）。また1424年の世阿弥『花鏡』とも（廣松渉ほか編（1998）『岩波哲学・思想事典』岩波書店，421頁）。

▶4 本書「宇宙論とスポーツ」（28-29頁）の項目を参照されたい。

おすすめ文献

†寒川恒夫（2014）『日本武道と東洋思想』平凡社。
†西山松之介・渡辺一郎・郡司正勝（校注）（1972）『近世芸道論』岩波書店。
†佐々木八郎（1947）『芸道』冨山房。

民族スポーツによる異文化教育

1 教育における異文化の学び

教育において，とりわけ「文化」について意識的に教えてきたのは，多民族国家を謳っている国々でしょう。アメリカやカナダ，オーストラリアなどは，もともとその土地で暮らしてきた先住民と，のちに移住をしてきた多民族によって形成されています。こうした多民族社会では，隣の住民が自分とは違う民族であることは普通にあることです。そこで強調されるのは，他者の文化を理解し合いながら，多民族の社会として共生を目指すことです。当然のことながら異文化理解については学校教育でも学ぶべきこととしてカリキュラムに組み込まれています。しかし，実際に地域社会の日常生活の中でどれだけ他の文化を身近に感じ取れるでしょう。異文化を知識としてでなく，身体経験を通じて感じながら学ぶことは共生に向けた有効な手段と言えそうです。

2 文化の隔たりをつなぐドラゴンボート

カナダは民族のモザイクと称され，多文化主義国家[1]を掲げ，民族集団の伝統文化の保護や継承に対して積極的な姿勢を示しています。しかしながら，自らの文化に固執するあまり異文化の理解がなかなか促進できずに，むしろ民族間の軋轢[2]を生んだこともありました。民族間のそうした溝を埋める役割として期待できるのが，民族スポーツです。例えば，もともとは中華系の民族スポーツであったドラゴンボートレース[3]が，中華系ではない，いわゆる白人らの間で人気を高めていきました。

具体的に身体を媒介とした異文化理解を可能にするのが，太鼓のリズムに合わせてボートを「漕ぐ」という習得しやすい単純な身体動作です。こうした動

▶1　カナダの場合では，1988年に「多文化主義法」が成立し，政策として多文化の尊重，保持，社会的平等の実現が目指されている。

▶2　1990年代の後半には，香港の中国への返還を嫌った多くの中華系の人々が移住をしてきた。そうした人々との軋轢は，「バンクーバー」を揶揄して「今やホンクーバーとなってしまった」と表現する白人系の住民もいた。

▶3　ドラゴンボートレースは，もともと中国各地でおこなわれてきた伝統的な民族スポーツ，「龍舟競漕」である。カナダには，1986年のエキスポの際に披露され，その後，地元の企業名を冠する大会として定着した。

図1　カナダのドラゴンボートレース。漕ぎ手の多くが白人系の人々

（出典：筆者撮影）

作に加え，民族スポーツに含まれる儀礼的な側面や文化の表象としての諸活動に関与することでの異文化への興味や関心は，積極的にそれを理解する試みへとつながっていきます。チームユニフォームに漢字のロゴを入れたり，レース前の入眼式や入魂式といった儀式への参加，また大会プログラムには「ドラゴンボートの起源」として中国の伝承が記され，イベント中に開催される獅子舞など，文化的象徴を読み解く演出がふんだんに組み込まれています。

こうした一連の身体的経験は，人々を異文化理解を超えた他者文化の受容という次なる段階へと導き，異文化という認識の壁を超える契機になるでしょう。その先には，カナダという大きな枠組みとしての多文化社会において，自文化の独自性を維持しながらも他者文化との往来を民族スポーツを通して可能にする，そうした役割を伝統スポーツは担っているといえます。

3 観光における学習型民族スポーツの実践

北米大陸には，もともと先住民と呼ばれる人々が暮らしていましたが，15世紀以降の白人の移住により，その歴史は苦難の連続でした。それは，現在でも先住民が抱える貧困問題などの経済的格差といった社会問題として根強く残っています。カナダに限ってみれば，彼らにとっての良い兆しは多文化主義[4]の政策のもとで博物館などの施設で彼らの文化を保存，継承する活動が推奨されていることです。昨今，先住民に関わる博物館や資料館，コミュニティ・センターなどの施設，更にフェスティバルなどで，観光者に向けてもワークショップや体験型の各種の催しがおこなわれています。そうした催しでは，先住民のダンスやカヌー，狩猟体験のための的あてゲーム，伝統的な遊びなどを実際に経験できる機会が設けられています。先住民が教える側，観光者が学ぶ側という新たな関係性が築かれ，観光者は様々な身体動作やわざなどを学ぶことができます。観光者の民族スポーツの実践や経験は，それまでの机上の知識としての先住民文化を身体に落とし込みながら，身体知として獲得できるきっかけになっていると言えるでしょう。こうした民族スポーツの実践は，周辺住民だけでなく観光者らが，先住民の暮らしとともに身体文化を理解することにつながりますし，なによりも「こちら側」から眺めるだけの文化を，「あちら側」へ誘う役割を果たしていると言えます。

（田里千代）

図2　先住民を紹介する博物館でのイベント。先住民のダンスの後に人々が輪になって踊る様子

（出典：渡邉昌史撮影）

▶4　一方で，多文化主義には政治的利権，教育の主導権，経済利潤を巡って，様々な問題も抱えており，「多文化主義のパラドックス」とも呼ばれる負の側面もある。

おすすめ文献

†田里千代（2008）「民族スポーツの実践による他者文化の受容＝カナダにおけるドラゴンボートフェスティバルの事例」『天理大学学報』218：9-20頁。

E　学びとスポーツ人類学／17　学習のスポーツ人類学

4 異端の練習文化：戦術的ピリオダイゼーションという思想

1 練習という文化

もしスポーツの練習が一つの文化であるとすれば，それはいかなる意味での文化なのでしょうか。こうした問いは，実はスポーツ人類学の分野はおろかスポーツ科学全体を見ても問われたことはありませんでした。経験豊富な指導者が作り上げた独特の練習法から，しばしば大学スポーツで見られるように選手自身が課題を見つけ自主的に練習メニューを設計するような状況まで，それをもし「文化」と呼ぶとすれば，練習の具体的な仕方やその裏にあるスポーツへの考え方は，その実践者たちの当該スポーツに対する思想的な文化を表現しているのではないでしょうか。ここでは，ポルトガル発祥の「戦術的ピリオダイゼーション（Periodização Táctica）」というサッカーの練習の方法論を題材に，その根本にある考え方を探ってみましょう。

2 サッカー方法論の文脈の中で：特殊な概念

戦術的ピリオダイゼーションは，ポルトガルのポルト大学スポーツ学部の教員だったヴィトル・フラーデ（Vítor Frade）という人物が1970年代以降に創った練習方法です。この理論は，脳科学，心理学，哲学，社会学に由来する様々な知見がパッチワークのように組み合わさっており，非常に特殊な概念から成り立っています。例えば，「プレー」という概念があります。通例，サッカーのプレーは，身体，技術，心理，戦術などの要素が合わさって構成されると考えられています。つまりプレーとは，筋力や心肺機能（身体），ボールテクニック（技術），思い切りの良さなどのいわゆる「気持ち」の側面（心理），そしてチームとしての約束事としての戦術といった諸断面が合わさって成立すると考えられているのです[1]。しかし，戦術的ピリオダイゼーションは，「プレーとは戦術のことである，戦術とはプレーそのもののことだ」と定義します。戦術は，身体などの他の側面と同じ水準にあるものではなく，それらの側面すべてを包括する一段階上の側面だと言うのです。別の言い方をすれば，筋力だけを鍛えるトレーニングも，技術だけの練習メニューもおこなわず，戦術を練習すれば身体も技術も心理も合わせて鍛えられる，と考えているのです[2]。

▶1　例えば，森直幹（1990）「運動指導の計画と管理」金子明友・朝岡正雄編著『運動学講義』大修館書店，164-176頁；Worthington, E.（1974）*Teaching Soccer Skill*, Lepus など。

▶2　Tamarit, X.（2013）*Periodización Táctica vs Periodización Táctica : Vítor Frade Aclara*, MBF.

3 「戦術」と「実践的参与」

では，戦術的ピリオダイゼーションの練習の特徴はどこにあるのでしょうか。この理論にとり，プレーとは戦術そのものでした。そこで，この理論は，戦術練習のみをおこなえ，と主張します。しかし，戦術練習と言われると我々はしばしば，特定のプレーの約束事をマニュアルのようにして単純に，あるいは機械的に学習するのでは，と連想してしまいがちですが，そのような考えをこの理論は採りません。マニュアル化したプレーは，何が起こるか正確には予測不可能な実戦（つまり，試合）では役に立たないからです。そこで，練習の環境を，常に対敵でボールを使ってなるべく実戦に近づけ，予想できない出来事や状況が起こるよう設計されるのです。つまり，毎回，選手たちが実践的にプレー＝戦術を学習するよう，常に実戦に似た環境の中に晒すのです。[3]

このような学習の手法は，文化人類学では「実践的参与」ないし「状況に埋め込まれた学習」と名付けられた，未開社会や伝統的社会における職人技や身体技法の伝承を事例に論じられてきた考え方と非常によく似ています。[4] 定型化しマニュアル化された行為の手順を教え込むのではなく，実戦的な環境で実際に実践しながらプレー＝戦術を学ぶことが意図されるのです。

▶3 相原健志（2016）「戦術，『翻訳』，出会い――戦術的ピリオダイゼーション，あるいは社会的組織化の過程としてのトレーニングと試合をめぐるミクロ人類学」東京大学博士学位論文，45-54頁。

▶4 Lave, J. and Wenger, E.（1991）*Situated Learning : Legitimate Peripheral Participation*, Cambridge University Press（＝1993，佐伯胖訳『状況に埋め込まれた学習――正統的周辺参加』産業図書）；Ingold, T.（2000）*The Perception of the Environment : Essays on livelihood, dwelling, and skill*, Routledge.

4 概念を理解すること

戦術練習しかおこなわないというのは，馴染みのないもの，こう言ってよければ異端にも見えるかもしれません。しかし，それは文化人類学の学習理論にて「実践的参与」「状況に埋め込まれた学習」と呼ばれる考え方から理解でき，更にその練習の仕方の奥には，特殊な，新しい意味を与えられた「戦術」概念が存在していると言えるでしょう。

このように理解すると，以下のような2つのことが言えます。一つは，たとえ一見して珍しい，異端のような練習方法であっても，それを掘り下げることで，他の社会で実践される学習法との共通項が見えてくる可能性があるということ。もう一つは，たとえこの「戦術」概念のような一見馴染みのある語であっても，それを他の社会の人々は別の意味で用い，彼らの独自の練習法を根本で支える彼らの思想になっている可能性があるということです。

このように，馴染みのない練習の方法論を一つの文化として研究する時，表面的な練習法の分析にとどまらず，彼らの当のスポーツへの思想まで掘り下げる必要が出てきます。そうした時，思いがけない共通性や，練習や学習の仕方をめぐるまったく新しい概念が発見できるはずです。そして，そうしたスポーツの練習をめぐる文化ないし思想文化的な研究は，めぐりめぐって，我々がいかなる練習をしているかを振り返らせ，そして我々自身が気付きもしなかった我々自身の思想の根本的な部分を照らし出すことでしょう。それはまた同時に，我々自身の練習・学習の仕方やその思想を，新たなものへと変化させていくヒントを与えてくれる可能性に，開かれているのです。（相原健志）

おすすめ文献

†村松尚登（2009）『テクニックはあるが，「サッカー」が下手な日本人』ランダムハウス講談社。

†田辺繁治（2003）『「生き方」の人類学』講談社現代新書。

†B. オリヴェイラ・N. アミエイロ・N. レゼンデ・R. バレット／西岡明彦・和田紀子・長谷川真奈・田辺早苗訳（2007）『モウリーニョ――どうしてこんなに勝てるのか？』講談社。

1 ユネスコ人類無形文化遺産と民族スポーツ観光

民族スポーツによる村おこし，町おこしがグローバルに盛んです。民族スポーツのような伝統文化を資源とする観光のことを文化ツーリズム，エスニック・ツーリズムなどと呼びます。[1] ユネスコがおこなっている人類無形文化遺産制度は，民族スポーツ観光に大きな影響と貢献をしています。

1 人類学と観光

一昔前の人類学は，観光に対し冷淡でした。それどころか嫌悪感さえ持っていました。当時の人類学者は僻遠の無文字社会，いわゆる未開社会に入り，彼らの生活を記録することに意義を感じていました。[2]“遠い人類の先祖から受け継がれた貴重な文化が近代化の進入によって消滅してゆく。消滅する前に書き留めなければならない。消滅をもたらしたのは，とりわけ西欧人の観光だ。”その後，人類学者は考えを改めます。“なるほど伝統文化は消滅するが，人々は観光用にもう一度取り出し，実践している。観光客の喜ぶように変容させながら，しかしそれでも存在を停止させたわけではない。自前の文化資本による経済活動であるとともに，近代社会や国際社会に接合しようとするしたたかな適応戦略なのだ。なにより，西欧近代人が劣等視した文化を，彼らは表演することを通して再評価し，そのことによって民族の自信を得ている。”こうして，これまで停滞的・静的とみなされた伝統社会を，観光をテーマに動的に研究することの意義が高く評価されるようになり，1970年代に観光人類学という新しい分野が生まれました。観光人類学の視点は民族スポーツ研究にとても有用です。

2 観光化した民族スポーツ

民族スポーツの観光化は未開社会に限りません。ヨーロッパでは夏がとりわけシーズンです。スコットランドのハイランド・ゲーム，ゴトランド島のストンガスペレン，バスク人の民族スポーツ大会など，これらはいくつもの種目を数日間かけておこなう総合大会です。もちろん，スイス相撲シュビンゲンのように単一種目大会も盛んです。いずれも，大会を管理運営する独立した組織を持ち，インターネット上で来年の実施状況が予告されます。

他の地域でも状況は同じです。インドネシアのバリ島では6－7月にバリ・アート・フェスティバルが催され，この時，島内に伝わる様々な踊りや競技が披露され，優秀チームが表彰されるイベントが1カ月続きます。この総合イベ

▶1　他者に頼らず当事者の持つ文化資本で展開できることから“持続可能なツーリズム（sustainable tourism）”とも呼ばれる。

▶2　こうした態度を沈没船引き揚げになぞらえてサルベージ人類学と揶揄することがあるが，行為自体は非難されるものでなく，貴重なデータをもたらすことは論を俟たない。

ント以外でも，個々の舞踊や競技はそれぞれの村で一年を通し観る事ができます。またケチャなど世界的に知られる踊りは外国からのオファーを受け，チームが出張公演をおこないます。更に，アラスカのWEIO（世界エスキモー・インディアン・オリンピック）や中国の全国少数民族伝統体育運動会も総合大会として有名です。また，ヘルス・ツーリズムとしてのタイのルーシーダットンやインドのヨーガ，中国の導引や太極拳なども挙げなければなりません。日本も例外ではなく，札幌のYOSAKOIソーラン，阿波おどり，大相撲，蹴鞠，那覇のギネス認定大綱挽，山車を担いで5㎞を競走する博多の追い山笠，長崎のペーロン，京都醍醐寺の力餅，新潟県白根の凧合戦，徳之島の闘牛……，これらはほんの一部です。特徴的なのは，民族スポーツの観光化に行政が関わっていることです。

3 ユネスコ人類無形文化遺産

ユネスコは，世界遺産に続き，2003年に人類無形文化遺産（Intangible Cultural Heritage of Humanity）保護条約を採択しました。世界遺産が物を対象としたのに対し，人間の行動に目が向けられました。その範囲は広大で，衣食住，楽しみごと，神ごと（祭礼），技術など文化人類学が扱う文化にほぼ対応します。もちろん，民族スポーツも含まれます。

世界遺産がそうであったように，人類無形文化遺産に登録されると，世界中からこれを観るために観光客が押し寄せます。各国では，この制度を観光振興の好機と捉え，様々な対応策を講じています。例えば中国では，2005年に「我が国の無形文化遺産保護制度」を定め，これに基づき，国家，省，市，自治区，郷など，行政の各段階で無形文化遺産を認定し，保護と振興に当たることに着手しました。認定は国内では国家級が最上位ですが，その中から，ユネスコ人類無形文化遺産入りが目指されます。そうしてユネスコ入りしたものとして，龍舟競漕祭，影絵人形芝居，朝鮮族の伝統舞踊，京劇，針灸術などがあります。全国少数民族伝統体育運動会で発掘された各種の民族舞踊，民族競技，民族武術も国内無形文化遺産認証を受け，国家級さらにユネスコを目指すのです。中国以外では，ジンバブエ・ムベンデの踊り，マラウイの治療踊り，イランの伝統訓練法ズールハーネ，インドネシアのワヤン人形劇，韓国の綱渡り，モンゴルのナーダム（競馬，相撲，弓射），13カ国共同申請の鷹狩，スペインの人間の塔，トルコのオイルレスリング，フランスの伝統馬術，ベルギー・フランダース地方の伝統的遊戯，ブラジルのフレーヴォとカポエイラ，インドのヨーガなどが登録されていますが，伝統舞踊が多くを占めます。

観光の視点から見ると，ユネスコ人類無形文化遺産制度は民族スポーツを最高のレベルにおいて権威付ける機能を持ち，全体は，ユネスコを頂点とする一種の階級構造の観を呈します。これはIOC（国際オリンピック委員会）を頂点とする国際スポーツの在り方と対を成す状況と言えます。　（寒川恒夫）

おすすめ文献

†Liponski, W.(2003) *World Sports Enctclopedia*, MBI.

†寒川恒夫監修・著（2013）『ビジュアル図鑑 世界と日本の民族スポーツ』全4巻，ベースボール・マガジン社。

†寒川恒夫監修（2015）『楽しい調べ学習シリーズ 日本の伝統競技』PHP研究所。

ラオスの伝統ボートレース

世界遺産都市ルアンパバーン

ルアンパバーンは本書「ラオス・ルアンパバーンのボートレース場」(130-131頁) の項目で触れたように，かつての王都として伝統的な文化が多く残る地域です。1995年にはラオスで初のユネスコ認定世界遺産都市に選ばれました。ラオスは1975年に革命が成立し，王制から社会主義政権へと国家体制を移行した後，特定の国以外との国交を制限し，ある種の鎖国状態となりました。しかしながら，1986年に経済開放政策に方針を転換し，1989年10月より海外旅行客の受け入れを開始すると，1991年頃には観光業による収入が劇的に増え，観光は国家の主要輸出産業とみなされるようになりました。また1994年にラオスとタイを結ぶ友好橋が完成すると，それまで制限されていた国内の移動制限が廃止され，ツアー以外の個人旅行者も容易にビザを取得できるようになったため，更に観光客は増加していきました。

こうした状況の中でルアンパバーンは世界遺産に登録されたため，更に注目を集めることとなり，それから約20年後の2015年にはイギリスの旅行雑誌『ワンダーラスト』で満足度の高い観光都市の１位に選ばれる一大観光地となりました。最近では，村上春樹が『ラオスにいったい何があるというんですか？』[1]と題する本の中でルアンパバーン紀行を記し，話題となりました。

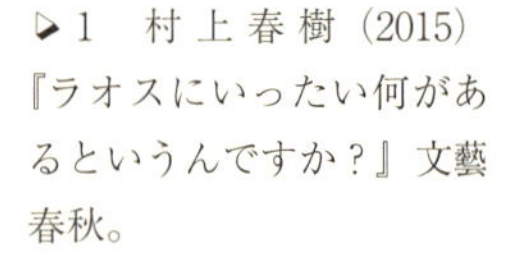

▷1　村上春樹 (2015)『ラオスにいったい何があるというんですか？』文藝春秋。

2 ルアンパバーンのボートレース祭り

川の水位が一番高くなる旧暦９月の下弦12日にメコン川で，また下弦14日にメコン川支流のカーン川でレースがおこなわれています。下弦14日は，ブン・ホーカオパダップディンという祖先霊をなぐさめる仏教行事の日でもあり，人々は午前３時頃に食べ物の包みを家や寺の周りに置いたのち，夜が明けると寺へ喜捨をしに出かけ，僧の説法を聞きます。ボートレースは11時過ぎより始まり，夕方16時頃に終了します。ルアンパバーンのボートレースに使用される舟は基本的に全長約20m，幅１m，深さ50cm の45人から55人が乗る丸木舟です（図１）。舳先と艫の形状は，周辺の東南アジア諸国で見られる龍や鳥ではなく，ニェームと呼ばれる角状のものを使用します。また，舳先と艫にはルアンパバーン独自の花のつぼみのような装飾を装着し，舟には仏教モチーフの花が模様として描かれます。

図１　ルアンパバーンの丸木舟

（出典：筆者撮影）

漕ぎ手は男性のみで，後方に立って舵をとる数名を除いて全員が進行方向を向いて二列に座り，固定されていない櫂で漕ぎ下ります。

ルアンパバーンのボートレースで特徴的なことは，(1)舟の形状がすべて同じであること，(2)舟の模様が統一されていること，(3)舳先に座した人が漕ぎ手にリズムを伝えるとともに角状の部分を両手で摑み，舟を前方へ押し出すような動きをすること，(4)漕ぎ手が男性に限られていることが挙げられます。ラオスの他地域でもボートレースは広くおこなわれていますが，女性の舟の参加もあれば，舟の形状，舟の模様も様々です。特に首都ヴィエンチャンでは，2000年前後から舟の形状が大きく変化し，ボートレース祭りの伝統を巡る論争にまで発展しました。そうした中，ラオス人の間でも「伝統的なボートレースを見たければルアンパバーンへ」という認識が共有されています。

3 祭りの維持

他方，悩みもあります。世界遺産に登録されたのはルアンパバーンの都市とその景観であってボートレースそのものではないのですが，世界遺産都市の祭りであるという自覚が住民に芽生え，その結果，伝統の形を維持する新たな対応に迫られることになったのです。

世界遺産に認定された街は，建物が老朽化したとしても景観を変えるような建て替えを勝手にすることは許されません。古都の景観を損なわないよう修復をするしかなく，維持費がかかります。こうした事情が原因して，元々ルアンパバーンの中心地に住んでいた人々が自分の家や土地を外国人居住者や投資家に貸し出し，自分たちは郊外へ移り住むという現象が起きました。そのため，かつては自分たちの舟を自分たちで漕いで祭りに参加していたのですが，漕ぎ手が街を離れ，自前でレースに出場できなくなった今となっては，郊外の村から漕ぎ手を雇って参加するケースが増えてきました。寺に保管される20mの伝統舟を小さくして人口減に対応しようという心理は，世界遺産都市にふさわしくないとして封印されるのです。

もちろん現在も，村に住む人々のおかげで舟の維持管理がおこなわれ，ボートレースにまつわる儀礼も保持されています。表面的には変わらぬ伝統が維持されているルアンパバーンのボートレースですが，世界遺産都市の文化を維持するための苦労が見られます。

これとは別に，世界遺産都市に指定された1995年以降，ルアンパバーン地域では各所で伝統復活の動きがおこり，2年後の1997年には1940年代に廃絶していた近隣のサンカローク村のボートレース祭がいち早く復活しました。ボートレース祭がいかに地域の伝統を体現する文化遺産であるかを再認識した事例と言えるでしょう。

（橋本　彩）

おすすめ文献

†菊池陽子・鈴木玲子・阿部健一編（2010）『ラオスを知るための60章』明石書店。

†橋本和也・佐藤幸男編（2003）『観光開発と文化――南からの問いかけ』世界思想社。

†橋本和也（1999）『観光人類学の戦略――文化の売り方・売られ方』世界思想社。

F　文化政策とスポーツ人類学／18　民族スポーツの観光化

創られた伝統舞踊「ケチャ」

バリ島のケチャ

インドネシアのバリ島では伝統舞踊と称する様々な舞踊が上演されていますが，ケチャ（Kecak Dance）もその一つです。黒白格子縞の布を腰に巻いた多数の男性（コーラス）が同心円状に並んで腰を下ろし，「チャクチャク」という発声に合わせて上半身を小刻みに揺らしながら上肢を多様に動かします。そして円の中心では，きらびやかな衣装に身を包んだ男女ダンサーが「ラーマーヤナ物語」の登場人物に扮して踊ります。女性ダンサーは両膝を曲げ腰を後ろに突き出す姿勢，男性ダンサーは足の拇指を反り上げるなど，バリ舞踊に独特な技法を示します。このようにケチャはバリ舞踊の特徴を有しますが，実は1930年代に新たに創造されたものなのです。

1931年，ドイツ人貴族プレッセンはバリ島滞在中に，当地をテーマにした映画『魔神の島』を，ドイツ人のウォルター・シュピースとともに製作しました。その中にはサンヒャン・ドゥダリに似た儀式のシーンが盛り込まれ，少女たちのトランス・ダンスと，20人ほどの男性コーラスの動きが含まれていました。[1] サンヒャン・ドゥダリは元来疫病駆逐を祈願する秘儀であり，女性が祈りの言葉を唱え男性がリズムを刻むように合唱する中で，２人の少女がトランスに入り踊ります。したがって映画中の当該シーンは，これを用いたものと考えられます。撮影をおこなった村では，舞踊家リンバクがサンヒャン・ドゥダリの男性コーラスの動きに戦士舞踊バリス（Baris）の振付を取り入れるなど，新しい試みに取り組んでおり，シュピースはこのリンバクに男性コーラスを用いた「スペクタクル」の創作をすすめました。[2] こうしてケチャが生まれました。ケチャは，サンヒャン・ドゥダリをもとにバリ人と西欧人が協力して創造した「見せる」ための舞踊（舞踊劇）といって良いでしょう。

▶1　副島博彦（1997）「儀礼からアトラクションへ――トゥーリズムのなかのケチャ」『ユリイカ』青土社，29-10：230-241頁。

▶2　副島，同上論文。

2 「見せる」舞踊ケチャの創造背景

ケチャが創られた1920-30年代のバリ島は，オランダ王立郵船会社の定期航路上にあり，乗船した西欧人は船が戻って来るまで島内の各地を訪ねました。[3] 当時はこれ以外にも「不定期のツアー」[4] が組まれ，バリ島観光客が増えました。こうした背景には，折からの観光ブームに加え，バリ島に魅せられ長期間滞在した欧米人らの発信した書籍や写真集に，西欧人読者を強く惹き付ける魅力が

▶3　山下晋司（2007）「〈楽園〉の創造――バリにおける観光地伝統の再構築」山下晋司編『観光文化学』新曜社，92-97頁。

▶4　永渕康之（1998）『バリ島』講談社現代新書，69-79頁。

溢れていたということもありました。[5] シュピースもまた，サンヒャン・ドゥダリを目にして感じるところがあり，これを秘儀にとどめず広く知らしめるために，新たな舞踊（舞踊劇）の創出を考えたのかもしれません。一方，リンバクの試みは，男性コーラスを“踊るコーラス”つまり“聴く”から“見る”対象へと変容させるものであり，シュピースの考えを実現するにふさわしいものだったと言えましょう。

既に1930年代には，西欧人観光客に向けてケチャを上演するグループが複数存在しており，[6] これがいかに西欧人に受け容れられたかがわかります。

図1　1930年代のボナ村で上演されたケチャ

（出典：Dibia, I. Wayan（1996）*Kecak: The Vocal Chant of Bali*, Hartanto Art Books, p. 9）

3 ケチャの今とこれから

1969年の国際空港開港とジャンボ・ジェット機の就航により，1970年代のバリはマス・ツーリズムの時代へと突入し，1980年代には大規模なリゾート開発が進められました。より多くの観光客の受け入れが可能になった状況において，新たなケチャの創造がなされます。タガス村（グヌン・ジャティ）では，ジャワ島出身の現代舞踊家サルドノ・クスモを招いてワークショップをおこない，そのアイデアを取り入れたケチャを完成させました。また1980年代終盤には，アメリカで博士号を取得した研究者・振付者のイ・ワヤン・ディビアが映画などをヒントにブラキウ村（プスピタ・ジャヤ）のケチャを振り付けました。これ以後も，新たなケチャが誕生しています。

ケチャは，元来が西欧人の勧めを受けてスペクタクル[7]として生まれたものなので，グヌン・ジャティに見るようなバリ人ではないジャワ人の関与や，プスピタ・ジャヤに見るような視覚的効果を豊かに持つ映画の影響は，1930年代のケチャの発展形と言ってよいでしょう。

1930年代以来上演され続けてきたケチャは，今後も上演され続けることによって伝統芸能の域に向かいつつ，同時に多様なバージョンを生み出していくことでしょう。私たちがケチャを観るその時，眼前で展開しているのは，伝統芸能になりつつあるケチャでありながら，むしろプロの舞踊家の手によるコンテンポラリーダンスと呼ぶべきものなのかもしれません。　（杉山千鶴）

▶5　梅田英春（2001）「バリの観光化における『見せる』芸能の生成――文化人類学における観光研究の事例として」徳久球雄・塚本桂一・朝水宗彦編『地域・観光・文化』嵯峨野書院，135-152頁；吉田竹也（2013）『反楽園観光論――バリと沖縄の島嶼をめぐるメモワール』人間社樹林舎叢書。

▶6　梅田，前掲論文，135-152頁。

▶7　副島，前掲論文。

おすすめ文献

†吉田竹也（2013）『反楽園観光論――バリと沖縄の島嶼をめぐるメモワール』人間社樹林舎叢書。
†徳久球雄・塚本桂一・朝水宗彦編『地域・観光・文化』嵯峨野書院。
†山下晋司編（2007）『観光文化学』新曜社。
†Dibia, I. Wayan（1996）*Kecak : The Vocal Chant of Bali*, Hartanto Art Books.

ギネス認定那覇大綱挽まつり

1 那覇大綱挽まつりとは

多くの観光客を集める日本の民族スポーツのイベントの一つに，沖縄県那覇市の「那覇大綱挽」[1]があります。

沖縄の民俗行事としての綱引きの多くは，雨乞い，虫よけ，五穀豊穣などを祈願しておこなわれる村の御願綱（うがんづな）を起源とするのに対し，那覇大綱挽は町（都市）の綱としておこなわれてきました。これは，東西に分かれて綱を引く「那覇四町綱」という祝い綱の伝統をくむもので琉球王国の慶賀行事や他国の使節の歓待行事としておこなわれた綱引きにまでさかのぼり，500年余の歴史を持つとされます。

この綱挽は明治以降も不定期ながらおこなわれていましたが，太平洋戦争の激化にともない1935年以降，一旦途絶えました。その後，日本復帰の前年である1971年に当時の平良吉松那覇市長の提唱により，那覇市制50周年を記念するイベントとして復活しました。その後，10月10日（かつての「体育の日」）の実施が祝日法改正により「体育の日」の前の日曜日に移され，名称も「那覇大綱挽」（1971-83年）→「那覇まつり」（1984-2010年）→「那覇大綱挽まつり」（2011年-）と変化しましたが，市民参加型のイベントとして沖縄の観光振興に大きく寄与してきました。現在では，国道58号線久茂地交差点を中心点として，観衆約27万人，挽き手約１万7000人が参加する大イベントになっています[2]。

綱挽の直前には東西各７つの地域実行委員会が一本ずつ出した巨大旗頭（８ｍの長い竹竿の先にきれいな頭飾りを載せ，字を書いた幟と吹き流しをつけています）を支え持って国際通りを練る行列，また前日には「市民演芸・民俗伝統芸能パレード」もおこなわれるなど，沖縄の伝統芸能を巻き込んで実施されます。

図１　多くの参加者が綱挽に加わる

（出典：那覇大綱挽四十周年記念誌編集委員会（2011）『那覇大綱挽四十周年記念誌』那覇大綱挽保存会，30頁）

2 ギネスブック認定

沖縄の他の綱引きと同様，那覇大綱挽

▶1 『琉球国由来記』巻四では，力を競う綱「挽」と，悪鬼を払うための綱「引」が書き分けられており（平敷令治（1990）『沖縄の祭祀と信仰』第一書房，４頁），那覇大綱挽は表記に前者を採用している。

▶2 真栄里泰山（2015）「ギネス認定・世界一の那覇大綱挽」「月刊社会教育」編集委員会編『月刊社会教育』59-1：31頁。

も，頭が輪になった雄綱と雌綱の2本の綱を用意し，雌綱の輪の中に雄綱の輪を入れ，入れた雄綱の輪に棒を差し込んで2本の綱を結合させてから引き合います[3]。しかし那覇大綱挽の特色は，なんと言ってもその綱の大きさにあります。

那覇では，1990年に3期目の綱をつくる際に，藁を台湾から輸入することにしたため，それまでよりも大きな綱をつくることができるようになりました。これを受けて当時の那覇大綱挽保存会の相談役は「ギネスに挑戦できる」と考えたのです[4]。

図2　第1回ギネス認定証

（出典：那覇大綱挽四十周年記念誌編集保存会，同上書，100頁）

そして幾度もの申請が実り，1995年に「米藁でつくった世界一の大綱」としてギネスブックに認定されました。その後も1996年，1997年と，合計3度ギネスブックに認定され，1997年の登録では，全長186m，総重量40t 220kg，綱直径1m58cm，手綱数236本，挽き手1万5000人，参加人員27万5000人と記録されています[5]。

3　地域のコミュニティと綱引き

那覇大綱挽は，市民だけでなく観光客も参加することができ，国内外から多くの参加者を集めます。県や市は，これを観光客誘致の参加型イベントとして注目し，様々な受け入れ環境の整備に力を入れてきました。

行政だけでなく地域住民も大きな力となっています。旗頭を担う地域実行委員会は，綱挽当日の会場整理や運営などのボランティア活動に当たります。また青年会議所や市職員労働組合，シルバー人材センター，在沖米国商工会議所までが参加します[6]。那覇大綱挽まつりは，復活当初に関わった古老を筆頭に若者や外国の人々までがこれを支えるイベントなのです。　（一階千絵）

▶3　これは男女両性の結合を意味しており，それにより豊穣がもたらされることを祈願してのものであるが，同様のモチーフは沖縄のみならずアジアの水稲耕作文化地域でおこなわれる綱引きにおいても見受けられる（寒川恒夫（1995）「アジアの民族スポーツ」『21世紀の伝統スポーツ』大修館書店，35-38頁）。

▶4　那覇大綱挽四十周年記念誌編集委員会（2011）『那覇大綱挽四十周年記念誌』那覇大綱挽保存会，72頁。

▶5　那覇大綱挽保存会サイト。http://www.naha-otsunahiki.org/festival.php より（2022年1月5日閲覧）

▶6　真栄里，前掲論文，36頁。

おすすめ文献

†小野重朗（1972）『十五夜綱引の研究』慶友社。
†平敷令治（1990）『沖縄の祭祀と信仰』第一書房。
†沖縄県教育委員会編（2004）『沖縄県文化財調査報告書143――沖縄の綱引き習俗調査報告書』。

5 中国朝鮮族のシルム観光

中国には今日，約200万人の朝鮮族が住んでいます。その住地の中心は吉林省延辺（えんぺん）朝鮮族自治州（州都は延吉市）です。彼らは隣接する朝鮮半島から移住した人々の末裔です。移住は清朝初めの16世紀から断続的におこなわれ，1945年の日中戦争終結時点まで続きました。中華人民共和国建国（1949年）後は中国55少数民族の一つに認定されています。

1 中国朝鮮族のシルム

シルムは朝鮮族の伝統的な相撲です。朝鮮半島の２つの朝鮮族国家すなわち大韓民国と朝鮮民主主義人民共和国でも人気の高いスポーツです。日本の相撲と違って，組み合ってから始めます。その時，サッパと呼ばれる一本の帯を使うのが特徴です。1.5mほどの帯の両端を結んで輪にし，その輪を右足に通し，右膝立にしゃがみ，互いに左腕を相手の輪に差し入れ，右手は相手の背や腰に当て，準備が整うと立ち上がり，合図で，輪を起点にして投げ合うのです。土俵はありますが，出ても負けにはなりません。

このシルムを朝鮮族は端午の祭りや中秋の祭りの時におこなってきました。シルムは彼ら朝鮮族の民俗的年中行事の娯楽でした。

図１　朝鮮族シルム

（出典：筆者撮影）

2 衰退と復興

民俗行事は，ふつう，これをおこなう人たちの伝統文化によって支えられています。これは，伝統文化が衰退すると民俗行事も衰退することを意味します。中国朝鮮族も例外ではありませんでした。彼らが中華人民共和国の国民として生きるには，中国語を始めとする中国文化を幅広く受容し，使いこなす必要がありました。更に，政府が進める近代化政策は，朝鮮族の伝統的文化を脇に追いやるのに十分な力がありました。その結果，朝鮮族の民族文化は全体として衰退の方向に傾いていきました。シルムも，これをおこなう人と機会が急減しました。

この窮状を救ったのが，政府の観光政策でした。2000年に「文化産業発展第十次五カ年計画綱領」が策定され，中国の観光産業はこれを境に大いに進展することになりました。中国では，中央政府の決定を受けて地方政府がそれぞれの実情に合わせた実施案を立案し，中央政府の承認をまって実行に移す形をとります。吉林省では2007年に「延吉市観光発展総合計画」が始動します。この計画の中に，朝鮮族シルムと関わる「中国朝鮮族民俗風情園」の建設が含まれていたのです。朝鮮族の伝統的生活文化を展示する民俗テーマパークが作られることになったのです。

3 シルム観光とシルムの担い手

「中国朝鮮族民俗風情園」では常設のシルム場において定期的にシルム競技がおこなわれます。シルム経験者が減少する中，観せる技量を備えたシルム・アスリートを供給したのが，延吉市にジムを持つ「延辺星州青少年スポーツクラブ」でした。クラブは2000年に私企業として創られました。創立者は朝鮮族で，シルムや弓術など消えゆく朝鮮族伝統スポーツの復興が動機でした。このクラブで育ったアスリートが民俗風情園のシルムを担当し，また国内と国外のシルム競技大会に選手として参加します。国内には，4年に1度おこなわれる全国少数民族伝統体育運動会でシルムが正式競技種目になっているなど，大会は頻繁におこなわれます。また，韓国主導で2008年に結成された世界シルム連盟に中国が2011年に加盟したことで，国際大会にも出場するようになりました。

シルムは，観光を起点に，このように見事に復活しました。しかし，これはただちに朝鮮族のシルム人口増加を意味するものではありません。全国少数民族伝統体育運動会の正式競技種目は民族オープン競技で，どの民族も出場できます。国際大会も同じです。シルムの担い手は朝鮮族に限られなくなったのです。「延辺星州青少年スポーツクラブ」のメンバーの大半は非朝鮮族です。非朝鮮族が朝鮮族の伝統競技シルムを担う時代になったと言えます。（楊長明）

おすすめ文献

†楊長明（2015）「中国朝鮮族シルムのエスノグラフィー」早稲田大学博士学位論文。

6 国指定無形文化遺産“清水江ミャオ族の龍舟競漕”

1 清水江ミャオ族

中国の貴州省を流れる清水江流域に住むミャオ族は，その民族服が黒であることから永らく黒ミャオ族と呼ばれてきました。彼らは，他の多くのミャオ族が山腹に焼畑をひらいて生活するのに対し，河川の流域平地に田を起こし，水稲を栽培してきました。故地である揚子江中流域のかつての楚の国から隋唐の時代に移動を始めたと伝えられます。龍舟競漕も，楚の習俗であったものを持ってきました。もちろん，30mに達する丸木舟を横に3つ繋ぎ合わせて龍舟とし，これに乗って全員が立った状態で櫂を漕ぐといったことは，楚にはなかった黒ミャオ族の特徴です。5月の端午におこなう村最大のイベントとして伝承されてきました。◁1

▶1　Meng, M. and Sogawa, T. (2016) “On the historical transformation of the dragon boat race of the Miao in the Qingshui River region of Guizhou Province of China from a cultural anthropological perspective,” *Asia Pacific Journal of Sport and Social Science*, 5：35-50.

2 観光資源化

村最大の年中行事であっても，龍舟競漕は長いあいだ清水江ミャオ族に閉じられたものでした。変化は21世紀におこります。

中華人民共和国は1949年に建国され，国勢は社会主義経済体制の下に長く停滞状態にありましたが，鄧小平が1978年に市場経済を一部導入した改革開放政策を敷いたことにより，経済は急速に発達します。しかし，同時に問題も引き

図1　黒ミャオ族の龍舟

（出典：筆者撮影）

起こされました。格差と環境破壊です。この問題を解決するため，政府は1992年に「持続可能な発展」戦略を打ち出しました。これは2000年１月の「西部大開発」政策を導きましたが，他者に頼らない自前の持続可能な文化資源による観光・文化産業によって，地域経済（特に改革開放政策の恩恵に与かれなかった僻遠の地にすむ少数民族）を活性化することを意図したものでした。

経済の安定は社会の安定をもたらします。少数民族が多く住む内陸の「西部大開発」には，すぐれて適した方策でした。環境破壊ももたらすことのないミャオ族の龍舟競漕は，この良い例として，貴州省政府によって観光資源化がはかられました。

3 無形文化遺産

中国政府は「持続可能な発展」を支えるため，2005年に無形文化遺産制度を発足させます。これはユネスコが2003年に採択した「人類無形文化遺産」制度に倣ったもので，国指定，省指定，市指定など，行政の次元ごとに遺産指定を可能にし，国指定無形文化遺産はユネスコ登録を目指しました。指定を受けた無形文化遺産に対しては経済的援助が用意されています。

貴州省では「持続可能な発展」戦略以後の空気をいち早く読み取り，清水江ミャオ族を管轄する台江県政府が2001年にミャオ族龍舟競漕を取り込んだ「ミャオ族文化エコ観光地」計画を発表していました。その後，無形文化遺産制度の発足とともに，省政府はミャオ族龍舟競漕を国指定に推薦し，2008年には認定証書を得ることができました。これを受けて2013年にはミャオ族龍舟競漕を目玉とする「ミャオ文化観光総合開発プロジェクト」が発表され，黒ミャオの地を一大テーマパークにする「ミャオ族文化エコ観光地計画」が実現に向かって動き始めました。

4 エコ・ツーリズムの背景神話

無形文化遺産を中心に据えたこのテーマパーク計画は，エコ・ツーリズムとして展開することが期待されていました。エコ・ツーリズムは貴州省の観光理念で，2009年より毎年「エコ文明貴陽国際フォーラム」を開催してアピールしてきました。ミャオ族龍舟競漕の伝承神話は，この理念に適合的でした。“かつて，水神の龍がミャオの子を殺した。怒った父は火によって龍を殺し，その身体をバラバラにして清水江に流した。旱魃が村を襲った。父の夢に龍が現れ，丸木舟として私を再生し，清水江に泳がせれば雨を降らせると告げる。人々がそのようにすると，雨が降り，村は救われた。その後，これを記憶するために毎年龍舟競漕をするようになった。”神話は，人と自然の戦い（人による自然の開発・破壊と自然による仕返し）から両者が和解にいたる道程を語ると解釈され，テーマパーク計画を支える背景文化として機能しています。　（孟蒙）

おすすめ文献

†佐竹絵美（2006）「苗族の龍舟競漕――貴州省台江県施洞のフィールドワークから」『地域研究』2：213-222頁。

†鈴木正宗（2010）「祭祀と世界観の変容――中国貴州省苗族の龍船節をめぐって」『法学研究』83：181-254頁。

†孟蒙（2016）「清水江苗族龍舟競漕の観光化変容」早稲田大学博士学位論文。

観光資源「ミャオ族伝統武術」

1 観光資源としての「ミャオ族伝統武術」

21世紀に入ると，中国政府は文化産業政策[1]を打ち出し，中国各地の少数民族地域に観光開発が進行することになりました。これによって，かつて文化大革命時代に政府が禁止した祭礼や伝統行事などが民族観光[2]の資源としてよみがえりました。これを受けて，本項であつかうミャオ（苗）族[3]を管轄する地方政府も民族伝統文化による観光事業に着手し，ミャオ族村に農村社会工作点という行政組織を置き，村民はここから観光開発の指導をうけるようになりました。

こうして最終的に椎牛祭（牛を供犠する祭り）が選ばれ，村は農村社会工作点その他から資金の提供をうけて生態文化旅行総公司を設立し，椎牛祭を中心とする観光事業を立ち上げました。全体の事業はミャオ族村行政と生態文化旅行総公司がそれぞれ任務を分担し合い，行政は椎牛祭の会場設営と治安それに人員調達など，総公司は観光客誘致とイベントの計画などを担当することになりました。注目されるのは，花形定番ショーの武術を総公司が「ミャオ族伝統武術」として創作したことでした（図1，図2）。ミャオ族は永らく漢族に抵抗した歴史を持つ武術に長けた人たちとして知られていましたが，まとまった武術体系はなく，そこで総公司は湘西自治州体育局が管轄する漢族の武術学校とミャオ族で巫術・武術に堪能な村民とに創作を委託したのでした。

2 ミャオ族伝統武術と中華民族思想

観光目的で創られたミャオ族伝統武術では実戦性が稀薄化し，武術の形も漢族のもの，つまり国際試合に用いる美を競う「国家武術」の形へと変容しています。「国家武術」は見る人に鮮やかにまた派手に映る形であり，観光化を目指すミャオ族伝統武術には適合的でした。観光化はまた彼らの武術の起源をめぐる新しい言説を生み出しました。彼らの神話的祖先である蚩尤（しゆう）に起源を求めたのです。「ミャオ族伝統武術」のパンフレットでは次のように説明しています。「苗族の武術は蚩尤が始めたという歴史があります。『山海経』『史記』などの歴史文献に記録されているのです。蚩尤は黄河，長江，淮河流域を最初に統一しました。そして，九夷国を建て，漢族の祖である黄帝と戦いました。蚩尤ののち三苗国が建てられました。今の苗族は三苗国の苗の字を族名として使っています……」。この説を裏付ける歴史的史料は欠くものの，今日，ミャ

▶1　その一つに「西部大開発」がある。これは東部沿海地区の経済発展から取り残された内陸中西部地区を経済成長軌道に乗せるために，中華人民共和国国務院が展開する政策。2000年3月の全国人民代表大会で正式決定された。

▶2　1980年代中頃から中国では国家が少数民族の生活や文化を資源とする観光事業をおこし，中西部の少数民族地域における貧困救済と地域振興を図ろうとした。同時に，国家は観光を通して国民形成の促進をもくろむようになる。

▶3　苗族は中国西南部の貴州省，雲南省，湖南省，湖北省などに居住する少数民族。集落の規模は大小様々で，他民族と混住する場合もある。

図1　焼いた犂の刃の上を渡る演武

（出典：筆者撮影）

オ族は確かに蚩尤を始祖として祭っています（図3）。武術の蚩尤起源言説は彼らの観光椎牛祭をより強く権威付けるのに役立っています。

図2　漢族の武術学校生徒による「ミャオ族伝統武術」の演武

（出典：筆者撮影）

図3　蚩尤祭

（出典：筆者撮影）

この起源説は，政府の民族政策とも適合的でした。少数民族の中華民族への統合という政策です。漢族の手になる『山海経』は，黄帝すなわち漢族を文明とし，蚩尤すなわち西南先住民を未開・野蛮として蔑視するトーンの神話集ですが，近年にいたって変化が生じました。蚩尤の率いる西南九夷民族文明と漢族文明とが出会い，さらにその他の西北地域諸文化も加わり，これらが中原において集合して今日の中国文明が生まれたという“漢族と非漢族とを対等視する見直し”がおこなわれたのです。こうした中国多民族構成を特徴付けるために「中華民族」という概念が提唱されました[4]。この概念には“わが国は，統一的な多民族国家である”という主張が込められています。中華民族は，中国国籍を持つすべての民族集団を等位において統合する政治的共同体を表す概念と言えます。もっとも，現実には中華民族概念は漢族の文化をベースとして各民族を統合するという政治的意図が込められたものであり，ミャオ族も漢族文化化を余儀なくされるのですが，そうした中華民族概念は，蚩尤に象徴される西南地域の少数民族文化をそれまでになく尊重するものでした。この見直しは中華民族の旗の下に55の少数民族と漢族を統合する狙いを持ったものであり，上述したミャオ族伝統武術と蚩尤伝説との歴史的連続性の主張も，政府のこうした見直しに合致するものでした。

▶4　費孝通（1999）『中華民族多元一体格局』中央民族学院出版社。

3　観光開発がもたらす変容

観光客の視線を意識したミャオ族武術は，その技の多くを漢族の「国家武術」によって占められることになりました。村には次世代の演技者を育てる武術学校が新たに設けられましたが，そこで教授される内容も漢族武術が多くなっています。椎牛祭の武術はミャオ族伝統武術と称するものの，実は，民族衣装姿のミャオ族が漢族の武術を演じるショーであると言えます。中国政府，地方政府，民間組織，地元の積極的な連携と開発意欲によってミャオ族の武術は，ミャオ族伝統武術という名のショーと化しました。民族観光開発という国の政策は少数民族が伝承する武術を変容させる大きな原動力であり，武術の見せ物化が他の少数民族地区においても今後進行することは容易に予想されます。

（馬晟）

おすすめ文献

†E. ホブズボウム・T. レンジャー編／前川啓治・梶原景昭ほか訳（1992）『創られた伝統』紀伊國屋書店。

†馬晟（2011）「苗族武術の観光化変容」早稲田大学博士学位論文。

タンザニアの伝統舞踊：舞踊とツーリズム

1 伝統舞踊と観光

アフリカでは，結婚式，葬式，収穫祭など，生活の様々な場面において伝統舞踊がおこなわれます。しかし今日，生活の西洋化や娯楽の多様化などにより，舞踊がおこなわれる機会は減少しています。その一方で，プロの舞踊家・舞踊団として，結婚式での上演など，依頼に応じて舞踊をおこなう人々が現れています。[1]

ここで取り上げるタンザニアは中央アフリカ東部に位置しており，1961年にイギリスの植民地から独立しました。1964年には大陸側のタンガニーカと島嶼部のザンジバルが連合してタンザニア連合共和国が成立し，今日にいたっています。観光はタンザニアの主要産業の一つです。特にザンジバルは，リゾート地として1970年代から企業の投資対象となってきました。2001年以降，GDPに占める観光産業の割合は12%前後で推移しており，2015年時点では11.8%となっています。[2] このような中で舞踊も観光資源として注目されています。

タンザニアにおいて，舞踊はスワヒリ語で「ンゴマ（ngoma）」と呼ばれ，子供の誕生祝いや結婚式など，生活の中の様々な場面でおこなわれます。[3] 独立以後，舞踊は政治や経済とも密接に関わってきました。初代大統領のジュリウス・ニエレレは，国民のアイデンティティーを確立する手段の一つとして伝統音楽や舞踊を支援しました。[4] そしてニエレレの支援政策のもと，タンザニアを代表する音楽家としてフクエ・ウビ・ザウォセ（Hukwe Ubi Zawose）が世界的に活躍しました。[5] しかし1990年代以降，このような支援政策は実質的になくなっていき，政府の支援が断たれた音楽家や舞踊家は，自らの手で生き残る方法を模索することになりました。そのような状況のもとで，舞踊家たちは，プロとして地域社会の要請に応じて舞踊をおこなう以外に，観光客を相手に舞踊を披露したり，海外公演などで外貨を獲得したりするようになります。

2 観光化の事例

タンザニアにおいて，伝統舞踊が観光に活かされている事例を見ていきましょう。一つめの事例は，タンザニアの大都市ダルエスサラーム郊外にある，ビレッジ・ミュージアムという博物館です。この博物館には古い住居などの実物が展示されており，タンザニア古来の生活を知ることができます。ここの中

▶1　遠藤保子（2014）「舞踊」日本アフリカ学会編『アフリカ学事典』昭和堂，58-59頁。

▶2　WORLD TRAVEL & TOURISM COUNCIL (2016) *Travel & Tourism-ECONOMIC IMPACT 2016 TANZANIA*. http://www.wttc.org/（2016年12月17日閲覧）

▶3　Otiso, K. M. (2013) *Culture and Customs of Tanzania*, GREENWOOD. スワヒリ語の「ンゴマ」は，「太鼓」や「舞踊」を指す語である。例えば太鼓の演奏は「ピガ・ンゴマ(piga ngoma)」，舞踊によるパフォーマンスは「チェザ・ンゴマ(cheza ngoma)」というように用いられ，演劇や呪術を指し示す際にも「ンゴマ」を用いる場合がある。

▶4　Askew, K. M. (2002) *Performing the Nation-Swahili Music and Cultural Politics in Tanzania*, The University of Chicago Press.

▶5　根本利通（2011）『タンザニアに生きる――内側から照らす国家と民衆の記録』昭和堂。

庭で，伝統舞踊がおこなわれています。3つの舞踊団が博物館と契約しており，毎日，いずれか一つの舞踊団が舞踊をおこないます。博物館は舞踊団に給与を支払っていませんが，その代わり，上演場所の提供と宣伝をおこないます。舞踊団は，観客から得た投げ銭や撮影料を収入としています。また，博物館は契約する舞踊団について，ダルエスサラーム周辺においてもっとも技術が優れている舞踊団を3つ選んだ上で，各舞踊団に対し「伝統舞踊をアレンジせず，そのままおこなうこと」を条件に契約しています。この博物館における舞踊の特色は，「技術」と「不変性」に重点を置いていることです。

図1 ビレッジ・ミュージアムの伝統舞踊
（出典：筆者撮影，2014年2月）

二つめの事例は，ダルエスサラームから北へ約70kmに位置するバガモヨという小都市を拠点とする「チビテ舞踊団」です。この舞踊団は，音楽家のフクウェ・ウビ・ザウォセによって結成されました。フクウェの死後も，彼の子孫たちが中心となって活動を続けています。団員たちは，フクウェの偉業を受け継ぐ者として自分たちの音楽や舞踊を「Culture of Tanzania」としてアピールしようと考えており，これまでも日本やアメリカでの海外公演を成功させています。

チビテ舞踊団では観光も重要な収入源とされています。旅行会社と提携し，旅行者が舞踊団と生活をともにするエコ・ツーリズムや，音楽・舞踊のレッスンなどの体験型ツアーを提供しています。特に音楽や舞踊に関するツアーでは，フクウェの子孫であることや海外公演での実績が，彼らのブランド力を高めています。チビテ舞踊団の特色は，偉大な音楽家の子孫であることを背景とした「正統性」と，海外公演などの「実績」に重点を置いていることです。

3 生存戦略としての観光

これまで見てきたように，タンザニアの伝統舞踊を観光に活かそうとする人々は「技術」「不変性」「正統性」「実績」を主張することを通じて，自らの価値を高めようとしてきました。ただ，舞踊家たちが観光に関わる大きな理由の一つは，タンザニア政府が，伝統舞踊への支援をほとんど実施していないことにあります。支援政策以外にも，教育などに伝統舞踊を活かすような政策もおこなわれていません。そこで舞踊家たちは，生き残りを賭けて観光にも関わっているというのが現状です。

伝統舞踊が観光資源として注目されつつある中，例えば専門学校や，各地域に設置されているコミュニティ・センターなどでは，観光産業への就業を目指した舞踊教育がおこなわれ始めています[6]。タンザニアにおける伝統舞踊は，観光との関わりの中で，重要な岐路に立たされているのです。 （相原 進）

▶6 例えばザンジバルの専門学校であるダウ・カントリーズ・ミュージック・アカデミー（Dhow Countries Music Academy）や，ダルエスサラーム郊外のキガンボニ・コミュニティ・センター（Kigamboni Community Centre）では，舞踊を観光や就業に活かす取り組みを実施しており，インターネットなどを通じて観光客向けの情報発信もおこなっている。

おすすめ文献

†遠藤保子（2001）『舞踊と社会』文理閣。
†遠藤保子・相原進・高橋京子編著（2014）『無形文化財の伝承・記録・教育——アフリカの舞踊を事例として』文理閣。
†栗田和明・根本利通編著（2015）『タンザニアを知るための60章（第2版）』明石書店。

9 韓国の闘牛観光

1 村の名誉と豊作をかけた闘い

韓国の闘牛の起源については，かつて新羅が百済と戦って勝ったのを記念するために始めたという説，また牛の面倒を見ていた牧童たちが雌牛をめぐって雄牛が戦うのを見て始めたという説などがありますが，いずれも定かではありません。

20世紀の初めごろまでは農閑期に当たる秋（旧暦の８月15日）の年中行事として闘牛がおこなわれていました。河川敷で地域を東西に二分し，これを村人たちが鉦や太鼓で囃しながら応援し，それぞれの村や地域の名誉をかけた一戦が繰り広げられていたようです。ある地方では，勝った方の翌年の稲作は豊作まちがいなしと信じられ，年占いの意味も込められていたようです。

村山智順の『朝鮮の郷土娯楽』（1936年）によれば，当時，闘牛の伝統を受け継いでいたのは主に慶尚南道と慶尚北道で，中でも晋州，晋陽，陜川，宜寧，咸安，昌寧，密陽，金海など稲作地域が有名であったとされます。また，京畿道の楊平，江原道の三陟，黄海道などでも時折おこなわれたことがわかります。

しかし，今日，闘牛をおこなう所はそれほど多くありません。慶尚道が中心です。全羅道の一部にも見られますが，それはごく最近になってリバイバルしたものです。

2 闘牛の近代化

一昔前の闘牛には今日のような詳細な競技ルールはありませんでした。牛どうしが闘って，一方が戦意を失い逃げれば，それで勝ち敗けが決まりました。しかし，闘牛に参加する牛の数が増えるにつれて，競技ルールも細かくなり，更に体重別の取り組みや審判制や賞金制なども現れました。しかし，牛そのものを生産力の象徴と見る文化や農耕儀礼的な意味合いは依然として残っていました。つまり闘牛はまだ村や地域共同体の豊作や名誉を賭けたお祭りであったのです。

図１　韓国清道の闘牛祭り

（出典：筆者撮影）

ところが，韓国社会の急激な近代化にともなって農業の機械化が進むと，牛の耕牛としての役割や儀礼的な意味が次第に廃れていきました。そうした中，1970年代に入ると，近代的な闘牛組織が模索され，1982年には，それまで地域ごとにおこなわれていた闘牛大会を統括する韓国闘牛協会が設立されました。協会の下には地方支部が置かれ，全国組織化と全国大会が初めて可能になりました。この時期はまた国中がセマウル運動（新しい村づくり運動）の真っただ中にあったため，全国大会の名称も「全国セマウル闘牛大会」とされました。会場も河川敷から公営運動場に移り，そこに臨時の闘牛場を造って大会が開かれました。1990年代は地方自治制度が全国的に実施された時期で，これを機に，それぞれの自治体では地域の特徴を生かしたお祭りを創造する一大ブームが起こります。他方，政府は地域祭りの活性化を図るため，毎年全国のお祭りを審査し，その中から選ばれた上位のお祭りに対して，様々な支援をおこないました。こうした動きに呼応するように，闘牛が盛んだった地域では，自分たちのアイデンティティーを強化する経済的文化装置として闘牛の観光化を進めていきます。

3 闘牛観光の誕生

闘牛の観光化を前面に打ち出し，いち早く積極的に取り組んだ自治体は慶尚北道の清道（せいどう）郡でした。闘牛国際大会の開催を始め，闘牛に因んだ様々な観光商品の開発，入場券の販売，メディアによる配信など，闘牛観光化の方途事例は枚挙に暇がないくらいです。特に，１万5000人収容の全天候型闘牛ドームの完成，さらに闘牛を公営ギャンブルと認める法案の国会通過を追い風に，2004年３月からは闘牛とギャンブルと温泉をセットにした一大観光プロジェクトをスタートさせました[1]。闘牛の試合は場内の大型スクリーンに映し出され，そして解説付きの生放送で全国，また世界に放映されます。

こうした清道郡の闘牛観光化は，他の自治体にも影響を与えました。例えば慶尚南道の晋州市は2006年３月に１万2000人収容の「晋州伝統闘牛競技場」を建設し，週末に試合が催されます。観光客を楽しませるため，試合には制限時間を設けたり，試合の合間に様々なパフォーマンスをおこなったりします。このほか，慶尚南道の宜寧（ぎねい）郡も常設闘牛場を造りました。

かつて地域に閉じられていた闘牛は，観光化によってグローバルな文化へと変わりつつあります。しかし，商品としての機能が強調されるあまり，闘牛観光をめぐる地域間競争はますます激しくなり，差別化をはかる必要性が唱えられています。闘牛の観光化は，闘牛文化に大きい変容をもたらしていると言えます。

（李承洙）

▶1　寒川恒夫編（2004）『教養としてのスポーツ人類学』大修館書店，10頁。

おすすめ文献

†村山智順（1936）『朝鮮の郷土娯楽』朝鮮総督府。
†金光諺（2004）『東アジアの遊戯（동아시아의 놀이）』民俗苑（韓国語）。

F　文化政策とスポーツ人類学／18　民族スポーツの観光化

ご当地スポーツ

お国自慢のスポーツ

近頃，お国自慢的意味合いを込めた「ご当地○○」という言葉をよく聞くようになりました。「ご当地」は，本来，訪れた人がその土地に敬意を表する言葉でしたが，近年では地域をアピールする意味に用いるようになりました。「ご当地グルメ」のように，その地域の独自性をスポーツによって外部に向け発信していこうとする現象を「ご当地スポーツ」と名付け，その特徴と今後の展開の可能性について考えていきましょう。

ご当地スポーツは「町おこし」として始められたイベントで，そうした催しが各地で見られるようになってきました。これにはいくつかのタイプがあります。(1)地元の誇る資源をスポーツに組み入れたタイプ（奈良県の「全国金魚すくい選手権大会」），(2)地元にあふれているが特別価値があるとは考えられていなかったものを利用したタイプ（北海道の「昭和新山国際雪合戦」），(3)その土地の文化や自然と一切関係なく創られたもの（京都の「いすー1グランプリ」）などです。

2　地域資源さがしとその活用

地域の特産品や産業・伝統などを見直し，それを資源としてスポーツに活かした例として，奈良県郡山市で毎年８月に開催される「全国金魚すくい選手権大会」があります。郡山市はかつて隆盛を極めた金魚養殖の土地で，盆地に溜池といった風土を生かし，伝統産業からスポーツを創りました。1995年に第１回の大会が開催されましたが，それに先立ち設立された「全国金魚すくい競技連盟」での設立趣旨には，「金魚すくいのスポーツ化」と「国際競技化を目指す」ことが謳われています。2016年の時点で22回目を迎え，ますます盛況となる一方で，競技化にともなって不正行為なども起きています。ルールの改正や審判の増員といった対策をとる必要性に迫られるなど，国際スポーツと同様の問題を抱えるようになりました。◁1

▶1　ルールの規定は細部にまで及んでおり，シューズの着用や，金魚をすくうポイは大会側が用意したものを使うなど，大会中は審判の厳しい目が注がれている。

3　ご当地スポーツの可能性

北海道のわずか人口3000人にも満たない壮瞥（そうべつ）町では，「雪以外はなにもない」と悲観していた住民による逆転の発想から，1989年に「昭和新山国際雪合戦」

図1　全国金魚すくい選手権大会でのチーム戦の様子

（出典：筆者撮影，2015年8月）

図2 「いす―1グランプリ」

（出典：筆者撮影，2016年3月）

が誕生しました。この大会は，日本だけでなく，世界各地で予選を通過しなければ参加できないほどの人気と国際化を果たしました。今や壮瞥町は世界が注目する雪合戦の聖地になっています。

ご当地スポーツの最大の魅力は，参加者にとっての敷居の低さ，それから失敗も笑いに変えるようなおおらかさにあります。京都の京田辺市で開催されている「いす―1グランプリ[◁2]」は，事務イスに乗って商店街を疾走するというミスマッチが受けて，周囲の笑いを誘っています。

同様のご当地スポーツは日本や世界でたくさんおこなわれます。こうしたスポーツは，競技性を突出させてきた五輪へのアンチテーゼとして位置付けることができそうです。ご当地スポーツは，互いに笑い合えるつながり関係性という，言わば「共遊社会[◁3]」を出現させる機能において，他者との共存という現代社会の難しい問題を解決する可能性を持っていると言えそうです。

（田里千代）

▷2 「いす―1グランプリ」は，商店街をサーキット場に，事務イスをスポーツカーに見立て，2時間でどれだけの距離を走行できるかを競う耐久レース。3人一組でのチーム戦で，大会中にはイスを修理するピットも用意されている。

▷3 ご当地スポーツは，スポーツの遊戯性という特性を存分に発揮させたものであり，主催者，地元住民，それから参加者にとっても，まずもって「面白がる」ことを共有する。他者との競争にとらわれず，むしろ互いに励まし合う余裕と，たとえ失敗をしても笑いに変えるゆとりは，これからの共生社会の実現に向けた理想的なあり方として，「共遊社会」という表現で提示しておきたい。

おすすめ文献

†刈谷剛彦編著（2014）『「地元」の文化力――地域の未来のつくりかた』河出書房新社。

第Ⅲ部

スポーツ人類学のエスノグラフィー

イントロダクション

エスノグラフィーとは民族誌の事です。たいてい，どの民族も祖先伝来のスポーツを持っています。これを民族スポーツと言います。これまで，伝統スポーツ，民俗スポーツ，土着スポーツなどと表示されてきたものですが，本書では民族スポーツと総称しています。スポーツ人類学とその一つの前身である19・20世紀の人類学が好んで取り上げたのが民族スポーツでした。オリンピックやワールドカップなど IOC（国際オリンピック委員会）スポーツが登場するのは20世紀です。それより古く世界各地で楽しまれていたのは民族スポーツでした。エスノグラフィーは，こうしたスポーツを，これを伝える人々の今現在の生活の中において眺め，その社会的・文化的意味やありようを記述します。

民族スポーツには“変わらない”というイメージが付着しがちですが，大なり小なり変容しています。中には，長く途絶した後で再構成的に復活されたもの，また新たに創造されたものもあります。でも，どこか過去の文化と糸をつなぐ工夫が施されています。これらを含め，民族スポーツです。民族スポーツはスポーツ人類学の固有の対象と言えます。そしてそれは過去の現象ではなく，今まさに目の前でうごめいているスポーツなのです。

もっとも，言っておかなければならないのは，エスノグラフィーの対象は民族スポーツに限らないということです。国際スポーツも対象になります。土着化したサッカーのフィールドワーク研究などもありますが，ここでは割愛されています。

19　日本の民族スポーツ・エスノグラフィー

秋田竿燈：日本の伝統的ウエイトリフティング

竿燈(かんとう)は，長い竹竿にたくさんの提灯をさげたものを言います。秋田では古くから，これを一人で手や肩や額の上などに載せ，倒さないようバランスをとって町内を練り歩く行事がおこなわれていました。アクロバティック・ウエイトリフティングと呼んでよいもので，竿燈を操作する巧みさを楽しみ，競います。

1　無形文化財

秋田県秋田市の竿燈まつりは，実際のところ，「七夕まつり」「豊年祭」「盆」，睡魔がもたらす災厄を流す「ねぶり流し」，これらが長い時間をかけて組み合わさってできた祭りと言えます。1950年代から県外で演技をする機会が増えたため全国に知られるようになり，年々増える観光客に配慮して，本来の夜の祭りに加えて，昼間にも昼竿燈として妙技(みょうぎ)会や各種イベントをおこなうなど規模を大きくしていきました。そして1966年には秋田市無形文化財，1980年には国指定重要無形民俗文化財に指定されています。

2　竿燈妙技会

重い竿燈を持ち上げ，操るには，流し・平手・額・肩・腰と呼ぶ５つの技があります。昼間におこなわれる妙技会のコンテストは，大若(おおわか)団体規定，大若団体自由，大若個人，小若(こわか)団体規定，竿燈囃子の演奏を競う囃子方，小若囃子方の６つのカテゴリーに分けられています。団体種目では，５人が一つのチームとなり，５人が１技ずつ演じてチーム全体の点数を競い合い，個人種目では流しを除く４つの技を競います。また，夜の竿燈には昼には存在しない中若と幼若のカテゴリーがあり，カテゴリー別に扱う竿燈の長さや重さ，提灯の大きさや数が異なります（表１）。

3　競技化

妙技会は1931（昭和６）年に第１回が開催されています。1931年以前は，各

表１　竿燈のカテゴリー

カテゴリー（標準学年）	長さ	重さ	提灯の大きさ	提灯の数
大若	12m	50kg	64cm×45cm	46個
中若（中学生・高校生）	9m	30kg	48cm×36cm	46個
小若（小学４年生以上）	7m	15kg	48cm×36cm	24個
幼若（５歳から小学３年生）	5m	5kg	30cm×21cm	24個

町内が各々に技術を磨いていたものの，その基準にはばらつきがあり，技術の向上に向けた方向性が必ずしも一致していませんでした。妙技会はこのばらつきをなくし，更に高い技術の習得を目指して体系化を試みていきました。開始から1953（昭和28）年までは屋外でおこなっていましたが，屋外の演技では風の状態によって採点の公平性が担保されないという理由から，1954（昭和29）年からは竿燈まつりと切り離し，体育館内で実施するようになります。室内での演技は風もなく演技がしやすかったため，小若も参加できるようになり，大若にはそれまで以上に高度な技が要求されるようになりました。こうした流れの中で，現在の片手で操作しながらおこなう流し，平手，額，肩，腰の演技が基本技として確立されていったのです。しかし，技術が向上すると，逆に，風のない室内での演技は竿燈の動きが少ないためにかえって盛り上がりを欠くことになり，そこで1968（昭和43）年からは再び竿燈まつりの最終日に屋外でおこなわれるようになりました。1986（昭和61）年には規定演技に自由演技が加えられ，差し手は花傘をつけたり，足駄を履いたり，自由な演技を楽しむようになり，また継竹によって高さを競うようになりました。一昔前と比べると，妙技会の当初の目的であった技の向上は飛躍的に達成されたと言えます。

図1　妙技会の様子

（出典：秋田市竿燈まつり実行委員会提供）

ところが，竹を継ぐ本数が増えたのは演じ手の技術向上だけによるものではなく，道具の改良による成果でもありました。竿燈に欠かすことのできない継竹は，もともと竹だけで作られていたのですが，近年ではステンレスで作ったものがあらわれ，軽量な上に継ぎ足しやすく，更に強度があります。竹の場合は3－4本継ぐのが限界でしたが，新しい継竹によって5本，6本と継ぎ足すことが可能になったのです。

技術の向上は観光客を魅了し，祭りの注目度を高めました。同時に，競技化を加速しました。1990（平成2）年頃から大企業が優勝旗やトロフィーを寄贈するようになり，これまで大若団体規定の優勝チームしか決定してこなかった妙技会は，すべてのカテゴリーで順位を決めるようになりました。勝利を目指す演技に関心が集まるようになると，本番で無茶をして竿燈を折ったり，倒したりする場面が増えてきました。そのつどルールの改正がおこなわれ，現在では，「竿燈は倒さない」という精神の下に指導が進められています。

（橋本　彩）

おすすめ文献

†松田素二・川田牧人編（2002）『エスノグラフィー・ガイドブック――現代世界を複眼でみる』嵯峨野書院。
†堀田正治（2001）『竿燈七十年・ねぶり流しへの思い』秋田文化出版。
†太田好信（1998）『トランスポジションの思想――文化人類学の再想像』世界思想社。

博多祇園山笠：巨大神輿マッチレース

1　国指定重要無形民俗文化財・ユネスコ人類無形文化遺産をスポーツとみる

博多祇園山笠は博多市博多区の櫛田神社の祇園神に対する奉納神事で，毎年7月1日から15日までおこなわれます。高さ10mを超える14本の豪華な飾り山笠[1]が市内各所に立ち，舁き山笠[2]7本が「オイッサ」「オイッサ」の掛け声とともに博多の町を駆け抜けます。300万人もの見物客を引き付ける魅力の一つが山笠を担いで駆ける「追い山」です。そこで本項では，国指定重要無形民俗文化財であり，2016年にはユネスコの人類無形文化遺産にも登録された山笠，これをスポーツとして捉えてみます。

2　「より美しく，より高く，より速く」変幻自在の山笠

山笠の起源は鎌倉期までさかのぼると言われ，江戸期初めまでは京都の祇園祭のように，町ごとに飾り山の華美を競いながら練り歩いていました。1687（貞享4）年に，町と町とのちょっとしたいざこざから，2つの山笠が抜きつ抜かれつを繰り広げ，これが評判となったことから担いで駆ける速さを競い合う「追い山」が始まりました。豪華さの競争に偶然の産物として競走が導入されたことによって，山笠の性格も変化したのです。[3]

図1は1897（明治30）年の写真で，まだ飾り物を付ける前の山笠に59人が鈴なりに乗っています。[4]町屋の屋根をはるかに超える10m超の高さにおける非日常性は，スペインのカタルーニャ地方における「人間の塔」とも相通じます。

同じ年，町なかに電灯線が架設されると山笠の高さが問題視されるようになります。更に1910（明治43）年に路面電車が開通すると，その架線が地上5mの高さに張られたため，以前のような山笠を舁きまわすことは不可能となり，存続のために人々が選んだのが，これまでの高さの半分にも満たない4.5mの山笠でした。昔ながらの高い山笠はそのまま飾り，舁く時だけ下の台を引き出し，別の飾り物を付けるなどの工夫がなされた結果，山笠は現在のような「飾り山笠」と「舁き山笠」の2つに分離しました。[5]

山笠はこれを取り巻く社会の変化[6]に対応しながら形を変え，飾りと舁きまわしという異なる2つの目的に分化し，それぞれにおいて「競争」の高度化という新たな展開を迎えることになりました。

▶1　素山（骨格だけの山）に人形，飾り物が飾り付けられる。

▶2　肩に山笠の棒を乗せて走ることを「舁く」，そうする男たちのことを「舁き手」，その山笠を「舁き山笠」と呼ぶ。「舁」は常用漢字に含まれないため，「担」で代用されることが多い。

▶3　追いつかれないように山笠がスリム化し，飾り物まで取ってしまう状況も出現したが，見物客のためということで元に戻されたという。

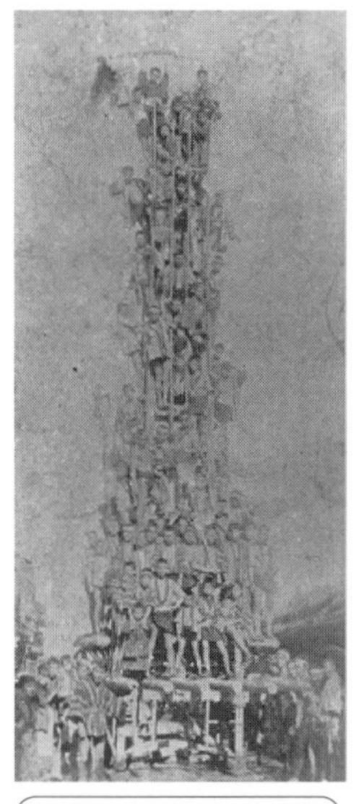

図1　巨大山笠が終焉に向かう直前の時代，素山に乗る流の人々

図2　現代の追い山

3 重さ1tの神輿による短距離・長距離レース

クライマックスは最終日の「追い山」における山笠のマッチレースで，櫛田神社境内に立てられた清道旗を1周する「櫛田入り」から始まります。追い山は全体では5kmのコースでタイムを競いますが，櫛田神社前から境内を通って通りに出るまでの区間をこのように呼びます。

「櫛田入り」は，7つの「流（ながれ）」[7]が山笠を舁いて境内を1周するタイムを競います。

1tを超える山笠を支える6本の棒を担ぐのは流の中から選ばれた26-28人の男たちです。6本の棒の中でも外側2本の両端に位置するコントロール役の4人の「鼻取り」が最重要視されますので，みんなこの位置を任されようと競い合ってきました。[8]

午前4時59分，神職による大太鼓が鳴り響くと一番山笠が境内に走り込み，以降5分毎に山笠が続きます。距離は112m，所要タイムは30秒余で100分の1秒単位まで計測されます。タイムを計るようになったのは，明治20年代までさかのぼります。『福岡日日新聞』や『九州日報』は当時からコース途中の主要地点の通過時間などを載せ，明治30年代にはタイムを翌日に掲載していました。[9]

狭いコースの周囲に設けられた桟敷席には大勢の見物客が詰めかけ，疾走する流とともに境内は興奮のるつぼと化します。櫛田入りを終えると，山笠は博多の町へと駆け出し，全長5km，30分余りの全力疾走をおこないます。[10]

コース取りはむろんのこと，昔ながらの狭い路地に突っ込み，直角の道を曲がることから，舁き手には強靱な身体と高度な技術が求められます。舁き山笠は舁き手が肩に棒を乗せて押し上げ，浮き上がったところを「あと押し」が強く押すことで動きます。重い山笠を舁き手が担える距離は50m前後です。台の周囲には多くの舁き手が伴走しており，交代のルールにしたがって入り，出ます。これを繰り返して山笠が前進するため，棒6本の高さはそれぞれに異なり，背の高い人も低い人もそれぞれに合ったポジションが存在します。

追い山は，重量1tの巨大神輿を肉体的鍛錬を重ねた集団が担ぎあるいは押し，交代を繰り返しながら，112mと5kmを駆け抜けるタイムを競います。770年余も続く奉納神事という宗教的文化文脈の中に明確に位置付きながらも，他方で，同一条件のもとでおこなう速さの競い合い（競走）にも至高の価値を認め，そのための戦略をも重視することから，これを競技とみることができます。国際スポーツのように自律的に存在する，いわば人間のためのスポーツではなく，追い山では，神に奉納して初めて意味を持つ行為，すなわち神事そのものがスポーツとなっています。

（渡邉昌史）

▶4　西日本新聞社・福岡市博物館編（2013）『博多祇園山笠大全』西日本新聞社，20-21頁。山笠の最古の写真（1872（明治5）年頃）では高さ16mにも達している。

▶5　西日本新聞社・福岡市博物館編，同上書，43-44頁。

▶6　1872（明治5）年に「悪弊少なからず」という理由で，福岡県は禁止を通達。関係者の請願により許可されたものの，準備が整わず復活したのは1883（明治16）年のことであった。

▶7　山笠を支えるのが「流（ながれ）」と呼ばれる7つの集団。戦国時代末期につくられた自治組織が起源とされ，現在では数カ町，あるいは十数カ町を束ねた町連合体である。

▶8　舁き手（20歳前後から30歳代）を選抜し，ポジションを決める「棒競り（ぼうせり）」。数日前から競った上で役員が決める流，抽選で割り振る流など，様々。

▶9　西日本新聞社・福岡市博物館編，同上書，102頁。

▶10　ひたすら前の舁き山笠を追うが，追い越しは禁止。タイムを競うものの「追いついただけで十分」となり，追いつかれた方は「ご迷惑をかけました」とお神酒を持って挨拶に行く。

おすすめ文献

†西日本新聞社・福岡市博物館編（2013）『博多祇園山笠大全』西日本新聞社。
†高野一宏（2004）「民族スポーツ『博多祇園山笠』の社会組織」寒川恒夫編『教養としてのスポーツ人類学』大修館書店。
†管洋志（1995）『博多祇園山笠』海鳥社。

3 西大寺観音院会陽の宝木争奪戦：日本の伝統的ボールゲーム

1 会陽の祭り

岡山県岡山市西大寺観音院でおこなわれる会陽では，毎年行事のクライマックスに9000人が参加する宝木争奪戦が営まれます。宝木を手にしてうまく仁王門の外に出た者は「福男」となり，当該地域で一生の名誉と「御福」を手に入れることができるとされます。例えば，“宝木はボール，仁王門がゴール”と仮定するならばラグビー系球技とも考えられるかもしれません。9000人の参加者は激しい争奪を繰り広げますが，決まり事（プレーフィールドは境内，ボールの宝木は２本などのルール）が彼らに共有されており，その点でボールゲームの原初形態としても興味深いところです。この激しい争奪戦は地域の風物詩となっていて，会陽が近づくと人々は「御福」を授かれるように精進潔斎し，この日を迎えるのです。

2 “閉じられた”地域文化から開かれたスポーツ文化へ

500年以上に亘り受け継がれてきたとされる会陽も，その時々の社会に適応すべく姿を少しずつ変えてきました。例えば参加者の出で立ちは，以前は裸体に白の締め込みと決まっていましたが，近年では足袋，色つきの締め込みなどを用いる者も増え，また，個人でなく20人から30人のチーム参加も見られるようになりました。主催者側の決まり事（ルール）もそうです。以前は門前町まで拡がっていたフィールドは観音院境内に限定するなど，行事の安全性に力を入れるようになりました[1]。ところで，これらのルール変更は，閉じられた空間で共有されていた価値を誰もが共有できる可視化された世界へ移行させたことをも意味します。それは競技スポーツ化と言ってよいかもしれません[2]。更に，宝木争奪戦用の桟敷席が寺域に設置（1967年）されたことによって「スペクテータースポーツ」の性格を得ることになり，この地に縁のない人々にもますます宝木争奪戦が開かれていく結果を招来しました。また，それは同時に，国際スポーツに期待される「健康・健全・フェアープレー」といった現代社会の価値観が会陽に求められるようになったことも意味しました[3]。

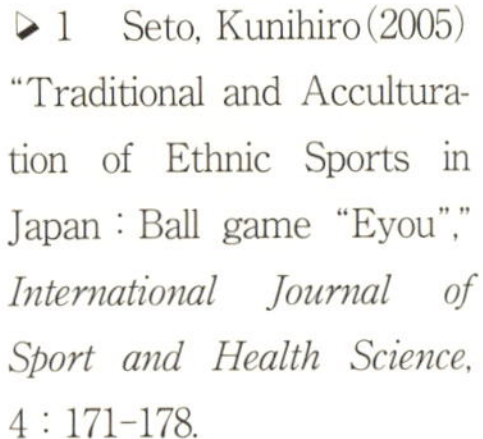

▶1　Seto, Kunihiro (2005) “Traditional and Acculturation of Ethnic Sports in Japan : Ball game “Eyou”,” *International Journal of Sport and Health Science*, 4 : 171-178.

▶2　三浦叶（1985）『西大寺の会陽』日本文教出版。

▶3　瀬戸邦弘（2012）「忘れられた日本人の“身体”」瀬戸邦弘・杉山千鶴・波照間永子『日本人のからだ・再考』明和出版，１-12頁。

図１　西大寺観音院会陽の宝木争奪戦

（出典：筆者撮影）

3　安全で健全な伝統行事としての会陽：スポーツ・文化財としての期待

会陽行事はかつて県内を中心に多くの寺社で営まれていましたが，激しい争奪型行事の維持が難しくなり，今日では数カ所にまで実施箇所が減ってしまいました。西大寺も様々な対策を講じ，例えば入れ墨者の参加禁止，かつては見せ場の本堂の梁からの飛び降り禁止，また警備上の理由から午前0時の宝木投下を22時へ前倒しするなど，行事の安全化が最優先されるようになりました。荒々しくも勇壮に受け継がれてきた“閉じられた地域文化”は，一方で現代的価値規範への変容を余儀なくされてきたのです。他方で，全国では「勇壮な」伝統行事を文化財の枠組みに組み入れ，存続を図るケースが近年多く見られるようになりましたが，西大寺会陽も然りです。2016年に国の重要無形文化財になりましたが，実は，この「公」という枠組みはスポーツと同じ現代的規範を行事に求めるものなのです。

図2　参加者への注意書き

（出典：筆者撮影）

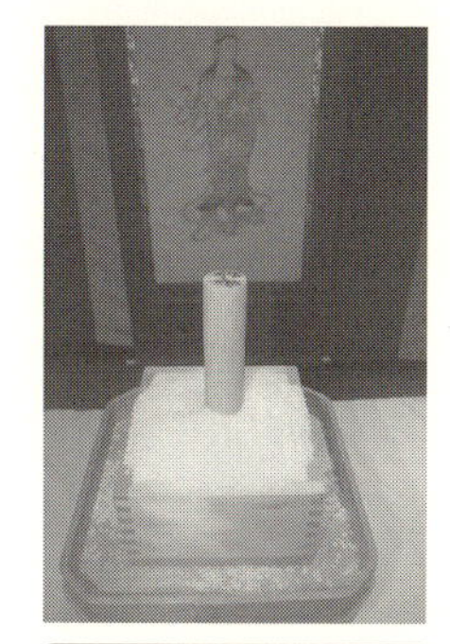

図3　升に収められた宝木

（出典：筆者撮影）

4　護られる地域の思いと伝統文化

会陽のように多くの年中行事が国や県などといった「公」からの保証を錦の御旗として存続する道筋を得ました。実際に多くの伝統行事は後継者不足や資金不足などの問題を抱えており，文化財という新たなステイタスが重要なバックアップをしてくれることは間違いありません。しかしながら，一方で，文化財という枠組みに取り込まれ公的財産となった伝統行事には，独立した一地域の枠を超えて，国や県を代表する格式・品格が求められるようになるのです。そこではスポーツ化と同様に「安全・健全」が期待されます。そのため多くの行事は，現代の価値に見合うように「勇壮さ」など旧来の在りようを変容させる必要に迫られることになるのです。

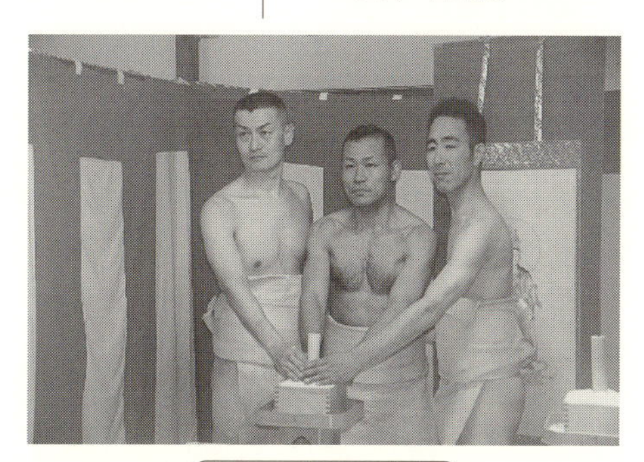

図4　福男と宝木

（出典：筆者撮影）

それでは，伝統行事はその変容過程で本質を失ってきたのかというと，そうとばかりは言えないように思えます。行事を護るために時代の流れに沿うよう変容を受け入れることは，すなわち行事の存続を願う気持ちが強い証拠でもあります。例えば，会陽では「宝木は奪うものではなく授かるもの」という言葉があります。9000人もの参加者の中で宝木を得られるのはたった二人。この奇跡に近い数字の中で宝木を得ることを参加者は，すなわち仏様のお蔭と考えているのです。このような気持ちが参加者に共有されている限り，伝統行事はどのように形を変えようとも，その本質を失うことはないのかもしれません。

（瀬戸邦弘）

おすすめ文献

†瀬戸邦弘（2012）「忘れられた日本人の“身体”」瀬戸邦弘・杉山千鶴・波照間永子『日本人のからだ・再考』明和出版，1-12頁。
†三浦叶（1985）『西大寺の会陽』日本文教出版。
†朝日新聞出版（2004）『日本の祭り（週刊朝日百科）西大寺会陽・壬生の花田植・用瀬の流しびな』朝日新聞出版，2-13頁。

4 古武道

1 古武道とはなにか[▷1]

古武道には古風なイメージがつきまとうため歴史的遺物とみなされがちですが，現在も活発に活動している流派武術は少なくありません。中にはグローバル化を果たし，外国人が師範を務める流派も存在します。

古武道は戦国時代から発生し始める流派武術を総称する言葉です。現行の古武道という用語は，1935（昭和10）年に日本古武道振興会（以下，「振興会」）を設立した松本学が提唱したものです。1920年代以降，柔道，剣道などでスポーツ化が進みました。松本はそうした武道のスポーツ化に異議を唱え，古武道というジャンルを考案し，流派武術を保存・振興するため振興会を設立したのです。したがって，現行の古武道に含まれる流派武術は，(1)競技をおこなわず，定められた所作で組み立てられた形稽古を中核的な営みとしていることと，(2)明治時代以前から続いていることの２つを要件としています。

2 古武道の概況を知る：古武道団体の調査[▷2]

現在，我が国には主要な古武道団体が２つあります。一つは先に挙げた振興会であり，もう一つは財団法人日本武道館が中心となって1979（昭和54）年に設立された日本古武道協会（以下，「協会」）です。これらの団体は，加盟する流派武術を作興するために演武会を開催し，伝承を絶やさないようにすることを主な事業としています。この２つの団体の活動を検討することで，その時々の古武道の概況を知ることができるでしょう。

3 公開される古武道：メディア＆インターネットの影響

元来，古武道には門外不出の流派武術が多いのですが，現代では秘伝の垣根を越えて活動する流派も多くなりました。例えば，振興会は1966（昭和41）年に東京教育大学（現：筑波大学）と協力して各流派の伝書を収集した資料集『日本武道全集』（全７巻）を作成しました。これによって各流の担い手でなくとも伝書にアクセスできるようになりました。また「協会」加盟流派の協力を得て，日本武道館が製作した記録映画『日本の古武道』（全88巻[▷3]）があります。

図１　振興会の演武

（出典：『週刊朝日』1938年６月26日号，朝日新聞社）

▷1　中嶋哲也（2010）「対抗文化としての古武道――松本学による古武道提唱と日本古武道振興会の活動を中心に」『スポーツ人類學研究』12。

▷2　財団法人日本武道館編（2009）『日本古武道協会30年の歩み』日本古武道協会。

▷3　『日本の古武道』発行元のBABジャパンはこのほかに古武道専門誌である月刊『秘伝』を1990年に創刊し，古武道の情報を提供している。

▷4　魚住孝至代表（2004）「東アジアにおける武術の交流と展開」『武道・スポーツ科学研究所年報』国際武道大学，10：354-388頁；魚住孝至代表（2007）「武道文化の展開――流派剣術から撃剣，近近年ではインターネットを利用して情報公開する流派武術が注目されます。90年代にインターネットが登場したことで，道場のホームページやブログを開設する流派が出現し，古武道を学びたいと思う人々がその情報を頼りに道場探しをするケースが見られるようになりました。また最近では，各流の担い手たちがSNSを利用してワークショップを開くこともあります。中には各流の担い手のみならず，中国武術や舞踊家など多様な経歴の人々が集まるワークショップもおこなわれます。そこでは，互いの技に触発されて新たな身体の使い方が発見されたり，他の技と比較することで自身の流派の特性が再発見されたりすることもあるようです。このようにメディアやインターネットによって公開され，技が交流する現代の古武道は，今後どのような新陳代謝をするのでしょうか。興味深いテーマと言えます。

代剣道へ」『武道・スポーツ科学研究所年報』国際武道大学，13：130-164頁。これらはすべてインターネットで閲覧可能である。http://www.budo-u.ac.jp/laboratory/material.html（2016年12月6日閲覧）

4 形の復元：ハイブリッドな知の生成現場

流派武術では定められた所作を学習する形稽古が主たる活動となりますが，現行の形に果たして流祖の意志は反映されているだろうか，といった疑問は流派を問わずいたるところで聞かれます。このような疑義を呈する担い手の中に，古い形を積極的に「復元」しようと試みる人たちがいます。

筆者が調査した古流剣術の道場における形の復元の様子を見ると，概ね次の３つの作業に分類されます[4]。まず，(1)形の所作が記された伝書を収集します。次いで，(2)集めた伝書を歴史学的に史料批判し，その歴史的位置付けを検討します。最後に，(3)現行の稽古法や刀法，各人の身体的実践を基に伝書を読解し，形を再構成するのです。注目したいのは(3)で，復元の現場では，道場稽古における身体的実践が伝書を読解するための方法論として生かされているのです。つまり形の復元は，近代の科学である歴史学と道場稽古の身体的実践という異なる営みを並置し，等しく扱うハイブリッドな知の生成現場[5]と言えます。

形の復元方法を各流の担い手に学ぶことは，武道研究者の伝書の読み方を豊かにすると考えられます。更に復元過程の調査は，人類学の身体技法論や学習論を発展させる可能性を秘めています。その秘められた可能性は，今後開花するでしょう。復元過程のエスノグラフィーは始まったばかりなのです。　（中嶋哲也）

▶5　ラトゥール，B.／川村久美子訳（2008）『虚構の近代――科学人類学は警告する』新評論。

おすすめ文献

†中嶋哲也（2010）「対抗文化としての古武道――松本学による古武道提唱と日本古武道振興会の活動を中心に」『スポーツ人類學研究』12。

†魚住孝至代表（2004）「東アジアにおける武術の交流と展開」『武道・スポーツ科学研究所年報』国際武道大学，10：354-388頁。

†魚住孝至代表（2007）「武道文化の展開――流派剣術から撃剣，近代剣道へ」『武道・スポーツ科学研究所年報』国際武道大学，13：130-164頁。

図２　復元に使用される伝書

（出典：茨城大学所蔵）

5 キリコ祭り：創られつつある民族スポーツ

キリコ祭りは，重さ約２ｔ，高さ約15mのキリコ（切子灯篭）を約100人で担ぎ舁き回る（所によっては４輪をつけ曳行する）石川県能登半島の伝統的祭りです。江戸時代の存在が確認されています。祇園信仰や夏越しの神事[1]が母体でしたが，キリコを担ぐ地区同士の威勢の競い合いの中から，今日の独特な祭礼に発展しました。

1 能登という文化

キリコ祭りは2015年に文化庁の日本遺産[2]に認定されますが，これを伝える能登半島は2011年に先進国で初めて世界農業遺産（GIAHS）に登録されました。地域主体の管理のもとに数世紀にわたり伝統的な農業技術・産業技術，里山里海，そしてキリコ祭りに代表される伝統祭礼が複合的に伝承されているというのが理由でした。現在も生きる暮らしのシステムが評価されたのでした。

能登（人口20万人）は，半島という地理的閉鎖性によって独自の文化を形成し，祭りなど多くの伝統行事が残り，民俗の宝庫と称されます。日本海の交流拠点であるところから，キリコの巨大灯籠文化が大衆娯楽的祭礼として北上し，秋田の竿燈まつりや青森のねぶた祭りを誘発したとされます[3]。夏の３カ月間，能登半島の七尾市，輪島市，珠洲市，志賀町，穴水町，能登町の３市３町の約200の地区で，約900基のキリコが登場します。キリコに明かりが灯ると，墨字や武者絵などが浮かび上がり幻想的な空間を醸し出します。意匠を凝らしたキ

図１　石崎奉灯（キリコ）祭り

（出典：筆者撮影，2016年）

▶１　祇園信仰は祇園牛頭天皇に対する信仰。元々インドで祇園精舎の守護神であったが，中国をへて日本に伝わると，陰陽道の影響で厄神となり，これに祈れば災厄を免れると広く信じられた。夏越しの神事も，夏を迎え，災厄にかからないよう茅の輪をくぐるなどする行為。

▶２　日本遺産（Japan Heritage）。文化庁によれば，日本遺産とは地域の歴史的魅力や特色を通じて日本の文化・伝統を語るストーリーを文化庁が認定するもの。有形，無形の様々な文化財群を地域が主体となって総合的に整備・活用し，国内外へ戦略的に発信することによって地域の活性化を図ることを目的としている。活性化の内容は，観光化や地域住民のアイデンティティー醸成など多岐にわたっている。

▶３　松平誠（2008）『祭りのゆくえ――都市祝祭新論』中央公論社，71-96頁。

リコが神輿を先導する明かり役として，道中，互いに練り競う様は，能登のエスニックスポーツと言えます。

2 「でか山」に見る競争意識：「創られつつある」の基盤

能登半島でおこなわれる多くの祭礼には山車（だし），山鉾（やまほこ），屋台（やたい），キリコが舁き出され，また曳き回されます。特に大地主神社の例大祭ユネスコ人類無形文化遺産の青柏祭の山車は日本最大で（高さ12m，重量20ｔ，車輪の直径2.1m），能登の方言で「でか山」と呼ばれます。

「でか山」には2つの競争意識が認められます。一つは，大きさ・豪華さの競争意識です。山車をいかに人目を引くように大きく，また見事に飾り立てて観る人（また神）の歓心をかうかの意識です。ここから，山車の上に人形を飾り付ける単層露天四輪構造の山車，下層の地山の上に上山を重ねる二層露天四輪構造の山車，さらに袖を広げた形の袖キリコ，複数の行灯を組み合わせたヨタカ・トロヤマ，無数の提灯と行灯を組み合わせたタテモンなどがつくられました。もともとは小さなご神燈であったとされる明かりから今日のすばらしさを導いたのは，人々の巨大化・豪華化の競争意識と言えます。

もう一つの競争意識は，山車を操作する巧みさの意識です。「でか山」曳行の見せ場は，狭い路地を20ｔの山車で建物すれすれに曳きまわし，曲がり角をみごとクリアする危険な回転技です。これには８mの大梃子を使います。若衆が大勢とりついて「でか山」の前輪を浮かせ，回転用の地車を入れてまわします。また，曳行中，山車をこまめに軌道修正する楔のすばやい使用も熟練を要します。「でか山」は３台出ます。操作技術の巧拙は，見ていればわかります。比較の目を持つ観客は技の評価者として，曳き手の技量向上に影響を与えます。

「でか山」は山車の巨大化・豪華化の競争意識と山車操作の巧みさの競争意識に支えられています。そして，「でか山」に限らず日本各地の同様の祭りについても，この２つの競争意識は，これまでもそしてこれからも（信仰心とともに）人々を祭りに向かわせる強い動機として在り続けることでしょう。祭りは，こうした競争意識を背景に，民族スポーツへと創られつつあると言えましょう。

3 キリコ祭りと身体技法

キリコや「でか山」を担いだり曳いたりする技術のことを身体技法と言います。マルセル・モースが創った言葉で，人の動きは生物としての制限とともに文化による制限をうけていることを言う概念です。身体の使い方は，その社会が置かれた生態的文化的特徴によって条件付けられているのです[4]。このような視点で見るとキリコを担ぐ，曳くなどの技法が，能登の農業や漁業など伝統的生業の技法とどのような関係にあるかは，興味深い問題です。　（大森重宜）

▶4　モース，M.／有地亨・山口俊夫訳（1976）『社会学と人類学Ⅱ』弘文堂，121-156頁；川田順造（2011）「ヒトの全体像を求めて――身体とモノからの発想」『年報人類学研究』１：1-57頁。

おすすめ文献

†小松和彦（1997）『祭りとイベント』小学館。
†七尾市史編纂室（2004）『新修七尾市史　13――民俗編』。
†松平誠（2008）『祭りのゆくえ――都市祝祭新論』中央公論社。

20　アジアとオセアニアの民族スポーツ・エスノグラフィー

タイのムエタイ：ギャンブル戦士

1　ムエタイとギャンブル

ムエタイは，タイの伝統的な武術であり，また近代的なスポーツでもあります。教育的な武術でありながら，しかし他方で違法なギャンブルを許容しています。ギャンブルなしには興行がおこなえないほど，賭けが興行を支えています。大都市バンコクだけではなく，村祭りのムエタイでもギャンブルが盛んです。ただし，都市でおこなわれているギャンブルと田舎でおこなわれているギャンブルは，様子が多少異なります。

バンコクでおこなわれているギャンブルは，基本的に，どちらが勝ってもよいギャンブルです。赤コーナーでも青コーナーでもどちらが勝っても，儲かればよいのです。また，ギャンブルを楽しめればよいのです。例えば，最初に，赤コーナーの選手が勝つ方に1000バーツ（約3000円）を賭けていたとしても，赤コーナーが負けそうになれば，先ほど賭けをした相手とは別のギャンブラーを探して，青コーナーに賭けます。既に赤コーナーが劣勢なので，賭ける相手は，１対１の賭け率では賭けを受けてくれません。「２対１で1000バーツの青」と賭けを提示すれば，青が勝てば，相手から1000バーツ貰うことができます。このように試合が終わるまで，何度でも相手と賭け率を変えて，ギャンブルを楽しむことができます。スムーズに勝てば儲けられますし，負けそうになっても上手く損失を防ぐことができるのです。これがバンコクで主流のムエタイギャンブルです。

一方で，タイの東北部などでよくおこなわれるのは，村やジム対抗の「賭け試合」です。これは，勝った方のチームがファイトマネーや賭け金を総取りする方式です。例えば，Ａ選手とＢ選手のファイトマネーを１万バーツとしますと，Ａ選手チームとＢ選手チームで5000バーツずつ出し合って試合を組みます。その場合，村の中やジムの仲間で5000バーツのファイトマネーを集めます。その結果，試合に挑む選手は，バンコクでおこなわれているよりも緊張感と気合いの入れ方が違うように見えます。

2　ムエタイの選手

ムエタイ選手は，田舎からファイトマネーの高いバンコクに出て来るのが一般的です。少年時代にタイの地方で頭角を現した少年は，15歳ぐらいでバンコクに主戦場を移します。選手は，バンコクのジムに所属し，ジムに寝泊まりして訓練します。

試合で稼いだファイトマネーは，ジムのオーナーに半分，選手に半分入ります。このようなオーナーと選手との関係は，ムエタイを仕事にしている以上，生涯続きます。もし，オリンピックに出て，国王から多大な報奨金をもらったとしても，半分はオーナーにわたさねばなりません。もし，映画などに出て有名になっても同じです。オーナーに子供の頃から生活の面倒を見てもらってきているので，ムエタイを辞めるまで，徒弟の関係は続くのです。

図1　ファイトマネーの高い順から試合の予定日と契約体重を試合予定表に記入する選手

（出典：筆者撮影，1999年）

図2　ムエタイジムのなごみのワンショット

（出典：筆者撮影，1999年）

3 選手の暗黙のルール

キックボクシングのルーツに当たるのがムエタイで，日本のキックボクシングやK-1によく似ています。しかし，ルールや戦法には違いが見られます。キックボクシングのインターバルは1分ですが，ムエタイの場合は，ギャンブルがおこなわれるためか，インターバルが2分間に設定されています。試合展開を見ると，1，2ラウンドは，あまり双方が攻めずに，本気で闘っているように見えません。ギャンブラーが賭ける方を見定めているからです。また，試合中に積極的な殴り合いはなかなか出ませんが，蹴り合いは，得点ポイントが高いため，3，4ラウンドによく見られます。よって，ギャンブラーは，3ラウンドで本格的なギャンブルを始めます。選手は，蹴り合いで勝てば十分で，既に勝っていると思ったら，必要以上に攻撃をしません。ムエタイは，プライドを賭けて闘うよりも，お金を稼ぐためにおこなうものなのです。ケガをせず，オーナーも選手も稼ぐためには，現役生活を長く続けなければなりません。選手は，身体を必要以上に傷めないように闘っているのです。選手は，3週間に一度ムエタイの試合にコンスタントに出場するのがプロとしての生き方だからです。

（菱田慶文）

おすすめ文献

†Kraitus, Panya (1988) *MUAYTHAI*, Asia Books.
†Delp, Christoph (2002) *Muay Thai advanced Thai Kickboxing techniques*, Frog. Ltd.
†菱田慶文（2014）『ムエタイの世界』めこん。

2 ハワイのマカヒキゲーム：ハワイアン・アイデンティティーと伝統スポーツ文化

▶1　岸野雄三編（1987）『最新スポーツ大事典』大修館書店，1229頁；寒川恒夫監修（1995）『21世紀の伝統スポーツ』大修館書店，189頁。

▶2　"Makahiki-The Hawaiian New Year," On-line article on Makahiki traditions. http: //www. kaahelehawaii.com/makahiki-the-hawaiian-new-year/（2016年8月30日閲覧）

▶3　Handy, E. S. C. (1999) *Ancient Hawaiian Civilization*, Honolulu, HI : Mutual Publishing.

おすすめ文献

†岸野雄三編（1987）『最新スポーツ大事典』大修館書店，1229頁。

†寒川恒夫監修（1995）『21世紀の伝統スポーツ』大修館書店，189頁。

†"Makahiki-The Hawaiian New Year," On-line

1 ハワイの神在月（かみありづき）のオリンピック

かつてハワイでは，作物の収穫時期に当たる10月に，一年で最大のお祭りであるマカヒキ（makahiki）が催されていました。マカヒキは「年」を意味し，豊穣の神であるロノと競技の神であるアクアパウニとマカワヒネに奉納される祭りでした。１カ月に及ぶ祭り期間中はハワイ全土から部族の首長が集い，すべての日常の活動が休止しました。儀礼と饗宴が続き，そしてスポーツが盛んにおこなわれました。スポーツは，10月から翌２月まで続いたという報告もありますが，この間は戦争も禁止されたために，近頃では古代オリンピックになぞらえてハワイアン・オリンピック（Hawaiian Olympics）などと呼ぶこともあります。ボクシング，相撲，競走，坂をスケルトンのように滑走する競技やマイカ競技など，現在では見かけられないような競技を含めて様々な競技がおこなわれました。たとえばマイカ競技とは手で握れる大きさの石製円盤あるいは石球を地面に転がし，最長距離を競ったり，30-40m先の門をうまくくぐらせるものでした。[1]

2 王の身体試練

新年祭をも意味するマカヒキには，もう一つ大きな目的がありました。それは，王の体力を確認することです。マカヒキの最終日に王は，いったん海にカヌーで出て再び上陸することになります。そこで，彼は，自身に向けて自国戦士たちが投げ付ける槍を素手でつかみ取り，体力の衰えがないことを示さねばなりませんでした。[2] 当時，王は受肉神すなわち大宇宙の代理者として小宇宙たる王国の統治を認められていると考えられていました。そのため，王の力が旺盛なうちは王国も栄えますが，衰えると王国も弱くなる，つまり王の力は王国のバロメーターであり，そのため年が改まる時に王の力を測り，弱さが現れると強い王に代わってもらう必要があったのです。マカヒキは王国全体の安定を保証する重要な意味空間だったのです。[3]

図1　Haka Moa

（出典：筆者撮影）

3 現代のマカヒキゲーム

図2 huki huki

（出典：筆者撮影）

ところで，現在のハワイにおいてもマカヒキゲームと呼ばれるイベントがおこなわれますが，これは古代の行事をイメージしてリバイバルしたものです。有名なものとしてはモロカイ島のモロカイマカヒキイベント（Molokai Makahiki event）がありますが，その他にもハワイ諸島の様々な所でマカヒキと呼ばれるイベントが開催されており，例えばオアフ島でも現地の学校主催でマカヒキイベントがおこなわれています。

モロカイマカヒキイベントは1981年からおこなわれており，モロカイの歴史的遺産を知り，護り，伝統を共有しようとする目的を持っています。また，オアフ島の事例では，これに教育の文脈が加わり，ハワイ独自の言語や地域文化を子供たちに教え，ハワイ文化の重要性を理解させる空間として利用されています。総じてマカヒキのイベントには共通して地元の芸術家や工芸家が集い，現地のアートも含めて「身体」を通してハワイ文化を体験することが尊重されています。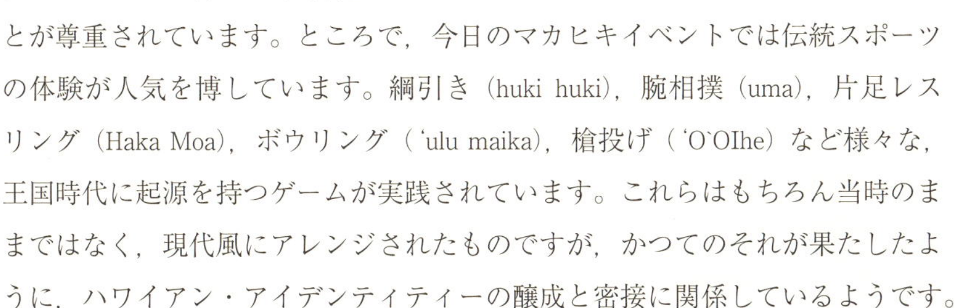ところで，今日のマカヒキイベントでは伝統スポーツの体験が人気を博しています。綱引き（huki huki），腕相撲（uma），片足レスリング（Haka Moa），ボウリング（ʻulu maika），槍投げ（ʻOʻOIhe）など様々な，王国時代に起源を持つゲームが実践されています。これらはもちろん当時のままではなく，現代風にアレンジされたものですが，かつてのそれが果たしたように，ハワイアン・アイデンティティーの醸成と密接に関係しているようです。

article on Makahiki traditions. http: //www. kaahelehawaii.com/makahiki-the-hawaiian-new-year/（2016年８月30日閲覧）

†Handy, E. S. C.（1999）*Ancient Hawaiian Civilization*, Honolulu, HI：Mutual Publishing.

4 リバイバルした古代のゲームに求められる役割と機能

現代のマカヒキは，モロカイでもオアフでも，単なる地域のイベントではなく，古代に由来する儀礼的要素を含み，古代世界とつながるためのスピリチュアルな演出もなされています。このイベントは終始，古代より脈々とつながる「ハワイ」という島文化，そのアイデンティティーを意識しながら展開されているのです。現在，ご存知のようにハワイ諸島はアメリカ合衆国の州であり，しかし他方で文化的にはポリネシア文化（南太平洋東部に散在する大小数千の島々に共有される島嶼文化）に属しています。彼らはアメリカ人とポリネシア人というアイデンティティーを既に持ちますが，その核にありながら薄れゆく「ハワイ人意識」を強化する狙いがこのイベントに共通しているようです。観光文脈にありながら，「ハワイアン・アイデンティティー」の醸成装置としてマカヒキイベントは古代と変わらず現代においても機能しています。（瀬戸邦弘）

図3 マカヒキゲームズ

（出典：筆者撮影）

3 ペンテ・コスト島のバンジージャンプ

1 バンジージャンプの起源

バンジージャンプはニュージーランド出身のアラン・ジョン・ハケット（A. J. Hackett）という人物によって考案されましたが，そのモデルはペンテ・コスト島でおこなわれる「ナゴル（Nagol）」という儀礼であるとされています。ペンテ・コスト島は南太平洋のメラネシア地域に位置するヴァヌアツ共和国を構成する島の一つです。1980年にイギリス連邦加盟の共和国として独立するまでイギリスとフランスの共同統治領でした。

さて，ナゴルとはいったいどんな儀礼なのでしょうか。バンジージャンプと違い，ナゴルでは釘やワイヤーを使用せずに作られたやぐらの上から，男たちが地面に向かって飛び込みます（図１）。1955年の『ナショナル・ジオグラフィック』に掲載された記事には，やぐらの高さは地面から約20m，着地点からは約24mだったとあります。[1] やぐらにはいくつかの踏み板が設置されていて，年齢や実力によって飛び込む高さを選べるようになっています。ジャンパーの身を守るのは足首に巻いたツル紐だけです。地面はあらかじめ柔らかく掘り返されていますが，飛び込み台が破損した場合や，ツル紐の長さを間違えれば，命を落とす危険もあります。

▷1　Johnson, I. and Johnson, E. (1955) "South's Seas Incredible Land Divers," *National Geographic Magazine*, January 1955 : 77-92.

図１　ペンテ・コスト島のナゴル儀礼

（出典：E. エバンズ＝プリチャード シリーズ総監修／梅棹忠夫・日本語版総監修／畑中幸子 第１巻監修『世界の民族１ オーストラリア・ニューギニア・メラネシア』平凡社，125頁）

2 ナゴル儀礼

ナゴルはペンテ・コスト島における「通過儀礼（成人儀礼）[2]」の一つと説明されることもありますが，これは正確ではありません。ナゴルの始まりについては今のところ２つの説が確認されています。一つはある夫婦の伝説に基づくとする説で，暴力的な夫から逃れようとした妻が，登ったヤシの木から飛び降りました。夫もそれに続いて飛び降りました。しかし，妻はツル紐を足首に巻き付けていたため助かり，それを知らずに飛び降りた夫は死にました。もう一つは豊作を祈願する農耕儀礼であったとする説で，ペンテ・コストの主食であるヤムイモの作柄を飛び込みの成功によって占ったと言います。実際に今でも，ナゴル儀礼はヤムイモの収穫が終わる4月から5月にかけておこなわれています。その年のヤムイモの収穫に感謝し，翌年の豊作を祈願するのです。そして，もし見事に飛び込みが成功すれば，豊作は約束されたようなものです。

このようなナゴルを一目見ようと，儀礼の時期ともなれば首都のポートヴィラでパッケージツアーが組まれ，多くの外国人観光客がそれに参加します。

3 観光と伝統の創造

ペンテ・コスト島のあるメラネシア地域は「秘境観光」の地として，普通の旅行では物足りない外国人観光客を満足させてきました。カニバリズム（食人慣行）に代表される恐ろしい未開のイメージは今も観光の中で再生産され続けています。こうした中，恐怖とスリルを感じさせるナゴルもまた秘境観光に相応しい観光資源かもしれません。しかし，今ではペンテ・コスト島の様々な場所でおこなわれるナゴルも，1950年頃までは島の一部の地域のみでおこなわれているに過ぎませんでした[3]。また，先ほどの『ナショナル・ジオグラフィック』を見ると，儀礼にTシャツや半ズボン姿で参加する島民の姿が見えます。男性はペニスラッパーだけ，女性は腰スカートだけを纏う伝統的なスタイルの現在と比べて，観光文化としての洗練さはそこにありません。

図2　映画『カンニバル・ツアーズ』
オーストラリアの映像作家であるデニス・オルーク（Dennnis O'rourke）が撮った作品。映画は欧米からの観光客がパプアニューギニアのセピック川流域をクルージングして周る様子を描いている。秘境観光を盛り上げる未開のイメージが映像によって再生産される。ペンテ・コスト島のナゴル見学ツアーもこうした秘境観光の側面を残しながら，外国人の未開イメージを満足させる観光名物となっている。

観光は時に伝統を創造します[4]。一方，儀礼の在り方は時とともに変容します。観光客は過去から連綿と続く伝統的な儀礼を観たいと考えます。しかし，観光客を迎える現地の人々は今を生きています。ナゴルで踊る女性のダンサーの中には，伝統的な衣装で胸を隠さず踊ることに抵抗を覚える人がいます。彼らもまた観光客と変わらぬ時代の人々なのです。しかし，観光資源であるために，ペンテ・コスト島民はナゴルを伝統化し，伝統儀礼に相応しい振る舞いを続ける必要があります。ナゴルで起きているこうした観光化のパラドクスはあらゆる他の観光地で起きている文化問題だと言えます。バンジージャンプの起源は，観光化社会における伝統文化とはなにかを考えるきっかけを与えてくれます。

（小木曽航平）

▶2　通過儀礼は，人類学者のファン・ヘネップ（A. van Gennep）によって提唱され，広く知られるようになった概念。多くの社会で成人式や結婚式など人生の節目におこなわれる儀礼が大事とされる。人生の節目で執りおこなわれるこうした儀礼を，当事者は課される条件を満たしながら通過し，新しい役割や身分を獲得していく。

▶3　Cheer, J. M., Reeves, K. J. and Laing, J. H. (2013) "Tourism and Traditional Culture : Land Diving in Vanuatu," *Annals of Tourism Research*, 43 : 435-455.

▶4　伝統の創造については，E. ホブズボウムの『創られた伝統』（前川啓治・梶原景昭ほか訳，紀伊國屋書店，1992年）を参照。「伝統」とみなされるものでも，ここ数十年，数百年のうちに発明されたものも多くある。

おすすめ文献

†白川千尋（2010）「【コラム5】バンジージャンプの原型」吉岡政德・石森大知編『南太平洋を知るための58章 メラネシア ポリネシア』明石書店，141-143頁。
†カル・ミュラー（1978）「ペンテコスト島民」E. エバンズ＝プリチャード シリーズ総監修／梅棹忠夫・日本語版総監修／畑中幸子第1巻監修『世界の民族1 オーストラリア・ニューギニア・メラネシア』平凡社，122-127頁。
†山下晋司（2009）『観光人類学の挑戦――「新しい地球」の生き方』講談社。

韓国のブランコ

1 ブランコは韓国女性の代表的民族スポーツ

ブランコのことを韓国語でクネー，ブランコ乗りのことをクネータギと言い，また漢字で鞦韆と書きます。韓国の女性にとってブランコ乗りは，旧暦5月5日におこなう端午祭のもっともはなやかで欠かせない伝統スポーツです。韓国で生まれ育った女性ならば，誰もが，一度や二度は経験する女性の代表的民族スポーツです。端午の日が近付くと，村の青年たちは綱の材料の稲藁を集め，綱を作ります。それから裏山や村はずれにある自然の大木の太い枝に綱をかけます。

ブランコの綱の長さは，ふつう身長の4－5倍あまりで，ブランコの板の踏み台には，足をすべらせないように，足の甲を押さえる帯が取り付けてあります。また綱には手ごろなところに手首を通す帯ひもがゆわえてあります。乗り手の安全を保ち，安心して力いっぱいブランコが漕げるように，万全を期しているのです。

ブランコ乗りは簡単に見えて，しかし長い綱のブランコを乗りこなすには，なかなかの技が求められます。ブランコ乗りは，美しい姿勢で高く飛ぶのがいいとされますが，これがむずかしいのです。ある地方では，一人乗りと二人乗りで技を競います。二人乗りでは，二人が向かい合って同じ踏み台に乗って漕ぎます。また，たいていの地方のブランコでは，まわりの女性たちが鞦韆歌を歌いながら踊って，祭りの雰囲気を高揚させます。

端午祭のブランコ乗りは本格的な夏の始まりを告げます。この時期は太陽の力が強くなり，稲の生長も旺盛になります。カラフルな朝鮮服を着た女性たちが力強く青空に高く舞い上がる行為には，豊穣を祈願する儀礼的な意味が込められています。つまり，陰を代表する女性が陽を象徴するブランコに乗り，ゆすることは性の結合を象徴的に表しているのです。

2 宮廷の遊びから民間の豊穣儀礼へ

ブランコの由来は定かではありませんが，三国時代（4－7世紀）に中国から伝わったようです。『高麗史』に「端午有鞦韆之戯……」などと見え，高麗時代（10-14世紀）の半ばから末にかけて盛んにおこなわれました。

宮中では，文献記録によると，高麗時代の末から朝鮮時代（14-20世紀）の半ばにかけて婦女子に人気がありました。しかし，それ以後は宮中ではしだいに廃れ始め，以後民間にその風習が伝わりました。朝鮮時代の主な産業は農業でした。当時はまだ今日ほど農業技術は発達せず，大自然の力によって豊凶が左右されることが多くありました。そのため，一年の豊作を祈願する意味を込めて，ブランコが端午の時におこなわれたと思われます。民間に伝わってからは男もブランコを楽しむようになりましたが，もともと女性の遊びなので，今でも女性中心の民族スポーツとして流行っています。

3 ブランコの近代化

村山智順の『朝鮮の郷土娯楽』（1931年）によると，20世紀の初め頃まではブランコは朝鮮半島の全域でおこなわれていました。そしてその時期は，たいていが端午の季節でしたが，秋夕（日本のお盆）や小正月にもおこなう所がありました。一方，近代化にともなってブランコの伝統的意味合いはしだいに廃れ，競技化していきます。

今では，都市や町や村などがブランコの競技大会を開き，賞や賞品を贈ることが多くなりました。競技方法は高さを競うもので，踏み板の下に，目盛りをつけたひもを結び付け，ブランコが高くあがるとそのひもがひっぱられ，飛行距離がわかるようになっています。同じ距離の場合は，その姿勢が審査されますが，ふつうは飛距離で順位が決まります。

競技用には太い柱四本を地面に埋め，上を丸太でつなぎ，そこから長い綱を下げます。綱の材料も，かつては藁でしたが，今ではロープを用います。また地方によっては，柱の周りに方位を象徴する５色の布，つまり東に青，西に白，南に赤，北に黒，中央に黄のはなやかな布を飾り付け，ブランコ場が単なる遊びの場ではなく，五穀豊穣を祈願する意味が込められた道教的小宇宙であることを表すようにした所もあります。

端午祭で有名なカンヌン（江陵）では，毎年大きなブランコ大会が開かれてきました（図１参照）。参加者が多い大会だけあって，みごとな乗り手も大勢いますが，もちろん中には昔の女性のようにうまく乗りこなせない人もいます。この江陵端午祭が2006年にユネスコの人類無形文化遺産に登録されました。その結果，大勢の観光客の注目を集めるようになり，ブランコ競技大会も観光客を意識して様々な工夫が施されるようになりました。江陵に代表されるように，今日のブランコは村や町のただの年中行事ではなく，祭りに組み込まれた観光の目玉として見世物化され，伝承されているのが現状です。（李承洙）

図１ カンヌン（江陵）端午祭（2016年）

（出典：筆者撮影）

おすすめ文献

†金両基（1976）『朝鮮の芸能』岩崎美術社。
†金光彦（2004）『東アジアの遊戯（동아시아의 놀이）』民俗苑（韓国語）。
†村山智順（1931）『朝鮮の郷土娯楽』朝鮮総督府。

台湾原住民族スポーツ大会

1 台湾社会と台湾人アイデンティティー

台湾は17世紀後半以降，中国大陸からの漢民族の移住・開拓によって少数先住民をうちに含む漢民族優勢社会の形成が進みながらも，多くの民族からなる多様な言語・文化を持つ地域でした。

1895年から約半世紀に亘った日本統治下では日本への同化・皇民化政策が進められ，1945年からは，中国大陸から来た国府（中華民国政府）による中華文化を基にした中国化政策によって「一言語・一文化・一民族」とみなされ，台湾人としての意識は厳しく制限されていました。

1980年代半ばからの民主化，自由化の進展によって，住民の間に広く「台湾意識」が醸成されるようになります。1990年代にいたると「中国」との異質性，すなわち台湾の独自性を強調する台湾本土意識の高まりの中で，失われた自らのエスニック集団の文化を取り戻そうとする動きが現れ，4大エスニック集団[1]それぞれでアイデンティティーの模索が始まりました。

このような社会趨勢の中で，台湾のもっとも古い住民である原住民族[2]の存在に社会の関心が集まるようになり，このまなざしは原住民族自身における民族意識の覚醒から，社会的地位の向上と文化，民族アイデンティティーの再確認へとつながっていきました[3]。

今日では，台湾文化とは完全な中華文化ではなく，漢民族と台湾原住民[4]のそれぞれの文化から成るハイブリットな文化であることが主張されるようになっています。

2 台湾と台湾原住民族

台湾原住民族とは中国大陸から漢民族系が移住してくる以前から台湾島およびその周辺の島嶼部に居住していたオーストロネシア系先住民の総称です。

台湾原住民族はもともとインドネシア・フィリピン方面から渡来してきたとされ，多くの民族に分かれ，それぞれが独自の文化を形成してきました。他方で，漢民族が増加した18世紀から19世紀には平地に住んで漢化する集団も現れ，また1895年から約半世紀に及んだ日本統治下では「日本人」，1945年からは国府の下で「中国人」として生きるよう強要されるなど，アイデンティティーの危機に見舞われ続けてきたと言えます。

▶1　現代台湾のエスニシティーを表す言葉に族群（ethnic group）がある。1945年（台湾光復，祖国復帰）までに台湾に定住していた人々（そしてその子孫）である本省人と，その後に中国大陸から移り住んだ人々である外省人に二分されるが，さらに本省人は中国大陸の福建省南部を出身地とする閩南人（びんなん）（福佬人とも言う）と，広東省を出身地とする客家人（はっか）があり，それぞれ言語を含め独特の文化的特徴を持っている。外省人，閩南人，客家人，原住民族，これらを「四大族群」と呼ぶ。

▶2　先住民の呼称について中華圏では「少数民族」，日本語では「先住民族」が一般的だが，台湾では「原住民族」と称する。台湾の公用語（いわゆる北京語）では「先住民」には「すでに滅んでしまった民」の語意があるため，「もともとの住民」を意味して差別感を含まない新語「原住民」を選び自称した。そして，10年間にわたる原住民運動（先住民としての民族自覚，権利回復運動）の成果により，憲法に公式名称として採用された。

▶3　日本順益台湾原住民研究会編（1998）『台湾原住民研究への招待』風響社。

▶4　山本春樹・ポイツォヌ，パスヤ・黄智慧・下村作次郎編（2004）『台湾原住民族の現在』草風館。

2016年５月現在，原住民族の人口は約53万人で台湾の総人口の約２％を占め，政府に公認された原住民族は16族となっています。

台湾本土意識の高まりの中で，原住民自身もそれまでの台湾社会に埋没していた存在から，自らを表象すること，自らの歴史や文化を外部へ発信することを盛んにおこなうようになりました。台湾原住民族スポーツ大会もその一つです。

3 全国原住民族運動会の始まり

全国原住民族運動会のさきがけとされる「台湾省原住民運動会」は，行政院体育委員会と同原住民族委員会[5]の企画立案により，桃園県が主管して1999年に開催されました。成功裏に終えたことを受けて，行政院体育委員会はこの大会の正式名称を「中華民國○○年全國原住民運動會[6]」として，２年毎の開催を決めました。実施競技は台湾において盛んな国際スポーツのほか，原住民族の伝統文化と競技性を融合させた民族スポーツ（伝統舞踊，伝統相撲，俵担ぎリレー，丸太切り競争，伝統綱引など）も採用されています[7]。大会の参加資格は中華民国国籍を有する原住民族であり，直轄市と県ごとのチーム編成となっています。なお，これとは別に直轄市や県市郷などの様々なレベルでの原住民族スポーツ大会が台湾各地で開催されています。　　（渡邉昌史）

図１　丸太切り競争（2009年）

（出典：筆者撮影）

図２　伝統弓射（2009年）

（出典：筆者撮影）

▶5　1996年には中央政府の行政院（日本の内閣に相当）に国家予算に基づいて福祉，教育，文化振興などの原住民族行政を担う専門部局「原住民委員会」（のちに原住民族委員会と改称）が設置された。

▶6　○○には民国紀元年が入る。中華民国が成立した1912年を元年とする紀年法。

▶7　渡邉昌史（2015）「台湾原住民スポーツ大会」『21世紀スポーツ大事典』大修館書店，625-628頁；瀬戸邦弘・遠藤麻美・杉江陽輔ほか（2009）「台湾における民族スポーツ調査報告」『スポーツ人類學研究』10-11：59-68頁。

おすすめ文献

†渡邉昌史（2012）『身体に託された記憶――台湾原住民の土俵をもつ相撲』明和出版。

†渡邉昌史（2013）「台湾原住民族の『土俵』をもつ相撲――伝統文化における本質主義と異種混淆性」『台湾原住民族の音楽と文化』草風館。

†WATANABE, Masashi (2006) "Identity seen in the Acculturation of Sumo done by Native Taiwanese, Chihpen Puyuma," *International Journal of Sport and Health Science*, Vol. 4 Special Issue 2006：110-124.

21　ヨーロッパとアフリカの民族スポーツ・エスノグラフィー

スコットランドのハイランドゲーム

1 村のスポーツ競技会

スコットランドでは毎年6月から9月にかけて，100カ所以上の村でハイランドゲームと呼ばれるスポーツ競技会が開催されます[1]。ハイランドとは，スコットランド北西部の山がちな地域のことですが，現在では南東部に広がるローランドも含め，スコットランド全域で目にすることができます。当日は競技会場の近くに仮設の遊園地が建てられたり，村祭りさながらに出店が並んだりもします。バグパイプの音色が演出する非日常の雰囲気に，どの村でも夏の恒例行事として，老若男女を問わず集い，陸上競技やダンス，そしてスコットランドに伝わる様々な伝統競技に興じます。中でも，ブレイマーという村にある王室所有のバルモラル城のハイランドゲームは，ヴィクトリア女王以来，国王が主催する競技会として多くのスコットランド人が見物に訪れます[2]。

▶1　英語では Highland games あるいは Highland gathering という名称が一般的。

▶2　1852年にヴィクトリア女王はバルモラル城を購入，1866年からは正式にブレイマーハイランドゲームのパトロンとなる。

2 かすむスコットランドの伝統文化

グレートブリテン島の北部を占めるスコットランドは，かつてゲール語を話すケルト系の諸部族が，独自の国王によって統治される独立国でした。しかしながら，古くから力に勝る隣国イングランドにその国権を脅かされ，伝統文化が禁じられることも珍しくありませんでした。スコットランドの歴史はイングランドからの独立を死守し，自らの文化の命脈を繋ぐための抵抗の歴史でもあったのです。ところが，1707年に，やむなくイングランドとの合邦を受諾したことで，以来「グレートブリテン島および北アイルランド連合王国」の一部となっています。とは言え，今なお法律や教育制度，あるいは通貨や切手などもイングランドとは異なる独自のものを有するように，必ずしも連合王国（イギリス）の一部である現状に甘んじているわけでもありません。時として湧き上がるエスニシティーの高揚に，しばしば連合王国からの離脱を諮る国民投票を挙行することさえあります[3]。そんな歴史の中で培われた，スコットランド人たちの独立国家への憧憬や，伝統文化への郷愁を知ることなしに，スコットランド人がハイランドゲームに寄せる思いは理解できないでしょう。

▶3　2014年9月にもスコットランドで独立のための住民投票がおこなわれたが，反対票が55％を占め否決された。

3 キルトを着た大男による力比べ

村ごとに種目は異なりますが，どこでも一様にメイン競技として注目を集めるのが，重量競技（heavy event）と呼ばれる力比べです。伝統衣装とされるキルトの着用が，ハイランドゲーム協会により参加条件として定められていることからも，この競技に寄せるスコットランド人の期待や自負がうかがい知れます。キルトとは，タータン柄のスカートのことで，氏族ごとに模様が定められ，人々は自分の家系に伝わるとされる模様のキルトを身にまとい参加します。◁4

とは言え，並外れた力や技が必要な重量競技は，誰でも参加できるものではありません。限られた大男たちが，各大会を転々と回りながら，その力を誇示するかのように競い合っているため，一般的なスコットランド人にとっては，むしろ，見て楽しむ特別な催しのようになります。以下にどこでも見られる特徴的な重量競技を紹介します。

(1) 丸太投げ：4－6ｍほどある丸太を投げ上げ，距離ではなく，倒れる丸太の先端が指す角度を競います。

(2) ハンマー投げ：木の棒に鉄球がつけられたハンマーを，全身で大きく振り回して投げ，その距離を競うものです。現在の陸上競技のハンマー投げのように選手は回転せず，スパイクで体を地面に固定させ腕で回転させます。

(3) ウエイト投げ：ハンドルをつけた石や金属を投げ，距離や高さを競います。

(4) レスリング：向かい合った２人が互いに相手の背中に回して組んだ手を離さずに，投げて倒します。

ここに挙げた４つの重量競技以外にも，各村に独自の伝統として伝えられている力比べも少なくありません。他に，女子を中心にハイランドダンスコンテストもハイランドゲームに欠かせないイベントとなっています。

4 スポーツ競技会が象徴するもの

ハイランドゲームは単なるスポーツ競技会という枠を超え，スコットランドの多彩な文化を一堂に堪能できる祝祭のようでさえあります。隣国イングランドの莫大な文化的影響力の前に，時とともに薄れつつあるスコットランドの伝統文化に満ち溢れるハイランドゲームは，スコットランド人にとって自らの文化の健在ぶりを力強く裏打ちしてくれる空間を構築しているかのようです。

イギリスのロイヤルファミリーもまた，自らが主催するハイランドゲームでは，スコットランドに敬意を表するかのようにキルトを着用して現れます。スコットランド人たちは，その光景に伝統文化への郷愁や自負，王室への好感を一段と募らせます。ひょっとすると，王室にしてみれば，しばしばイギリスからの離脱さえ主張してやまないスコットランド人のそんな感性に巧みに訴えることで，王室への潜在的な支持を確かなものにしようとしているのかもしれません。小さな村のスポーツ競技会も，当事者たちの社会文化的コンテンツを丁寧に読み解くことで，それが象徴する様々な意味に近付くことができるのです。

（木内　明）

▶4　現在ではタータン模様のキルトが古代ケルト文化からの伝統であることは否定されている。Hobsbawm, Eric and Ranger, Terence eds. (1983) *The Invention of Tradition*, Cambridge University Press（＝1992，前川啓治・梶原景昭ほか訳『創られた伝統』紀伊國屋書店）.

おすすめ文献

†エリック・ホブズボウム，テレンス・レンジャー編／前川啓治・梶原景昭ほか訳（1992）『創られた伝統』紀伊國屋書店。
†高橋哲雄（2004）『スコットランド 歴史を歩く』岩波書店。
†ベネディクト・アンダーソン／白石さや訳（1997）『増補　想像の共同体――ナショナリズムの起源と流行』NTT 出版。

スウェーデン・ゴトランド島のストンガスペレン

▶1 「Gutnisk idrott」を逐語訳すると「ゴトランドのスポーツ」となるが，この範疇には国際スポーツが含まれることはなく，島の伝統的なスポーツ全般を指すのが常である。

▶2 ゴトランド五種競技は，(1)徒競走，(2)ヴァルパ，(3)走り高跳び，(4)棒投げ，(5)レスリングの５種類の種目で競われる。レスリングはカンバーランドスタイルで，足をすくって相手を倒すことは禁止されている。

▶3 ギルマイスター，ハイナー／稲垣正浩・奈良重幸・船井廣則訳(1993)『テニスの文化史』大修館書店。

図１　ペルク

（出典：筆者撮影，2000年）

図２　ヴァルパ

（出典：筆者撮影，2000年）

1　スウェーデンのゴトランド島

ゴトランド（Gotland）はスウェーデン王国（Konungariket Sveriga，以下「スウェーデン」）に属する同国最大の島で，首都ストックホルムより約200km南方，バルト海中央に位置します。その地理的条件により古くはヴァイキングの活動拠点として，また北欧中世にはハンザ同盟の商業貿易の拠点として東西を繋ぎ，多様な文化が混淆する独特な文化を育んできました。歴史的にはデンマーク，ドイツ，ロシア，バルト三国などの周辺諸国との交流が深く，島の文化もスウェーデン本土とは異質の融合形態を見せ，県庁所在地であるヴィスビュー（Visby）は1995年にユネスコの世界遺産に登録されています。島民は自らを“ゴトランド人”を意味するギューター（Gutar）と呼称し，彼らが独自性を主張するゴトランド民族スポーツ（Gutnisk idrott）[1]もそうした独特な文化的背景の下に育まれ，ゴトランド方言（Gutamål）とともにゴトランドのエスニシティーを形作る要素の一つとみなされています。

2　ゴトランドのストンガスペレン

スウェーデンの民族スポーツの大半がゴトランド島に集中していると言われ，それらを集約した民族スポーツ大会「ストンガスペレン（Stångaspelen）」が，1924年より第２次世界大戦の中断期間を除き，毎年７月上旬に開催されています。ストンガ（Stånga）は，県庁所在地であるヴィスビューの南方50kmほどにある人口600人程度の閑静な農村で，大会開催期間中にはその４倍以上の競技参加者や観客がこの地を訪れ，一時の賑わいを見せます。大会が催される11万5000㎡の広大な敷地は，フットボールのグラウンドが19面もとれるほどの広さがあります。ここでおこなわれる主要競技はペルク（pärk），ヴァルパ（varpa），棒投げ（stångstötning）で，その他にゴトランド五種競技[2]（Gutnisk femkamp）や娯楽的な要素の強い伝統的な遊戯がおこなわれます。

ペルクは球戯の一種で，スウェーデン本土や他の北欧諸国には見られない，唯一ゴトランドでおこなわれる競技です（図１）。その歴史は古く，13世紀末頃にオランダ北部のフリースラントから伝来したとされ，テニスの先行形態と目されています[3]。境界線を挟んで配置された１チーム７人から成る２チームが，固く巻いた毛糸を羊のなめし皮で包んだボールを打ち合います。ワンバウンドもしくはノーバウンドのボールを手の平で打ち返したり，回数に制限はありますが足で蹴り返したりします。ペルクという名称は，攻撃側のサーバーがサーブを打ち込む，防御側の陣地に設置された4本の木の棒で囲まれた205×70cmの領域「ペルケン（pärken）」に由来します。ペルクにはバックペルク（bakpärk）とフラムペルク（frampärk）と呼ぶ2種類の競技があります。

ヴァルパは，一定の距離を設けて地面に挿した棒杭めがけて直径20cmほどのアルミニウム製の金属盤を，下手から投擲する的当て競技です（図2）。元は石の平盤を投げたもので，ヴァイキングの生活の中から生まれたとする説が有力のようです。競技にはクールカストニング（kulkastning）とセンチメーターカストニング（centimeterkastning）の2種類があります。クールカストニングは杭にもっとも近い地点にヴァルパを投じた競技者がポイントを獲得し，1セット12ポイントを競う3セットマッチです。後から投擲する競技者が，先に投じられたヴァルパを弾き飛ばすことも許されています。センチメーターカストニングでは，一投ごとに杭までの距離を測り，その総計を競います。

ゴトランドの棒投げは，同様の競技がスコットランドでもケイバー投げ（Tossing the caber）としておこなわれており，かつて2つの地域の間でなんらかの交流があったと考えられています。1960年代から1981年までは双方の競技者が互いの競技会に行き来して交流が図られていましたが，今日では途絶えています。ゴトランドでも，ケイバー投げのように両手の平に垂直に支持した丸太を下から上に投じますが（図3），スコットランドのものが丸太の倒れた角度を競うのとは異なり，その飛距離を競います。[4]

3 ゴトランド民族スポーツとエスニシティー

人々は民族スポーツの中に身を置くことで，そこに刻印された文化コードを内面化します。[5] ゴトランド島民にとっては，古来より伝統的に受け継がれてきたこれらのスポーツが自らの歴史を証明するものであり，その実践を通して人々は同じ文化のコンテクストに生きているということを確認します。つまりストンガスペレンは，人々が「ゴトランド島民」として結束するための文化装置の機能を果たしていると言えます。中世におけるバルト海交易では，ゴトランド島に原住する農民商人が活躍し，彼らはスウェーデン本土からは独立した存在でした。島の中心都市ヴィスビューが衰退し，政治的・経済的な圧力により本土のシステムに組み込まれる以前におこなわれていた民族スポーツを自らの文化的アイデンティティーの根拠とし，「ゴトランドのナショナルスポーツ（Gotlands nationallidrott）」であると語るその心性にゴトランド島民の価値観や独自の歴史認識が反映されていると考えられます。これはスウェーデン本土に居住する人たちとは異なる感性であり，まさにゴトランド・エスニシティーと呼べるものです。

（幸喜　健）

図3　棒投げ

（出典：筆者撮影，2000年）

▶4　早稲田大学スポーツ人類学研究室（2001）「スウェーデン・ゴトランド島の民族スポーツ大会『ストンガスペレン（Stångaspelen）』調査報告」『スポーツ人類學研究』3：63-72頁。

▶5　寒川恒夫（1998）「スポーツとエスニシティ」『体育の科学』48-3：180-183頁。

おすすめ文献

†青柳まちこ編／監訳（1996）『「エスニック」とは何か――エスニシティ基本論文選』新泉社。
†宮永國子（2000）『グローバル化とアイデンティティ』世界思想社。
†幸喜健（2005）「ゴトランド民族スポーツに関わる組織の変遷」『スポーツ人類學研究』6：45-69頁。

イタリアのカルチョ

1 芸術の都に華ひらいた過激なスポーツ

16世紀にルネサンスの舞台となった芸術の都，イタリアのフィレンツェ。旧市街地に佇む教会の前の広場は，普段は散歩や雑談を楽しむ人々がのんびりと過ごす場所です。この穏やかな広場は，毎年６月になると，ラグビーと格闘技の要素を併せ持つような伝統スポーツ，「歴史的サッカー／フィレンツェのサッカー（calcio storicod/calcio fiorentino）」の決戦の場となります。

このフィレンツェのカルチョが初めて報告されたのは，1460年代頃に書かれたとされる歌で，そこには荒々しいボールゲームの様子が描かれています。古代ギリシャ，ローマ時代の「足球（ハルパストウム）」と呼ばれる兵士たちの訓練であったとの説は，ルネサンスにあっても闘争心むき出しに闘う姿を勇ましいと称賛されることにつながっていました。15世紀のフィレンツェの若者たちを魅了していったことは，街のいたる所で盛んにこのゲームをしていたという報告や当時の歌，図版などが物語っています。また，この時代には貴族階級たちをもとりこにする，華美な様式を取り入れた観戦スポーツとして人々を魅了しました（図１）。

2 我がチーム／我がコントラーダの名誉にかけて

図１　1688年のサンタ・クローチェ広場での試合の様子。既にこの時代，ユニフォームやポジションなどが登場していたことがわかる

（出典：著者不明 https://commons.wikimedia.org/wiki/Category:Piazza_Santa_Croce#/media/より引用（2016年４月１日閲覧））

現在のカルチョは1930年に復活されたものです。６月のフィレンツェの守護神の祝日に決勝がおこなわれますが，それに先立ち予選がおこなわれます。参加チームは，周辺の４地区で，それぞれ青，白，赤，緑というチームカラーを持っています。

イタリアの行政区に「コントラーダ」と呼ばれる「地区」があります。フィレンツェの旧市街地に古くから暮らす人々にとって，コントラーダは自らが生まれ育ったいわば「故郷」であり，人々は強い愛着を抱いています。幼児洗礼を教会で受ける際，そのコントラーダの一員の証であるスカーフを譲り受けます。その後の人生の節目節目は，コントラーダの人々と喜びを分かち合います。フィレンツェでは，同じ地区で生まれ育った仲間と声援を送り喜怒哀楽を共有する毎年繰り広げられるカルチョこそが，コントラーダ・メンバーであることを再確認する時空間になっています。

選手たちは自らのコントラーダの誇りをかけて闘い，コントラーダの住民らの応援も選手たちの熱闘に負けじと劣らぬ闘志が込められたもので，時として他地区の住民と場外乱闘が起こることもあります。

3 広場が「熱闘スタジアム」へ

図2は，普段のサンタ・クローチェ広場の様子です。人々は午後のひと時をのんびりと過ごしています。しかし，ひとたびカルチョの時がくると，その光景は一変します。ダンプカーで運びこまれた何十ｔもの砂を石畳の上に敷き詰め，広場を囲むように簡易スタンドが設置されます。コントラーダごとに結成された鼓笛隊を旗振りたちが先導して街中を練り歩きます。決戦の知らせは，町全体の興奮を最高にまで高揚させます。

ひとたびゲームが始まると，そこは男たちの格闘の世界が展開されます。ボールがないところでも，相手のプレーヤーと組み合って殴ったり蹴ったり，押さえ付ける光景がいたるところで見られます。その激しさゆえに，試合終了時には互いのユニフォームはズタズタになるか，上半身はもはや裸の状態になるほどの攻防戦が繰り広げられます。1チームは27人，主審1名，副審6名，フィールドマスター1名によってゲームが展開されます。試合は50分間おこなわれ，横50m，縦100mのフィールドの両サイドをゴールとし，時間内に入れたゴール数を競います。[1]

近年には，試合中の暴力行為があまりに激しく，そのため中断せざるを得ない事態が発生しています。試合前からの抑えきれない興奮が乱闘騒ぎと化すことが予想され，これを未然に防ぐという判断から，試合が中止されることもありました。国際スポーツにはない荒々しさが魅力であったカルチョも，なんでもありという野放図はもはや許されず，禁止事項を加えるなどのルール改正で，暴力性を抑え込もうとしています。 (田里千代)

図2 サンタ・クローチェ広場の日常的な一場面

(出典：筆者撮影，2012年9月)

▷1 TOSCANA INSIDE com. https://www.toscanainside.com/events-in-tuscany/great-events/calcio-storico-fiorentino/ (2016年6月20日閲覧)

おすすめ文献

†ホルスト・ブレーデカンプ／原研二訳（2003）『フィレンツェのサッカー――カルチョの図像学』法政大学出版局。

4 エジプトのナッブート：ナイルのほとりの民族スポーツ

1 ナッブート

ナッブート（*al-nabbut*）とはアラビア語で杖を意味します。エジプトアラブ共和国上エジプト（南部）地方の農村部において多くの成人男性はこの杖を日常的に携帯し，農作業の合間や祝祭などの折にこの杖を用いた競技や演舞をおこないますが，この杖を使った競技・演舞もこの地方ではナッブートと呼ばれています[1]。競技のナッブートは１対１でおこなわれます。まずナッブートを上方にかざし，互いに舞を舞い，それが終わると，いざ勝負開始となります。勝負は攻守に分かれておこないますが，攻守の交代は初めから決まっているわけでなく，ちょうど剣道のように一方が攻め続けることもあれば，攻守がめまぐるしく変わることもあります。勝敗は相手の隙を見つけ，そこを攻撃すれば「必ず倒せる」という箇所（急所）にナッブートをすばやく運び「寸止め」にした場合に決します。

▶1　赤堀雅幸（1998）「エジプト」『民族遊戯大事典』大修館書店，562-566頁。

▶2　瀬戸邦弘（2011）『棒術ナッブートの民族誌』明和出版。

図１　ナッブートの競技会

（出典：筆者撮影）

図２　バーブを巡る攻防

（出典：筆者撮影）

2 受け継がれる“地域の身体”とその身体技法

ナッブートでは，相手に有効な攻撃をさせない「守る技術」も重要な要素とされます。したがって，自らの急所を守る技術でその腕前の高さを見せることにもなるのです。ところで，攻防の焦点となる急所のことを彼らはバーブ（アラビア語で門の意味）と呼びます。ナッブートの世界では身体に32カ所のバーブが存在すると考えられており，彼らはこのバーブを巡り激しい攻防を繰り広げます。一方で，このバーブは競技者を中心に共有される暗黙知・身体知ともなっています。つまり，当該地域の民族解剖学的な知見に基づき競技に必要な身体観が顕在化し，また，競技を発露として「身体地図」が形成・共有されていることになるのです[2]。また，競技には，特段審判がいるわけではありません。競技者を取り巻く人々全員が勝敗を判断するのです。まさに暗黙知として身体が共有されていることを物語っています。

参加者は見物人を含め，競技者を取り囲むように人垣を作り競技を見守ります。競技が始まると徐々に見物人が増えていき円形の競技空間が完成します。一試合の所要時間は平均するとおよそ3分程度。試合はリーグ戦やトーナメント形式などでおこなわれるわけではなく，一つの試合が終わると次に競技したい者がナッブートを持ち中央へ進み，同じように出てきた相手と対戦することになります。また勝ち負けに関係なく，競技には何度でも参加できます。非常におおらかな空気の中でおこなわれているのです。

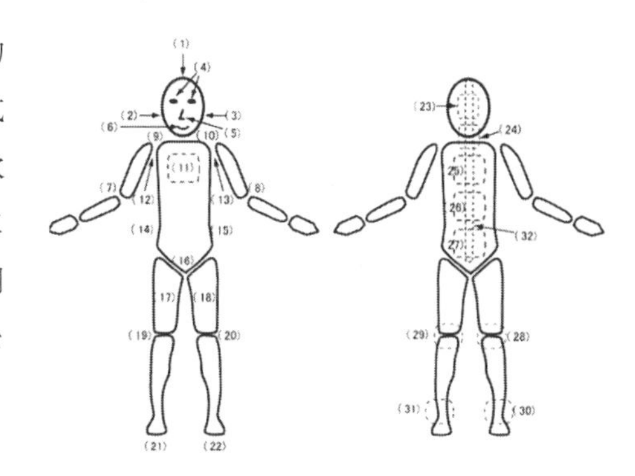

図3 バーブの身体地図

（出典：瀬戸，前掲書，70頁）

3 聖者信仰とナッブートの関係性

この競技は基本的に聖者生誕祭と言われるイスラームの聖者の祭りに際しておこなわれます。ところで，イスラームにおける聖者とは神と人間の仲立ちとなり，神より授かった超自然的能力（奇蹟）で民衆を救済してくれる存在だと言われています。この聖者の齎（もたら）すこの御利益を求めて民衆は聖者を訪ね，またその死後は廟（びょう）を参詣することになります。聖者（廟）への参詣は平素からおこなわれますが，聖者生誕祭にピークに達します。そして，上エジプト地方の生誕祭では同時に多くのナッブートの競技会が開催されるのです。この競技会には聖者廟のある地域だけでなく，その周辺諸地域からも多くの参加者が訪れることになりますが，当然のことながら，彼らは生誕祭における救済を求めてやってくるのですが，同時にこの競技会への参加も大きな目的となっています。

図4 旧友との再会

（出典：筆者撮影）

4 地域アイデンティティーを育む民族スポーツ

生誕祭の競技会では開催地の人々は訪問者におもてなし（お茶や食事，また宿のない人には宿舎）を惜しみません。こうした行為は地域の一体感を導く儀礼的行為であり，関係性を強化する役割を果たします。上エジプト地方では競技会でホストとゲストの役割を交互に務めることにより，地域間の人間関係の再確認，再生産がおこなわれているのです。[3] ナッブートという民族スポーツが上エジプト全域で共通のスポーツ・身体文化コードとして存在するがために，聖者という宗教的権威の庇護の下に「上エジプト人」意識を創出する文化装置として機能しているのです。　（瀬戸邦弘）

図5 ナッブートにおける饗応風景

（出典：筆者撮影）

▷3 橋本和也（1999）『観光人類学の戦略——文化の売り方・売られ方』世界思想社。

おすすめ文献

†Blackman, Winifred S. (2000) *The Fellahin of Upper Egypt*, American University in Cairo Press.

†Lane, Edward William (1908) *The manners & customs of the modern Egyptians*, London, J. M. Dent & Co.; New York, E. P. Dutton & Co.

21　ヨーロッパとアフリカの民族スポーツ・エスノグラフィー

5 ナイジェリアのバチャマ族相撲

バチャマ族はサバンナ気候帯に属するベヌエ川両岸に住む農耕民です。彼らの村では毎年，乾季に相撲大会がおこなわれます。バチャマ族の１年は５-11月の雨季と12-４月の乾季に分かれます。５月に降る雨を待ってモロコシを植え付け，乾季が始まる頃までにはすっかり収穫を終えます。このサイクルに合わせて雨季には農作業，乾季には狩や魚とり，屋根ふき，建築，手作業などがおこなわれます。雨季の生活は比較的に単調で，組織だったレジャー行事もありませんが，乾季は変化と楽しさに富んだ季節です。乾季には祭りや儀式が集中し，わけても相撲は村内大会と村対抗戦がおこなわれ，人々がもっとも興奮する機会になっています。

1 相撲の社会的機能

相撲は年齢集団ごとにおこなわれます。バチャマ族には，子供（ンゼ），思春期を終えた青年（ラグバ），独身の若い男（ンズ・マグバカエ）の３集団があり，結婚すると相撲をとる資格がなくなります。人々が取り巻いてつくった広い相撲場（ゴト）に１人が現れると，敵チームから対戦を望む１人が現れ，そこでクパ・ラグベと呼ばれる審判が両者を見比べて釣り合っていると判断すれば，２人はとっくみあいます。互いに右手の指を土につけてから，隙を見つけて相手をつかまえ，踝（くるぶし）より上の身体部位を土につければ勝利宣言を受けます。勝者は狂喜して仲間のもとに走り，仲間を引き連れて踊りながら相撲場を一周します。若者を相撲に駆り立てる動機は，性と男らしさ（ムロウネ）[◁1]のアピールです。娘たちは，勝利のダンスに夢中のお気に入りの若者の，その汗だらけの額にコインを貼り付けようと躍起になるのです。

相撲は人間関係の創造と強化に役立ちます。同じ年齢集団内のメンバーは親族を含めた一切の人間関係の中でももっとも緊密な関係者となるのです。これは，村対抗の相撲によって知り合いになった他村の者どうしにも適用されます。村対抗戦を通して，この疑似親族的紐帯のネットワークはどんどんと広がり，彼の将来の社会的活動の支えとなります。乾季の間じゅう，３つの年齢集団は夜に河原に集まり，すぐ上の集団から相撲の指導を受けます。こうした指導を通して築かれた関係も生涯続きます。バチャマ族の相撲はソーシャル・ネットワークづくりの場を提供しています。

▷１　ムロウネ（男らしさ）は，勇気，正しい判断力，逆境にあっての不屈の精神と冷静さ，大事な仕事をうまくやってのける能力，寛大さ，親族への思いやり，謙虚さといった要素から構成される。相撲はムロウネを獲得する絶好の機会である。ムロウネの反対はバウト（vauto，弱虫）と表現されるが，この名辞に女性接尾語の to が付いている点は興味深い。スティーブンス，P. Jr.（1995）「アフリカの伝統スポーツ――ナイジェリア・バチャマ族の相撲」寒川恒夫監修『21世紀の伝統スポーツ』大修館書店，105-106頁参照。

2 バチャマ族の世界観の中の相撲

相撲を始めるに先立ち，聖なる２つの杖が祭司によって大地に突き立てられます。クーフェとバヤトです。２つの杖と相撲の始まりについて神話は次のように語ります。“かつて１本足の男がクーフェとバヤトそして一頭の雄羊を連れて東からやってきた。男は村々を巡って相撲を挑み，勝ったらすべてを与えると宣言していたが，どの村も彼に勝つことができなかった。この村にやってきた時，先祖が初めて勝ち，一切を手に入れた。一本足の男は死んで精霊になったが，以来，村は栄え続けた。一本足の男の加護を確かなものにするため，儀式と相撲を毎年おこなうようになった。”

この神話にはモロコシ栽培に対応する世界観が織り込まれています。相撲に負けて死んだ１本足の男は精霊として再生しますが，ここには生（植え付け）と死（収穫）を繰り返す植物栽培の循環思想が認められます。またクーフェは男，バヤトは女とみなされ，性の結合が多産をもたらすように，その年の農耕の始めの時，つまり雨季が開始する乾季末の大相撲大会（乾季中の相撲の最大のもので，「バヤトの種」と言う意味のダ・バヤトと呼ばれます）に，男女の聖なる杖が揃って大地に立てられるのです。この時，バヤトの杖の上部には丁寧にも白モロコシの茎が挿され，“あなたはモロコシの種，あなたは赤モロコシの種，あなたは最後の種”と呼び掛けられます。最後の種とは，人々が好んで植えるが成熟の遅い，つまり最後に収穫される白モロコシのことです。そして２本の杖を地に差し込む行為は“種を植える”意味の「ルガー」と呼び，さらに杖の根元の土はまるで杖がモロコシであるかのように寄せ集め盛り上げます。モロコシ栽培が演じられるのです。相撲が終わると最初の雨が降るまでそのままにし，雨の後は，クーフェとバヤトは引き抜かれ来年のこの大会まで別々に保管されます。

3 現状

以上，紹介した相撲はアメリカ人人類学者のスティーブンス（P. Jr. Stevens）がフィールドワークをおこなった1970年代の状況です。1990年代に再度彼がバチャマを訪ねた時，相撲を支えた社会制度と神話・儀礼は近代化の浸透によって，その元来の姿の大部分を失っていましたが，それでも相撲は時期を雨季の７月に変更して存続していたと報告しています。他方，村と村対抗の次元でおこなわれた相撲は1987年からは全国大会が用意され，ルールも１試合３ラウンド制（地に触れるたびに得点が加算され，また腹か背をつければそのラウンドを制したとされます）に統一されました。ユネスコの「文化発展10年運動」が刺激になったもので，今ではナイジェリア伝統相撲協会が国内大会と国際大会を主催しています。バチャマ文化の相撲がグローバル・スポーツに変身しました。

（寒川恒夫）

おすすめ文献

†P. Jr. スティーブンス（1995）「アフリカの伝統スポーツ――ナイジェリア・バチャマ族の相撲」寒川恒夫監修『21世紀の伝統スポーツ』大修館書店，83-114頁。

†真島一郎（1991）「コートジボアール・ダン族のレスリング――呪術と精霊のうずまく格闘」『季刊民族学』58：90-95頁。

22　南北アメリカの民族スポーツ・エスノグラフィー

ワールド・エスキモー・インディアン・オリンピック：WEIO

1 北米先住民の辛い歴史

エスキモーとインディアン[1]と呼ばれる北米大陸に暮らす先住民たちは，長く辛い歴史を経験してきました。15世紀のヨーロッパ人による北米大陸の発見にともなう白人らによる移住によって，それまでの先住民たちの暮らしは一変しました。今では，言語，伝統，思想などが変容もしくは消滅してしまった部族すらあります。そのような中で，ワールド・エスキモー・インディアン・オリンピック（Word Eskimo-Indian Olympics），通称「WEIO（ウェイオ）」は，彼らの伝統的な価値観を取り戻す重要な意味を持った民族スポーツ競技会なのです。

▶1　大会名にも含まれている「エスキモー」や「インディアン」といった名称については，差別的な呼称であるという理由のもと，エスキモーは「イヌイット」に，インディアンは「ネイティブカナディアン」や「ファーストネーションズ」という名称を用いるようになっている。しかしながら，エスキモーと言う名称の語源を丹念に探ると差別的な意識はそもそも含まれていなかったという（スチュアート，ヘンリ（1993）「イヌイットか，エスキモーか――民族呼称の問題」『民族学研究』58-1：85-88頁）。また，インディアンに関しても様々な部族の総称として北米においても便宜的に使われている。いずれにせよ，WEIOのように，エスキモーとインディアンを彼ら自身が自らを示す呼称として使っているケースも多い。

2 民族の誇りを示す六輪大会

WEIOは，1961年にアラスカ州のフェアバンクスでのコミュニティ・イベントとして「ワールド・エスキモー・オリンピック」という名称のもと始まりました。1973年よりインディアンも加わり，現在のWEIOの名称となります。その後，大会は年々その規模を増しながら，2016年には第56回を数えるまでになっています。

WEIOの大会には，６つの輪が重なり合うシンボルマークが掲げられています。これは，アラスカを代表する先住民の６つの部族であるアリュート，アサバスカン，エスキモー（現在はイヌピアク，ユピックに区分），ハイダ，トリンギット，ツィムシアンを象徴しているのです。今ではそれらの部族以外の先住民も参加しており，参加資格には，2016年時点において先住民（エスキモー，アリュート，インディアン）の血を少なくとも16分の１以上受け継いでいることとされています。

3 「かつて」を取り戻す身体的な追体験

WEIOでは，22の種目（2016年現在）とその他，各種コンテストとしてミスWEIOや赤ちゃんコンテストもおこなわれます。それらの種目は，かつての先住民の多くが経験してきた厳しい自然環境での営みと，その中で日々繰り広げられる狩猟という生業に必要であった様々な力を競うバラエティー豊かなものです。競う力とは，狩猟を可能にする体力，氷から氷に飛び移るなどの敏捷性とバランス力，獲物を何時間でもひたすら待ち続けるなどの忍耐力です。

図1 ナックルホップ(こぶし跳び，あざらし跳び)

図2 イヤープル（耳引き）

（出典：「WEIO」のHPより引用（2016年7月1日閲覧））

例えば，「ナックルホップ」と呼ばれる種目は，腕立て伏せの姿勢で手の平は閉じたグーの状態で，アザラシの動きのように飛び跳ねながら前に進む距離を競います（図1）。こうした動作はアザラシの動きを真似たもので，特に狩猟の際に獲物に逃げられずに接近するための工夫と伝えられています。先住民が暮らす厳しい自然環境の中でアザラシ猟は忍耐と体力を特に要する作業であり，ナックルホップではその力が試されるのです。

他に忍耐力を競うものと言えば，競技者2人が顔を突き合わせるように向き合い，互いの片耳に輪をひっかけた状態から引っ張り合う「イヤープル（耳引き)」というものがあります（図2）。耳が真っ赤にうっ血し，引きちぎられるような痛さをともなうことは彼らの表情からも見て取れます。どちらがその痛さに耐えきれるかの我慢比べです。これは極北に暮らす人々にとっては，厳しい自然を生き抜くための忍耐力を競うものとされています。

俊敏性とバランス力を競う競技として，ハサミ幅跳びという競技があります。競技者は両足を揃えてライン上に立ち，そこから両足で踏み切った後に片足でバランスよく着地をします。次にもう一方の足を前に振り出すようにジャンプし，更にもう一度その動作を繰り返し着実に両足で止まるまでの距離を競います。この競技は，氷が割れるなどの事態にいかに氷から氷に跳び移るかという身体動作に由来していると言われています。

中には，クジラの生肉の早食い競争やアザラシの皮はぎ競争などもあり，先住民たちの伝統的な食文化の伝承の役割をも担っていると言えるでしょう。

こうした競技は，冬場の屋内娯楽としても継承されてきたため，極めてコンパクトな敷地で，さほど用具を必要としない競技が多く見られます。伝統的な衣装と独特なリズムを奏でるドラムが，より一層，鮮明に自らのアイデンティティーを集団で意識化させる役割を果たします。現在では，WEIOにおいて様々な身体部位を使い，多様な身体動作を含めた競技を実践することは，先住民自身が「かつて」の暮らしや失われてきた文化を「再体験」もしくは「追体験」する大切な機会となっています。

（田里千代）

おすすめ文献

†Lund, A., Kelley, M., Simons, H. and Mishler, C. (1986) *Heartbeat : World Eskimo Indian Olympics*, Fairweather Press.

†World Eskimo-Indian Olympics. http://www.weio.org/index.html（2016年7月1日閲覧）

22　南北アメリカの民族スポーツ・エスノグラフィー

ブラジルのカポエイラ

1 始まりと歴史

カポエイラは，1500年のポルトガル人カブラルによるブラジルの発見後，奴隷貿易によって連れてこられたアフリカ系奴隷たちによって創られた格闘技です。350年ほど前に，ブラジル北東部のバイーア州当たりで始まったとされます。また，コンゴのバンツー語族の通過儀礼である N'golo というゼブラダンスが強く影響しているとも言われます。[1]

カポエイラの語源については諸説ありますが，[2] 最近の研究では，先住民であるトゥピ・グアラニ族の言葉にあったカッポ（cappo）という語と，ポルトガル語のエイラ（eira）という語の混成語であるという説[3]が有力です。[4] こうした学術的なアプローチは1980年代になってようやく国内で本格化し始めました。カポエイラの歴史研究には奴隷に関する警察の記録や，海外旅行者の手による民族誌的記録や絵画などが貴重な史料になっています。

バイーアで生まれたカポエイラは，その後，奴隷貿易で栄えたサルバドル，レシフェ，リオデジャネイロの三都市を中心に，19-20世紀の半ばまでにブラジルの各地に広まりました。[5] そして1970年代にはヨーロッパに普及し，現在では世界の60カ国以上でカポエイラがおこなわれています。

2 カポエイラの流派，身体技法，理念，ホーダ

カポエイラには様々な流派があります。中でも重要なのは現代のカポエイラの礎を築いたビンバ師範[6]によって1930年代に体系化されたカポエイラ・ヘジオナル，[7] そして1940年代にパスチーニャ師範[8]によって確立された伝統派と言われるカポエイラ・アンゴラ[9]です。その後，彼らの弟子やその他の人たちによって多くの流派が創られ，これらはカポエイラ・コンテンポラネアと総称されます。[10]

いずれの流派にも共通するカポエイラの特徴的な動きの一つに，ジンガと呼ばれる左右交互に足を後ろに引くステップのような動きがあります。このジンガをベースに，蹴りや防御，倒し技，アクロバットなどを織り交ぜながら動き，二人組でジョゴ（試合，遊び，闘い）と呼ばれる即興の攻防をおこないます。カポエイラは，勝敗が外から見て明瞭ではなく，ジョゴの良し悪しの評価は，場の文脈や状況に依存します。また，カポエイラではマリーシア（抜け目なさ）やマランドロ（ずる賢さ）といった独自の理念が重要であり，力比べと言うよ

▶1　更に，アフリカにおけるカポエイラに酷似した格闘ダンスの存在が実践者間で話題となっている。

▶2　「カポエイラ」は逃亡奴隷が森林で身を潜めて暮らしていた隠れ場所の名称であったという歴史学者による説や，開拓地の呼び名「ココエラ（cô-coera）」あるいは「コポエラ（cô-poera）」に由来するという語源学者による説がある。

▶3　ほし草でつくった穴や隠れ家，藁で編んだ籠を指す「カッポ（cappo）」に「エイロ（eiro）」という担ぎ手を指す語が接続して派生し，後に担ぎ手が「カポエイラ（capoeira）」と呼ばれたことに由来する（Soares 2001：51）。

▶4　Soares, Calros Eugênio Líbano (2001) *A capoeira escrava e outras tradiçoes rebeldes no Rio de Janeiro (1808-1850)*, Editora da UNICAMP, pp. 49-53.

▶5　ブラジル連邦国外務省／前田和子訳(2010)『Texts of Brazil カポエイラ』ブラジル外務省広報室，36頁。

▶6　本名 Manoel dos Reis Machado（1899-1974年）。

▶7　ヘジオナル（regional）とは「地域の」という意味で，スポーツ化されたバイーア地域のカポエイラという意味である。

▶8　本名 Vicente Ferreira Pastinha（1889-1981年）。

りもむしろ知恵比べの性格が強く，身体のチェスとも言われます。

更にカポエイラには速さの違う数種類のジョゴがあります。いずれの場合も２人は連続的に相互に技を繰り出し，そのため，２人のジョゴは時に踊っているように，時に本気で闘っているように見えます。そこで，踊る格闘技などと呼ばれることもあります。しかし，ジョゴの攻防は油断すると大怪我や時に死を招くこともあり，ゆったりとした動きの中での不意打ちや素早い蹴りの応酬には，常に細心の注意を払う必要がある極めて格闘性の強いものなのです。

次なる特徴は，ジョゴを取り囲むように人々がホーダと呼ばれる輪をつくり，その中で生演奏や歌とともにカポエイラがおこなわれることです。演奏にはビリンバウと呼ぶ一弦楽器[11]と各種打楽器が用いられます[12]。ホーダの人々による手拍子も重要な要素です。演奏に独唱と輪の人々の合唱・手拍子が加わることで，ホーダの一体感が高められます。ホーダでは，ジョゴ・演奏・歌・手拍子の調和と全体的なまとまりが重視され，ビリンバウ奏者[13]が全体の指揮を執ります。彼はホーダの隊形を整え，他の奏者や手拍子の調子を整え，時に歌い手や合唱に指示も出します。またジョゴの開始や，ジョゴの種類を区別する異なるリズムを弾き分けることで，ジョゴの流れをリードします。このようにホーダには様々な決まりがあり，ビリンバウの指揮によってそうしたホーダの秩序が保たれます。

3 アフロ・ブラジル文化としてのカポエイラ

世界でもっとも人種民族の混血が進んでいると言われるブラジルでは，近年，長年に亘る国家的課題であった人種民族差別の縮小を目指す教育政策が展開されています。特に，2003年には自国の人種民族の多様性について学ぶアフロ・ブラジル文化[14]やその歴史などが小学校と中学校で義務化されました。そうしたアフロ・ブラジル文化にカポエイラも入り，各教科で教材化が試みられています。また，カポエイラのホーダは2014年11月にユネスコの人類無形文化遺産に登録されました。奴隷文化という負の遺産から始まったカポエイラは，現在では，ブラジルの多人種多民族共生を象徴する世界文化となっているのです。

（細谷洋子）

図１　カポエイラのホーダの様子

（出典：筆者撮影，2016年３月５日）

▶9　アンゴラ（angola）はアフリカのアンゴラ共和国を意味し，カポエイラの創出に強く影響を与えた起源に回帰し，伝統性を重んじて呼称されたと言う。

▶10 「現代的カポエイラ」を意味するこの分類に異を唱える実践者や研究者もおり，明確な分類としての輪郭は曖昧と言える。

▶11　瓢箪の大きい順に，グンガ，メジオ，ビオラと呼ばれる。

▶12　タンバリンの一種「パンデイロ」，アフリカン太鼓「アタバキ」，軽快なリズムを刻む「アゴゴ」が主に用いられる。流派により楽器の種類は異なる。

▶13　通例，師範やホーダ中の最実力者がおこなう。

▶14　アフリカ系ブラジル人に継承された文化をアフロ・ブラジル文化と言う。

おすすめ文献

†Assunção, Matthias Röhrig (2005) *Capoeira The history of an afro-brazilian martial art,* Routledge.

†Soares, Calros Eugênio Líbano (2001) *A capoeira escrava e outras tradiçoes rebeldes no Rio de Janeiro (1808-1850)*, Editora da UNICAMP.

†細谷洋子（2015）『アフロ・ブラジル文化カポエイラの世界』明和出版。

メキシコのウラマ

1 メソアメリカの球技文化

北はアメリカ南部から，南はグアテマラまで，古代のその地域一帯にはいくつかの共通文化を持つ文明が栄えていました。研究者は一般的にこの地域を「メソアメリカ」と呼びます。メソアメリカに興った諸文明は宗教，生活様式，生業形態においていくつかの類似点を持っていました。ここで注目したいのは，そうした基層文化の中にあって，当時の人々を熱狂に駆り立てていた，ある一つのスポーツです。それは球技です。特に今日「ウラマ（Ulama）」の名で知られる球技については，これまで人類学者や考古学者がこぞって研究対象にしてきました。ウラマは，アステカ[1]では「ウラマリツトリ（Ullamaliztli）」あるいは「トラチトリ（Tlachtli）」，マヤでは「ポク・タ・ポク（Pok-Ta-Pok）」と呼ばれていました。

時代や地域によって微妙な違いはあるものの，これらの球技は生ゴムを固めたボール，Ｉ型の球技場，石環を用いたゴールを使用するなどの特徴を共有しています。16世紀頃，メソアメリカに入植してきたスペイン人たちをまず驚かせたのは，この球技で使用されるボールそのものだったと伝えられています。スペインのみならず当時のヨーロッパのどこにもゴムを原料としたボールは存在しませんでした。サッカーやラグビーのルーツとされるヨーロッパの民俗フットボールでは，豚や牛の膀胱に空気や草や藁などを詰めてボールにしていました。スペイン人からしてみれば，重くよく弾むゴムのボールを打ち合う光景は，いかにも危険な遊びに見えたかもしれません（図１）。

ゲームでは，手や足を使わずに腰，肘，膝，手首，その他の胴体部分でボールを打ち合うことが決まっていました。チームは２-11人までと幅がありますが，同数でなければなりませんでした。得点は相手コートのエンドゾーンに入った時やコートインしたボールを相手が返球し損なった時に入ります。しかし，とりわけ選手や観客が熱狂したのが，石環のゴールをボールがくぐった時でした。ゴールに成功した選手は，観客が身に付けている衣服や所持品を自分のものにできる権利を与えられていたと言われています（図２）。

▶1　Leyenaar（1978）はトラチトリは競技場の名前で，競技自体はウラマリツトリと呼ばれていたとしている。Leyenaar, J. J. T.（1978）*Ulama The Perpetuation in Mexico of the Pre-Spanish Ball Game Ullllamaliztli*（Tanslated by Inez Seeger), Leiden：E. J. Brill.

▶2　Taladoire, E.（2001）“The Architectural Background of the Pre-Hispanic Ballgame：An Evolutionary Perspective,” in Whittington, E. M. ed., *The Sport of Life and Death: The Mesoamerican Ballgame*, UK：Thames & Hudson Ltd., pp. 96-115.

図１　スペインの宮廷で球技を披露する２人。クリストフ・ウェイディッツ（Christoph Weiditz）によって1528年に描かれた

（出典：Whittington, E. M. ed.（2001）*The Sport of Life and Death：The Mesoamerican Ballgame*, UK：Thames & Hudson Ltd., pp. 2-3）

球技場はこれまでのところ，メソアメリカ全土でおよそ1275の遺跡から合計1560カ所が発掘されています[2]。球技場の多くは上から見るとアルファベットのＩを横にした形をしています（図３）。両サイドは観客席となるように石段となっており，この球技が古代のスペクテーター・スポーツ[3]であったこともうかがえます。

図２　ゲームに使ったとされる石環

（出典：筆者撮影，2015年）

図３　モンテアルバン遺跡の球技場

（出典：筆者撮影，2015年）

2 球技の宇宙論

スペイン人による植民地支配が始まると，この球技は禁止されました。危険がその一番の理由ではありませんでした。アステカにせよ，マヤにせよ，この球技の実践は彼らの神話と宗教，つまり宇宙論と深く結び付いていました。マヤでは王が球技者の意味の「アフ・ピッツ（ah pits）」と呼ばれることもあったと言います[4]。球技は単なるスポーツではなく宗教儀礼であり，国家にとって重要な政治的機能を果たしていたのです。球技場はしばしば人身供犠の舞台ともなりました。そうした中，キリスト教こそを唯一の正しい宗教と信じる当時のスペイン人たちには，この球技が悪魔の所業と映ったのかもしれません。

では，球技の宇宙論とはどんなものだったのでしょうか。マヤにも双子の神が悪魔と球戯をする神話（ポポルブフ神話）が残されていますが，もっとも際立った形で球技の宇宙論を象徴化したのはアステカでした。彼らが残したコデックス（絵文書）には，球技場が神々の戦場＝宇宙として登場します。空と見立てられた球技場の上で昼の神と夜の神が競っています。太陽を象るボールが行き交う様子は，まさに光（昼）と闇（夜）の戦いを表しているのです。アステカの優れた天文学についてはよく知られています。彼らは天体の運行に常に目を配っていました。もしも，その運行に異常が見られれば，そのバランスを保つためにいつも以上の犠牲を払わねばなりません。球技と人身供犠はアステカの宇宙論の中で結び付き，他に類のない儀礼を生み出しました。

3 アステカの伝統として

現在もメキシコのシナロア州でこの球技がおこなわれますが，古代の球技場ではなく，開けた大地の上でおこないます。宗教儀礼もありません。しかしルールはかつてと同じで，選手は腰や肘など限られた身体部位のみを使ってボールを返さなくてはなりません。使用するボールも昔ながらのゴムボールです。

メキシコにとって，アステカの伝統文化はナショナル・アイデンティティーの形成に不可欠です。今後，この球技の伝統をメキシコ政府がどのように保存し，維持していくのか，注目していく必要があるでしょう。　（小木曽航平）

▶3　スペクテーター・スポーツは見物人・観客（spectator）が存在するスポーツないし，それら非選手の観戦が実施の上で欠かせないような見世物的要素の強いスポーツのことである。この古代メソアメリカのウラマや古代のローマでおこなわれていた「闘技会（映画『グラディエーター』で有名）」などは特にその見世物的要素の強いスポーツ・イベントであったと言える。

▶4　青山和夫・猪俣健（1997）『メソアメリカの考古学』同成社，129頁。

おすすめ文献

†寒川恒夫（2003）『遊びの歴史民族学』明和出版。

†K. ブランチャード・A. チェスカ／大林太良監訳／寒川恒夫訳（1988）『スポーツ人類学入門』大修館書店。

†Whittington, E. M. ed. (2001) *The Sport of Life and Death: The Mesoamerican Ballgame*, UK : Thames & Hudson Ltd.

22　南北アメリカの民族スポーツ・エスノグラフィー

ブラジルのフレーヴォ

1 フレーヴォとはなにか

フレーヴォは，ブラジル連邦共和国ペルナンブーコ州の首都レシーフェを代表する民衆芸能です。この地の民衆芸能はヨーロッパからもたらされたローマ・カトリック教の宗教暦に基づいて演じられるのですが，中でもその最大の舞台は毎年２月から３月にかけて祝われるカーニヴァル[1]での街頭行進です。フレーヴォに欠かせない構成要素は以下の３つです。⑴独特な身体動作を駆使して踊られるダンス（後述するようにこれはパッソと呼ばれます），⑵ブラスバンドが演奏する性急で浮き立つようなリズムの音楽，そして⑶街頭に参集して押し合いへし合いしながら行進に同行する群集です[2]。

2 フレーヴォの誕生

カーニヴァルはエントルードと呼ばれる不作法で荒々しい祝祭としてポルトガルから植民地時代[3]のブラジルへともたらされました。その羽目を外した無軌道ぶりに，17世紀以来幾度となく時の為政者はこの祝祭形態を禁止する旨の布告を発しています[4]。そしてその兆候にようやく変化が現れるのは，レシーフェでは1850年代のことです。まずその当時の上流階級が，幾分なりとも秩序化されたカーニヴァルの街頭を，仮装をして騎馬や馬車で行進しました。次いで1880年代になると，経済的に豊かになった新興の都市労働者層がカーニヴァルのための団体を結成して徒歩による街頭行進を開始します。この街頭行進にはブラスバンドが随行して行進曲やその当時流行していた音楽を演奏するのが常でした。そしてその演奏を目当てに数多の群集がカーニヴァルの街頭に集まった結果，そこにはフレーヴォと呼ばれる押し合いへし合いの“熱狂状態”が出現するに至ったのです。一方でブラスバンドの演奏は，街の荒くれ者たちをも街頭行進に引き寄せました。彼らは，ブラスバンドの前や後ろで，その演奏に合わせてカポエイラと呼ばれる武術[5]を披露したのです。ブラスバンドが演奏する音楽と荒くれ者たちのカポエイラは相互に影響し合い，その結果，20世紀の初頭にはフレーヴォという音楽とパッソというダンスが新たに誕生しました[6]。

3 パッソと呼ばれるダンス

パッソのダンスでは，その演技を構成するステップにそれぞれ名称が付けら

▶1　春分の後の最初の満月直後の日曜日が復活祭であり，それに先立つ46日間が四旬節である。四旬節は水曜日に始まるので，その直前の３日間（日・月・火）がカーニヴァルとなる。復活祭とともにその日付は毎年移動する。

▶2　Cascudo, Luís da Câmara (1993) *Dicionário do Folclore Brasileiro* (7a ed.), Belo Horizonte-Rio de Janeiro : Editora Itatiaia Limitada.

▶3　ブラジルは西暦1500年にポルトガル人航海者によって発見され，その植民地となった。ポルトガルから独立したのは1822年である。

▶4　Silva, Leonardo Dantas (2000) *Carnaval do Recife*, Recife : Prefeitura da Cidade do Recife ; Fundação de Cultura Cidade do Recife.

▶5　アフリカから奴隷として連れてこられた人々が開始し，その子孫であるアフリカ系ブラジル人が発展させたと言われる。1930年代にはそのスポーツ化が促進され，今日ではブラジルを代表する格闘技で，ユネスコの人類無形文化遺産になっている。

▶6　神戸周（2008）「フレーヴォの誕生とパッソの実際――ブラジル，ペルナンブーコ州レシーフェの民衆芸能に関する一考察」『スポーツ人類學研究』9：1-28頁。

れています。様々な時代の民衆の創造力から生まれた身体動作が様式化され，やがて周囲にも認知されることで，その名称が定着すると考えられます[7]。パッソは元来決められた振付を踊るものではありません。このダンスの踊り手はパシスタと呼ばれますが，彼らはたくさんあるステップを自由自在に組み合わせることで，各自の個性的な演技を創るのです。フレーヴォは4分の2拍子で演奏されるため，反復動作の多いことがパッソの大きな特徴です。また立った姿勢を基本としますが，しゃがんだ状態でおこなうステップや上方への跳躍動作もしばしば演技に組み込まれます。そのため俊敏な動作をおこなうためのバランス感覚，身体各部の関節の柔軟性，特に脚部や体幹部の筋力の強靭さなどが必要とされます。なお今日のパシスタは小型の傘（ソンブリーニャ）を持ってダンスを踊りますが，これはかつて街の荒くれ者たちがナイフや棍棒などの武器を手にカポエイラの動作をおこなっていたことの名残であると言われています[8]。

▶7　筆者が2003年8月におこなった現地調査だけでも86種類のステップが確認された。

▶8　Oliveira, Valdemar de（1971）*Frevo, Capoeira e Passo*, Recife：Companhia Editora de Pernambuco.

4 フレーヴォの変容

1970年代以降，パシスタの間にパッソの学校化に向けた動きがおこりました。ねらいはパッソに，カーニヴァルに限らず年間を通して日常的に踊れる安定した環境を確保することにありました。1996年にはその意図を汲んだレシーフェ市が一般市民を対象とした公立のダンス学校を設立しています。一方，フレーヴォという音楽に関しては，ダンスをともなわない聴くための音楽化の動きが進行しています。更に民衆芸能としてのフレーヴォは2007年にブラジルの国内無形文化遺産に，そして2012年にはユネスコの人類無形文化遺産に登録されました。こうしたフレーヴォを取り巻く近年の状況変化は，この民衆芸能を更に変容させることでしょう。（神戸　周）

図1　フレーヴォの演奏とパッソの演技

（出典：筆者撮影）

おすすめ文献

†ジルベルト・フレイレ／鈴木茂訳（2005）『大邸宅と奴隷小屋――ブラジルにおける家父長制家族の形成』日本経済評論社。

†中牧弘允編（1992）『陶酔する文化――中南米の宗教と社会』平凡社。

†ブラジル日本商工会議所編（2005）『現代ブラジル事典』新評論。

22　南北アメリカの民族スポーツ・エスノグラフィー

5 カリビアン・ダンス

北米と中南米大陸に囲まれ，東を大西洋と接しているカリブ海には，大小様々な島が列島を形成しています。こうしたカリブ海諸島には共通する歴史や文化があります。ここではそうしたカリブ文化の中でも，特にダンスに注目してみます。

1 クレオール：カリブ海地域の歴史と文化

カリブ文化を理解するためには，この地でおよそ500年に亘って繰り広げられてきた植民地化の歴史を知る必要があります。15世紀に始まる大航海時代以降，スペイン，ポルトガル，イギリス，フランスといった西洋諸国がカリブ海諸島を植民地化しました。カリブ海諸島には，アラワク人やカリブ人と呼ばれた先住民がいましたが，植民地化の過程で激減しました。

先住民がほぼいなくなったこの地域には，入植者である西洋人と彼らのプランテーション農場で働くために連れてこられたアフリカ人奴隷が居住するようになります。西洋人もアフリカ人もそれぞれ母国の生活様式や習慣を持ち込んで維持していましたが，やがて相互に混淆し，複合的な文化が生まれていきました。こうしたカリブ海の複合文化を「クレオール」と呼びます。[1]

▶1　石川栄吉ほか編（1994）『文化人類学事典』（弘文堂）の「クレオール語 Creole」も参照。

2 カリビアン・ダンスの発見

カリブ海諸島の身体文化もクレオール化しています。ヨーロッパからもたらされたクリケットやアメリカの野球，アフリカからもたらされた言葉遊びや演劇がそれぞれ文化変容しつつ，今日に受け継がれています。しかし，カリブ海諸島のダンスについてはとりわけ「アフリカらしさ（African-ness）」を表象する文化として研究されてきました。[2]アメリカ大陸の黒人研究で著名な文化人類学者 M. J. ハースコヴィッツはかつて，民話と同様に音楽を「アフリカらしさ」を残す文化であると評価しました。[3]そして，音楽と親和性の高いダンスもアフリカらしさを顕著にとどめる文化と研究者らに認められてきました。

西洋人が書き残した同時代史料からは，「カレンダ（Calenda）」や「カリンダ（Kalinda）」などと呼ばれるアフリカ系ダンスの存在が知られます。男女がペアとなって踊る形式のダンス（図1）や，時に男２人が棍棒で闘う格闘技（図2）の踊りの名称として用いられています。このアフリカ起源の民俗ダンスであるカレンダは，西洋のダンスに比べ性的で卑猥，また無秩序で原始的といった言

▶2　Maurer, B.（1991）“Caribbean dance：resistance, colonial discourse, and subjugated knowledge,” *New West Indian Guide*, 65(1/2)：1-26.

▶3　Herskovits, M. J.（1946）“Problem, Method and Theory in Afroamerican Studies,” *Phylon*, 7(4)：337-354.

図１　ルイ・ドゥモリ（François Aimé Louis Dumoulin）によって描かれたカリンダを踊る男女の絵

（出典：http://www.traditionalmas.com/project/calinda/（閲覧2016年12月19日））

図２　アゴニスト・ブルニアスによって描かれたカリンダをする男たちの絵。これはカリンダと呼ばれるダンスの中でも，棍棒を用いるタイプ。「スティック・ファイト（Stick Fighting）」などとも呼ばれる

（出典：Ponce, Nicolas, *Recueil des vues des lieux principaux de la colonie Francaise de Saint-Domingue*（Paris, 1791), fig. 26）

葉で西洋の人々によって語られてきました。西洋人は，逆に，自分たちの踊るダンスを成熟した文化と表象し，意識的にせよ無意識的にせよ西洋の人種的優位性を主張する言説を重ねていきました。そして，こうしたE. W. サイードのオリエンタリズム的まなざしの下で，アフリカ人（すなわち非西洋人）のダンスは幼稚で未成熟な文化と理解されてきたと言えます。

ところで，奴隷たちの踊るダンスはしばしば禁止の対象になりました。カレンダを踊ることを認めれば，彼らはみずからのルーツを思い出し，それが独立の気運を高めることになると警戒されました。ガブリエル・アンチオープは「ダンスはまさに，アフリカ文化，奴隷主が強要する文化に対置しうるアフリカ的な一つの文化の価値付けの試みであった」と述べ，そうした抵抗としてのダンスの歴史的意義を評価しています。◁4

3　ダンスをどう語るか

以上のようなカリビアン・ダンスの研究は，「ポストコロニアル理論◁5」と呼ばれる文化理論の発展に寄与してきました。◁6ヨーロッパによる植民地主義の歴史は，文化が他者を支配する道具にも，また逆に，他者の抑圧を払拭するための道具にもなるという文化の力を明らかにしました。◁7そして今や他者との差異を生み出す文化の力が，政治や経済といったあらゆる文脈で用いられています。

スポーツ人類学では，このダンスを通じた差異の政治にも目を向けつつ，その担い手となる人々がどのように文化を活用しているかについても研究していきます。そのような意味において，かつても今も，カリビアン・ダンスの研究は文化理論を更新することのできる創発点としての役割を担っているのかもしれません。

（小木曽航平）

▷4　アンチオープ，ガブリエル／石塚道子訳（2001）『ニグロ，ダンス，抵抗』人文書院。

▷5　ポストコロニアル理論とは，旧植民地諸国における文化問題を，ヨーロッパの植民地主義と帝国主義という歴史的事実との関係の中で読み解こうとする一連のポストコロニアル研究から生み出される文化理論の総称である。ポストコロニアル研究は，E. W. サイードの『オリエンタリズム』（おすすめ文献参照）を嚆矢として1980年代より次第に盛んになっていった。ポストコロニアル的視点は，スポーツの文化研究においても無視できない。

▷6　しかし，それらの一部は宗主国（西洋）と旧植民地（非西洋）の単純化した二項対立の中で，本質主義的な文化概念を再生産しているとも批判されている。上述のハースコヴィッツがどれだけアフリカらしさが「残存しているか」に着目したことは，良くも悪くも，カリビアン・ダンスの語り方に大きな影響を与えた。

▷7　文化と政治性については，サイード，E. W.／大橋洋一訳（1998）『文化と帝国主義』（1・2）みすず書房なども参照されたい。

おすすめ文献

†ガブリエル・アンチオープ／石塚道子訳（2001）『ニグロ，ダンス，抵抗』人文書院。
†E. W. サイード／板垣雄三・杉田英明監修／今沢紀子訳（1993）『オリエンタリズム』（上・下）平凡社。
†本橋哲也（2005）『ポストコロニアリズム』岩波新書。

さくいん

（＊は人名）

• ページの**太字**は項目見出しであることを示す。

さ行

た行

執筆者紹介（氏名／よみがな／現職）

＊執筆担当は本文末に明記

相原進（あいはら・すすむ）
京都大学大学院アジア・アフリカ地域研究研究科特定研究員

相原健志（あいはら・やすし）
関東学院大学国際文化学部専任講師

一階千絵（いっかい・ちえ）
群馬県立女子大学文学部准教授

岩瀬裕子（いわせ・ゆうこ）
東京都立大学博士研究員

袁書營（えん・しょえい）
山東大学体育学院准教授（中国）

大塚紀子（おおつか・のりこ）
諏訪流第十八代宗家。諏訪流放鷹術保存会会長

大森重宜（おおもり・しげのり）
金沢星稜大学人間科学部教授。大地主神社宮司

海江田保雄（かいえだ・やすお）
ONODERA GROUP株式会社LEOC

神戸周（かんべ・ちかし）
東京学芸大学教育学部教授

木内明（きうち・あきら）
東洋大学ライフデザイン学部教授

北原卓也（きたはら・たくや）
早稲田大学大学院文学研究科文化人類学コース博士後期課程単位取得満期退学

幸喜健（こうき・けん）
鎌倉女子大学短期大学部准教授

小木曽航平（こぎそ・こうへい）
広島大学大学院人間社会科学研究科准教授

國寶真美（こくほう・まみ）
成城大学社会イノベーション学部専任講師

真田久（さなだ・ひさし）
筑波大学特命教授

庄形篤（しょうがた・あつし）
上智大学文学部保健体育研究室常勤嘱託講師

杉山千鶴（すぎやま・ちづる）
早稲田大学スポーツ科学学術院教授

成順恵（せい・じゅんえ）
早稲田大学大学院スポーツ科学研究科修士課程修了

瀬戸邦弘（せと・くにひろ）
鳥取大学大学教育支援機構教育センター准教授

寒川恒夫（そうがわ・つねお）
奥付編著者紹介参照

高野美和子（たかの・みわこ）
日本女子体育大学准教授

高橋京子（たかはし・きょうこ）
フェリス女学院大学文学部准教授

田里千代（たさと・ちよ）
天理大学体育学部教授

田邊元（たなべ・げん）
富山大学芸術文化学系講師

鄭稼棋（ぜ・ちゃち）
東京理科大学講師

中嶋哲也（なかじま・てつや）
茨城大学教育学部准教授

朴　周鳳（ぱく・じゅぽん）
駿河台大学スポーツ科学部准教授

執筆者紹介（氏名／よみがな／現職）

＊執筆担当は本文末に明記

橋本彩（はしもと・さやか）
学習院女子大学准教授

波照間永子（はてるま・ながこ）
明治大学大学院情報コミュニケーション研究科准教授

菱田慶文（ひしだ・よしふみ）
四日市看護医療大学地域研究機構地域研究センター研究員

細谷洋子（ほそたに・ようこ）
東洋大学ライフデザイン学部准教授

Maja Sori Doval（マーヤ・ソリドーワル）
津田塾大学国際関係学科専任講師

馬晟（ま・せい）
華南師範大学准教授（中国）

松尾俊輔（まつお・しゅんすけ）
明治大学法学部専任講師

Mawaththalage Sanjeewa Manawarathne（マワッタラゲ・サンジーワ・マナワラタナ）
早稲田大学大学院人間科学研究科博士後期課程

孟蒙（もう・もう）
廈門大学体育教学部講師（中国）

楊長明（よう・ちょうめい）
吉林大学体育学院准教授（中国）

李承洙（り・すんす）
中央大学教授（韓国）

渡邊昌史（わたなべ・まさし）
武庫川女子大学健康・スポーツ科学部准教授

《編著者紹介》
寒川恒夫（そうがわ・つねお）
早稲田大学名誉教授，日本学術会議連携会員
著書 『日本武道と東洋思想』（平凡社，2014年）
『教養としてのスポーツ人類学』（編著，大修館書店，2004年）
『遊びの歴史民族学』（明和出版，2003年）
『民族遊戯大事典』（共編著，大修館書店，1998年）
『スポーツ文化論』（編著，杏林書院，1994年）
『民族文化の世界（上）儀礼と伝承の民族誌』（共著，小学館，1990年）
訳書 『スポーツ人類学入門』（大林太良監訳，寒川恒夫訳，大修館書店，1988年）［原著 Blanchard, K., Cheska, A. T. *The Anthropology of Sport : An Introduction*（1985, Bergin & Garvey Publishers）］
『ガジュ・ダヤク族の神観念』（クネヒト・ペトロ，寒川恒夫共訳，弘文堂，1979年）［原著 Schärer, H. *Die Gottesidee der Ngadju in Süd-Borneo*（1946, Leiden, E. J. Brill）］

やわらかアカデミズム・〈わかる〉シリーズ
よくわかるスポーツ人類学

2017年３月31日 初版第１刷発行 〈検印省略〉
2022年２月20日 初版第２刷発行

定価はカバーに
表示しています

編著者 寒 川 恒 夫
発行者 杉 田 啓 三
印刷者 藤 森 英 夫

発行所 株式会社 ミネルヴァ書房
607-8494 京都市山科区日ノ岡堤谷町１
電話代表（075）581-5191
振替口座 01020-0-8076

亜細亜印刷・新生製本

ISBN978-4-623-08015-1
Printed in Japan